U0833202

上海市人文社科基地华东政法大学外国法与比较法研究院建设项目
国家重点学科华东政法大学法律史学科建设项目

比较法文丛

何勤华 主编

26

华洋共处与法律多元

文化视角下的澳门法变迁

何志辉 著

法律出版社
LAW PRESS·CHINA

总　序

自1978年改革开放以来,我国在外国法或西方法的研究方面取得了重大成就。这方面的系列丛书可谓琳琅满目,其中,影响较大的有:商务印书馆的"汉译世界学术名著丛书"(法学部分,1981年)及"法学译丛"(2004年)、中国大百科全书出版社的"外国法律文库"(1991年)、中国政法大学出版社的"当代法学名著译丛"(1990年)及"美国法律文库"(2001年)、北京大学出版社的"比较法学丛书"(1998年)、中国法制出版社的"西方法哲学文库"(2001年)、清华大学出版社的"比较法学丛书"(2001年)、上海人民出版社的"世界法学名著译丛"(2001年)、北京大学出版社的"外国法与比较法文库"(2008年),等等。

然而,在上述众多的系列丛书中,真正冠以"比较法"字样的丛书还不是很多。的确,在20世纪80年代到90年代期间,我国也先后出版了诸如:茨威格特和克茨的《比较法总论》(贵州人民出版社1992年版)、勒内·达维德的《当代主要法律体系》(上海译文出版社1984年版)、梅利曼的《大陆法系》(知识出版社1984年版)、大木雅夫的《比较法》(法律出版社1999年版)等比较法方面的经典。但是,出版这些著作大多都是当时一种零星的、偶尔的出版行为,并非系统策划的比较法系列丛书。

众所周知,21世纪的中国已步入法制建设的攻坚阶段。今后，对于外国法的吸收、借鉴和移植将是我国一项大量的、经常性的任务。要顺利完成这一任务，离不开发达的比较法研究。而当下我国比较法著作缺乏出版途径的现状已严重制约了比较法研究的繁荣和发展。因此，加强比较法方面的研究和出版，成为我国学界和出版界一项刻不容缓的工作。

鉴于此，法律出版社高瞻远瞩，勇挑重担，与华东政法大学共同策划、出版一套《比较法文丛》，以期为我国比较法的研究和出版开辟一个新的途径。本文丛以扶植中青年学者，尤其是法学博士、博士后，为这些法学新秀提供一个出版的平台为目的。为此，特选择一批国内最新且富有特色的比较法著作进行出版，同时，也可容纳部分纯粹的外国法方面的译著、专著。

本文丛的主要原则和特色是：在百花齐放、百家争鸣的前提下，坚持质量第一，宁缺毋滥，不定期出版的原则。具体将体现为以下三点特色：第一，本文丛的著作，应属国内学术界没有涉及的课题，具有填补法学研究空白的特色；第二，本文丛的著作，应是国内学术界都很感兴趣，但还没有系统研究或未及时挖掘的课题；第三，本文丛的著作，应具有比较高的文献史料价值，能为学术界进一步研究提供基础性的资料。我相信，《比较法文丛》的出版，一定会为我国比较法研究的进步与发展作出新的贡献。

本文丛的出版，得到了法律出版社沈小英分社长的全力支持和帮助，也得到了华东政法大学外国法与比较法研究院的建设经费资助。在此，特表示诚挚的谢意。

何勤华

于华政人可居

2010 年 9 月 19 日

Contents

目录

绪　论　澳门法的存在与变迁*

马克思曾就历史科学作出论断:“我们仅仅知道一门唯一的科学,即历史科学。历史可以从两方面来考察,可以把它划分为自然史和人类史。”①这里所指的历史科学,是就世界与社会的认识途径而言。作为认识对象的人类史的法,亦是一种历史科学意义上的存在。有人类的地方必有人类行为,因行为而须规范所衍化的规则,以及由规则制订与执行所形成的秩序,即构成人类社会赖以维系的制度基础。法在各类规则体系中最具规范意义和强制效力,相对而言也最能保障人类文明在特定时间和空间的繁衍生息。

据此审视澳门法的存在与变迁,正是马克思历史科学意义所指涉的人类史的微观部分。澳门自古是中国的神圣领土,是一个属广东香山管辖的海滨小渔村,在“大航海时代”以来葡萄牙人涉足之前已有悠久的历史。②

---

* 本节内容依据2012年12月15日中国人民大学“明德法律文化沙龙”第11期学术报告《共处分治·殖民管治·地区自治——以治理结构为视角的澳门法制史》、2013年6月16日中南财经政法大学“中南外国法学术论坛”第10讲《赌城法踪:澳门历史文化与法制发展》摘要整理而成。谨此感谢中国人民大学马小红教授和中南财经政法大学李栋教授的邀请,感谢程雪阳、邓建鹏、高仰光、李栋、解琨、徐阳光、尤陈俊、张鸿浩等朋友的评议。

① [德]马克思、恩格斯著:《德意志意识形态》(节选本),中央编译局选编,人民出版社2003年版,第10页。

② 黄启臣著:《澳门通史》,广东教育出版社1999年版,第22页。

嘉靖三十二年(1553 年),远道而来的葡萄牙人获允入居澳门并在此贸易。[①] 自此直至鸦片战争前,随着华洋人口的增长与中外贸易的勃兴,这一在早期世界贸易体系中似乎难有作为的弹丸之地,一跃成为广州对外贸易的外港和东西方国家进行国际贸易的中转港[②],以其特殊的地理位置逐渐获得世人的瞩目。

从治理与秩序的角度看,在澳门这块弹丸之地逐渐形成华洋共处分治的治理格局,[③]即中国政府长期对澳门充分行使主权,居留澳门的葡萄牙人(以下简称澳葡)仅在有限的空间内自我管理;作为主权有机组成部分的司法管辖权,因应华洋共处与分治的现实情况而有变通处理。迭经四个多世纪的演变,作为历史存在的传统格局,既是澳门治理形态的依凭,也是澳门社会秩序的基础。[④] 回顾澳门治理形态与社会秩序变迁下的法制文明,便是本书致力探讨的主题。

澳门法作为历史科学意义上的存在,这一点在法理逻辑上毋庸置疑。依据法理学关于法的生成原理,有人类行为的地方即有社会规范,有社会规范的地方即有内在秩序,内在秩序既是呼吁法的因素,也是见证法的存在。以此检视澳门法的发生史,正是明清时期澳门华洋共处与分治局面的形成,酿就了中华法系与西方法律文明杂糅一体的早期澳门法;而鸦片战争以来澳葡政府实行殖民管治和推

---

① 关于葡萄牙人获允入居澳门年代,中外学界聚讼纷纭,主要有"1535 年说"、"1553 年说"、"1554 年说"及"1557 年说"等。金国平、吴志良《葡人入据澳门开埠历史渊源新探》一文以中葡原始文献反复对勘研究,得出结论是倾向于"1553 年说"。相关考证详见金国平、吴志良著:《东西望洋》,澳门成人教育学会 2002 年版,第 77~128 页。本书亦持此看法。

② 费成康著:《澳门:葡萄牙人逐步占领的历史回顾》,上海社会科学院出版社 2004 年版,第 7 页。

③ 关于"华洋共处"及其衍生的"共处分治"概念,参见吴志良著:《澳门政制》,中国友谊出版公司 1996 年版,第 23 页;吴志良著:《生存之道——论澳门政治制度与政治发展》,澳门成人教育学会 1998 年版,第 9~10 页。

④ 关于澳门治理格局的早期状态及其近代嬗变,笔者近年陆续发表的论文主要有"明末葡人居留澳门之历史反思",载《澳门科技大学学报》2008 年 12 月;"共处分治中的主导治理",载《澳门研究》2009 年总第 51 期;"《中葡和好通商条约》与澳门地位条款",载《澳门研究》2009 年总第 54 期;"鸦片战争前后的时局与澳门",载《澳门研究》2011 年总第 62 期;"明代澳门的特别立法与司法",载《岳麓法律评论》2012 年 6 月。对此更系统的史事梳理及相关分析,参见拙著《澳门法制史研究》,澳门 21 世纪科技研究中心 2008 年版;《从殖民宪制到高度自治》,澳门理工学院一国两制研究中心 2009 年版;《治理与秩序:全球化进程中的澳门法(1553~1999)》,社会科学文献出版社 2013 年版。

行葡式法制的做法①，则使之逐渐转向形式上葡式化的近代澳门法；在双轨立法体制确立之后，澳门法才逐步走出葡式化的樊篱，开始顺应本地实际的社会需求；至中葡建交和澳门问题谈判以来，这种沾染着近代殖民气息的澳门法，便开始卷入声势浩大的三大问题本地化运动（法律本地化、中文官方化和公务员本地化），以此推进和实现它的现代化。正如历史法学派主张法是“民族精神”体现之所言②，作为华洋共处长达四百多年的历史产物，澳门法在最深层意义上凝聚着不同民族栖息于此的文化精神。

但作为澳门法范畴的澳门法制史，是否也能视为历史的存在，以及有否探究的必要，则仍需要先行辩证。实际上，迄今或许仍有人质问：真的存在“澳门（的）”法制史吗？这种困惑来自对于澳门之主体性的存疑，即认为澳门在中国历史上既属“王土”，则普天之下的王法所及，使这里不可能生出别样的法律秩序；在葡萄牙历史上既属“属地/殖民地”，则宗主国法制的海外延伸，也使这里不可能再有其他的法律秩序。另外也仍有人存在这类困惑，即认为迈入“一国两制”的当代澳门早已与中国传统法和葡式殖民法断绝关联，因而探究已成陈迹的澳门法制史，只有知性的价值而无研究的必要。显然，如果不将其也视为历史的存在，意味着“澳门法制史”根本不具有主体性，进而意味着对它的探究也变成无本之木。

然而，历史上的澳门从来就没有缺少“法”的踪影，历史上的澳门法从来就是澳门历史与文化的有机组成部分。即使历史存在的“澳门法”从来没有像今天这

---

① 对于近代澳门“殖民管治”问题的分析，需要结合1887年《中葡和好通商条约》关于澳门地位的条款分析。关于该条约在中国近代史上的地位，几乎所有研究澳门史者都有类似结论。代表性文章可参见王昭明：“鸦片战争前后澳门地位的变化”，载《近代史研究》1986年第3期；黄庆华：“澳门与中葡关系”，载《中国边疆史地研究》1999年第2期；黄启臣：“澳门主权问题始末”，载《中国边疆史地研究》1999年第2期；柳华文：“1887年《中葡和好通商条约》国际法简析”，载《澳门研究》1999年第10期；等等。近年国内出版的代表性论著，参见吴志良著：《生存之道——澳门政治制度与政治发展》，澳门成人教育学会1998年版，第173～189页；黄启臣著：《澳门通史》，广东教育出版社1999年版，第302～303页；黄鸿钊著：《澳门史》，福建人民出版社1999年版，第292～301页；邓开颂等编：《澳门历史新说》，花山文艺出版社2000年版，第274～276页；费成康著：《澳门：葡萄牙人逐步占领的历史回顾》，上海社会科学院出版社2004年版，第198～201页；黄庆华著：《中葡关系史》，黄山书社2006年版，第816～824页；等等。笔者对此展开的分析，参见何志辉著：《治理与秩序：全球化进程中的澳门法（1553～1999）》，社会科学文献出版社2013年版，第174～198页。

② 关于历史法学派及其主张的法是民族精神之产物，参见［德］萨维尼著：《论立法与法学的当代使命》，许章润译，中国法制出版社2001年版。对此作出的系统评价及延伸分析，参见谢鸿飞著：《法律与历史——体系化法史学与法律历史社会学》，北京大学出版社2012年版。

样发展为真正属于“澳门”地区独有的一套规则体系和秩序架构，而是始终杂糅着不同民族对于规则体系和秩序架构的不同理解，区别仅在不同时期它们所占比重、所起作用和所具意义有所不同，但作为凝聚着深厚的文化精神的历史存在，它的客观性和真实性毋庸置疑，绝不是后世人们的主观虚构。迄今为止，中外学界关于历史上的澳门法研究，也都从不同层面验证了它的历史性、客观性和真实性。上述两类（实际还不止）认识既无视法作为历史产物和历史存在的事实，又割裂法的现代性与传统有着似断实连的关系，从而既不可能对澳门历史及其中作为澳门法之源流的澳门法制史有所认识，也不可能真正深入了解正在鲜活生长的当代澳门法及其未来的基本走向。本书的使命之一即在于澄清类似的质疑和减少类似的误解。

理解这一前提之后，便是如何分析作为历史存在之澳门法制的演进状态。这个问题涉及学理层面上的历史分期问题。历史分期是对历史的连续性和断裂性的主观认定，虽然这种连续或断裂都是客观的历史存在，但由于人们所秉承的历史感不同，所处的观测点有异，所具的判断力不一，历史分期往往见仁见智。在澳门史尤其是参照政治发展而对法律发展所作的历史分期上，已有足够的例证可资证明分歧的程度。有的将其简单分为两阶段，即以 1974 年葡萄牙“四二五革命”为界而进行分期。有的将其分为三阶段，即混合管辖权时期（1557～1849 年）、殖民时期（1822～1974 年）与葡萄牙管辖的中国领土时期（1974 年以来）。有的将其分为四阶段，即租地时期（1553～1849 年）、殖民时期（1849～1976 年）、管治时期（1976～1987 年）和过渡时期（1987～1999 年）。相对而言，以下两种观点更具有参考价值：一种是将其分为四阶段①，即封建法制阶段（1553～1845 年）、殖民法制阶段（1845～1976 年）、双重法制阶段（1976～1987 年）与过渡法制阶段（1987～1999 年）。另一种将其细化为六个阶段②，分别是中葡早期交往（1513～1583 年）、议事会时期（1583～1783 年）③、议事会衰落期（1783～1849 年）、殖民管

① 刘高龙、赵国强主编：《澳门法律新论》（上卷），社会科学文献出版社 2011 年版，第 3～12 页。

② 吴志良著：《生存之道——论澳门政治制度与政治发展》，澳门成人教育学会 1998 年版，第 12～16 页。

③ 议事会（Leal Senado），或称议事局、议事公局、议事公会。关于议事会在早期澳葡殖民政府架构中的地位，参见叶农：“澳葡殖民政府早期政治架构的形成与演变”，载吴志良、林发钦、何志辉主编：《澳门人文社会科学研究文选·历史卷》（下），社会科学文献出版社 2010 年版，第 1133～1150 页。对“议事会”与“议事亭”之关系的详细辩证，金国平《“议事亭”历史》一文考订甚详，参见金国平、吴志良著：《过十字门》，澳门成人教育学会 2004 年版，第 149～176 页。

治时期(1849～1976年)、葡管中国领土下地区自治时期(1976～1988年)和过渡时期(1988～1999年)。

综观上述关于澳门历史分期的观点,共同之处是都以中葡两国与澳门发展的关系为主要参数,使澳门法的历史演进打下鲜明的政治烙印。这些划分固然各有相对合理的成分,作为政治发展史的伴生物,澳门法在整体上与前者保持基本的协调性,但由于任何时代和任何地方的"法"自身的演变总会有着相对的独立性和滞后性,尤其是当"法"由制度逐渐漫延成文化状态时,这种独立性和滞后性更显突出,以致单纯套用通常所见的中国史分期固然失之偏颇,套用上述政治学与法学领域研究者的任一分期也不过是削足适履。由是观之,对澳门法进行历史分期,参照澳门政治发展史的变迁是必要的,但不是唯一的;更重要的是寻找和辨析不同阶段二元乃至多元法律文明在此变迁中的位置。

鉴于法在社会与生活诸领域的历史演进中的相对独立性,从澳门法自早期格局形成之始至回归祖国前夕的法律多元结构入手,依据不同时期这些成分在澳门社会内部的比重和互动关系,探究它们在澳门社会与生活中的运作与影响,或许有助于重新理解作为历史存在的澳门法制史。据此大致可作如下四阶段的历史分期:

一是中华法系主导下的早期澳门法(1553～1845年)。该阶段是明清政府对澳门享有完全的主权,尽管此时中国并未产生类似西欧文艺复兴以来近代国际法意义上的"主权"观念或意识,但明清政府通过各种立法、司法和其他治理手段,对澳门行使包括行政、军事、商贸、海关诸领域在内的管理权,从而在规则体系与秩序架构的层面,体现中华法系的主导性。但这种状态并非铁板一块,居澳葡人最初谋求社区内部自治的心愿因缘际会得以实现,后来则在葡萄牙王室对华政策的敦促和支持下得寸进尺,借助东西方一时难以打破的文化区隔状态,不断动摇中华法系在澳门社会生活中的主导地位。直至鸦片战争爆发后,澳葡政府在清政府面对欧美列强懦弱无能而无暇多顾澳门之际,试图将事先于葡国宪法中向西方世界单方宣布澳门为其"海外殖民地"转化为既成事实,于是才有趁火打劫、软硬兼施的谈判要求。但清政府并未让其彻底如愿,使葡萄牙政府不得不再度调整对华外交政策,并开始对澳门采取进一步的殖民主义性质的管治行动。

二是澳葡殖民管治下的近代澳门法(1846～1976年)。该阶段是葡萄牙调整对华外交政策后逐步推行全面葡萄牙化的殖民主义管治时期,具有标志性意义的起点是1846年澳门总督亚马留上任。在谋求类似于中英、中美、中法不平等条约而终告失败后，葡国王室一面向西方世界单方宣布澳门为“自由港”，一面派出在葡国被奉为“独臂将军”的亚马留出任澳门总督，从此开始对澳门进行强硬的殖民主义管治，早期澳门法之中华法系的主导地位随之受到前所有未有的挑衅。自1849年亚马留遇刺后，中葡交涉逐渐卷入欧美列强联袂而来置中国于半殖民地半封建社会之境的历史洪流。其间，葡方围绕澳门主权问题处心积虑数次谋求谈判而不得，直至1887年借助英法等国的幕后力量才得以“如愿”谋得一纸《中葡和好通商条约》。葡方对澳门地位条款所涉“永居管理”及“属澳之地”等问题罔顾实义，在加紧侵夺澳门地界和不断扩展殖民管治范围的同时，将葡萄牙本土追随欧陆国家的法典法体系全面延伸适用于澳门。即使这套体系与澳门华人社会对规则与秩序的实际要求几乎格格不入，仍无法扭转葡萄牙法在澳门的全面殖民化趋势，直至1974年葡萄牙政变与推行非殖民化运动后诞生1976年《澳门组织章程》时才转向下一发展阶段。

三是双轨立法体制下的现代澳门法（1976～1987年）。该阶段源于1976年，因葡国新宪法规定“葡萄牙管理下的澳门地区，依适合其特殊情况的章程进行管理”，同年2月17日葡萄牙总统以第1/76号法律颁布由当时的葡萄牙革命委员会制定的《澳门组织章程》，赋予新成立的澳门立法会以本地立法自主权。在与澳督通过颁行法令分享对澳门社会生活诸领域的立法权后，立法会顺应澳门本地实际需求进行立法，使长期以来纯粹由葡国延伸适用的殖民法制掌控澳门社会生活的局面得到很大程度的改观。在此期间，中葡建交与澳门问题谈判的顺利展开，“一国两制”方针的构想及其付诸实践的努力，都使人们意识到澳门法必须逐步摆脱近代葡萄牙法律体系的掌控，转向真正顺应澳门本地实际需求的现代形态。正是在此阶段，真正适合澳门本地实际需求的一系列重要法律陆续出台，尤其是关于社会经济、对外贸易和劳工等方面的本地立法，对澳门社会与经济发展起到了极大的推进作用。

四是过渡期本地化的当代澳门法（1987～1999年）。该阶段以1987年4月17日中葡两国在北京正式签署《中葡联合声明》为标志，使葡萄牙人在澳门长达一百多年的殖民管治转入历史性的过渡期。中葡双方在此期间协力合作，作为“三化”任务之一的法律本地化由此展开。澳门法的本地化不仅是对殖民管治时期近代葡式法的全面改造，也是对这种近代性质法律体系的现代化。其间，不仅于1990年依据葡萄牙新修宪法对《澳门组织章程》予以修订颁行，又于1991年颁行《澳门司法组织纲要法》，更重要的是1993年《澳门特别行政区基本法》的颁行，标志着澳门法进入以之为据建设特别行政区高度自治型法制的准备期。随着五大法典和其他法律法规紧锣密鼓的本地化，澳门法不仅基本消退了近代澳门法的殖民色彩，还在力所能及的范围内全面实现转型，成为当代澳门法中占据重要地位的有机组成部分。

就整体而言，中华法系主导下的早期澳门法，在澳门史上延续时间最为长久，其基质与结构也相对最为稳定。随着明清中国政府与澳门葡人对澳门进行治理的政治角力和法律适用，澳门社会也逐渐形成一种极为特殊而特色鲜明的华洋共处的社会结构，中国政府对澳门长期进行的主导治理和澳门葡人内部实行的有限自治，构成了澳门自允准葡萄牙人居留至鸦片战争时期的共处分治状态，其时澳门社会的法制文明所呈现的便是主次分明而特色鲜明的法律多元化格局。①

但随着鸦片战争后国际局势的变化，葡萄牙趁清政府面临乱局惊慌失措之际调整对华外交政策，并通过殖民宪制及指示亚马留政府强制推行殖民管治措施，再通过谈判方式与清政府签订《中葡和好通商条约》(1887 年)来确立葡萄牙“永居管理”澳门的权力，使近代以来葡萄牙对澳门的殖民管治措施从事实状态转向法律状态。在此层面上可以说，1846～1887 年是葡萄牙为侵夺主权寻找法理根据与葡式法律的强硬推行的关键时期。澳门社会虽仍保持着华洋共处的社会结构，治理形态上却由往昔的分治状态转向了葡萄牙通过澳葡政府对澳门实行的殖民管治状态，法律秩序则呈现出葡国法制全面移植或延伸适用的大陆法系文化特征。

殖民管治状态延续到《澳门组织章程》(1976 年)颁行之后再次变化，因应其时的国际形势及葡萄牙国内民主化发展而使澳门打开通往地区自治之门，此后经由中葡建交与澳门主权问题谈判而形成的《中葡联合声明》(1987 年)，明确了澳门回归中国之后成立特别行政区并全面实施“一国两制”方针，由此衍生出一场规模浩大的法律本地化运动，最终形成的便是以大陆法系法制秩序为基础的澳门特别行政区法律体系。1999 年 12 月 19 日午夜，中国与葡萄牙在澳门文化中心花园馆隆重举行澳门政权交接仪式，这标志着澳门法从此全面迈进“一国两制”的新时期。

以上简要介绍了澳门法制史之历史分期，大致可以透视四个多世纪以来澳门

① 关于法律多元的一般理论，参见[日]千叶正士著：《法律多元——从日本法律文化迈向一般理论》，范愉等译，中国政法大学出版社 1997 年版。

治理格局与法律秩序的面貌，但关于澳门法制史的研究其实不仅仅只是对历史的还原描摹，它还应肩负另一种警示后人和启迪当下的学术使命。前者属于描述性的法史学工作，需要通过严密的考证和审慎的逻辑，对这一去不返的历史本原进行重构。后者属于阐释性的法史学工作，赋予人们足够的理解自由和想象空间，但这种理解和想象必须立足于客观存在的基础。[①] 由于所见的一切历史遗留物，都已是碎片化的东西，因此，任何时候的史学研究者，都只能做他所处时代力所能及的"还原"，而不能确保这种"还原"一定绝对真实可靠，有时还会因为新资料的发掘，导致既往定论的全盘推翻；由此所作的一切阐释，也因之变得风险重重，必须时刻面对和接受历史真实的检验。这是我们在从事一切法史研究时都应当注意的问题。

① 关于描述性和阐释性的法史学视角，参见胡旭晟著：《解释性的法学史：以中国传统法律文化的研究为侧重点》，中国政法大学出版社2005年版。

第一章　澳门法文化:基本概念的展开*

时至今日,“文化”(Culture)概念及其研究早已枝繁叶茂,由此分别在“法学”与“澳门学”领域衍生出“法律文化”、“法文化”与“澳门文化”之类概念,且涌现出数量相当可观的研究成果;但从学理上专题探讨“澳门法文化”这一复合型概念的文章并不多。在澳门法文化研究中,人们习惯于将“澳门法文化”视为一个不证自明的概念,而真正在具体使用时又往往各有指涉。这种状况非但没有推进研究的纵深发展,反而可能因为加剧认识上的混乱,导致研究的盲目或重复;更有甚者还会趁势抛出否定性质问:真的存在所谓的“澳门法文化”吗?

鉴于此,本书试图回答这类质疑,并从学理上专题探讨“澳门法文化”的概念。纷繁复杂的澳门法是一个客观存在的文化现象,作为一种文化现象的“澳门法文化”同样亟待被抽象和提炼成一套概念。这种界定必然包含如下基本要素:它既指一种客观的制度文化,亦指一种延续的精神文明,镶嵌于16世纪以来欧洲殖民主义东扩中土所致的早期全球化进程中,作为东西方文化在澳门交汇、冲撞和裂变的产物,其内涵与流变均值得我们继续深入探究。

---

* 本章内容原为应邀参加2011年3月30日澳门基本法推广协会举办的“纪念澳门基本法颁布18周年学术研讨会”之会议论文,收入本书时有修订。

一、文化:物质、制度与精神的维度

追溯澳门法文化的内涵,必先探究“文化”一词之词源及其内涵。

首先,“文化”最初在人类学领域被视为一套复合的整体。最早作出如此界定的,当推19世纪英国著名的人类学家爱德华·泰勒(Edward Tylor)。在他1871年出版的经典著作《原始文化》开篇就指出,“文化”在人类社会是一种使社会赖以存在的观念和能力,一种包括知识、信仰、艺术、道德、法律、习惯以及作为社会一分子所获得的任何其他能力的“复合的整体”。① 这个概念虽然过于笼统,而且深受19世纪后期达尔文生物进化思想的影响,在刻意比照生物进化论以阐释人类文化时,反而使其基本内涵更趋模糊,但毕竟是文化研究史上第一次系统作出的学术定义。

自此往后,正如荷兰汉学家施舟人(K. M. Schipper)谈“文化”时所言,人类学者往往将“文化”视为人类知识、信仰和行止融合而成的范式,因此在最普遍意义上,它涵盖了语言、理念、信仰、习俗、机制和科学;至于文化的发展,则主要依赖于人类学习并将知识传输给后代的能力。② 20世纪30年代以来,更多的文化人类学者投身于文化发展、文化相对主义和文化普泛性的理论研究。例如,美国文化人类学家克鲁克洪认为:“文化是历史上所创造的生存式样的系统,既包括显型式样也包含隐型式样;它具有为整个群体共享的倾向,或是在一定时期中为群体的特定部分所共享。”③英国文化人类学家马林诺夫斯基则认为:“文化是包括一套工具及一套风俗——人体的或心灵的特性,它们都是直接的或间接地满足人类的需要。”④不过,这些在人类学领域被热衷讨论的文化话题,大多集中于所谓“原始社会”或“初民社会”,而难以触及更高级或更复杂的社会形态中的文化现象,亦较少提到文化交流及其相互影响的作用。⑤

其次,“文化”与文明的多样性保持同构。历史哲学家对人类文明与文化的探讨,往往比纯粹的哲学家或单纯的史学家更具历史的厚度。受维柯(G. Vico)历史哲学影响的德国浪漫民族主义思想家赫尔德(J. G. Herder),率先开始正视多

---

① [英]爱德华·泰勒著:《原始文化》,连树声译,广西师范大学出版社2005年版,第1页。
② [法]施舟人著:《中国文化基因库》,北京大学出版社2002年版,第10页。
③ [美]克鲁克洪等著:《文化与个人》,高佳等译,浙江人民出版社1986年版,第5页。
④ [英]马林诺夫斯基著:《文化论》,费孝通等译,中国民间文艺出版社1987年版,第14页。
⑤ [法]施舟人著:《中国文化基因库》,北京大学出版社2002年版,第11页。

元性的文明观。作为浪漫民族主义运动的领军人物，他被后世学者认为进行了一场"历史学中的哥白尼式革命"（卡西尔语）。在文化哲学领域，他一方面揭示了文化在人类历史中的作用，强调社会发展的原因是内部因素和外部因素的交互作用，在承认自然环境对人类影响的同时，更认为社会内部的有机力量起着决定的作用，指出文化是人们活动的产物，同时又是人们活动的刺激物，文化的进步乃是历史的规律；另一方面对文化进步的动力问题作了极为透辟的分析，指出"需要、情势、机会"是推动人们沿着文明大道前进的动力，从而透过社会结构的诸层面而触及历史—文化变迁的根本动因。①

基于此，赫尔德第一次提出了关于文化发展中的继承性问题，指出各族人民的发展仿佛构成一个统一的链条，链条上每个环节都必然与前一环节和后一环节相联系。每一个民族都利用自己前辈的成就并为继承者准备基础。他还认为文化传统从一个民族传到另一个民族，一切时代的一切民族都为建立人类文化大厦而进行过劳动，并特别强调抛弃文化史研究中的欧洲中心论，指出亚洲人民对人类文明作出了巨大的贡献，因此格外强调每个民族都有自身的独特文明，各民族文明并非同出一源，尤其是不能以欧洲文明作为衡量其他文明的普遍标准。

在稍后承续其分析思路和学术立场的史学思想家斯宾格勒和汤因比那里，关于文化/文明的类型研究也延续并拓展着这种多元论，可谓进一步挑战和试图颠覆在西方学界长期居支配地位的"欧洲中心论"，强调等量齐观人类历史上的一切文明，从而使近代西方人的文化偏见遭遇挑战，催生了与全球化进程相呼应的全球史观。② 与之相应，"文化"概念也具有丰富的历史多样性。而就文化与民族的关系而言，文化既是民族生存的土壤，也是民族赖以维系的精神纽带，文化的力量"熔铸在民族的生命力、创造力和凝聚力之中，是一个民族生存和发展最为持久和关键性的因素"。③

再次，"文化"也被视为一套包容价值的行为系统。受泰勒影响而不满足其过于宽泛的定义，后继者从更新的角度继续探究"文化"。随着实体性的文化现象被更多地触及，研究性的方法论也在不断翻新，由此带来的便是"文化"概念的

---

① 关于赫尔德的文化史学及相关思想介绍，参见［美］唐纳德·R. 凯利著：《多面的历史：从希罗多德到赫尔德的历史探询》，陈恒、宋立宏译，三联书店2006年版。

② 关于全球化与全球史观问题，参见于沛："全球化和'全球历史观'"，载《史学集刊》2001年第2期。

③ 陈福金著：《中国文化产业国际竞争力报告》，序言，社会科学文献出版社2005年版，第1页。

层出不穷。据 1952 年美国文化学者克罗伯(A. L. Krober)和克拉克洪(C. Kluckhohn)合著《文化:关于概念和定义的检讨》的初步统计,截至当时西方学界关于"文化"的概念就已达 160 多种。但在各种概念中抽取出来的共性之一,便是将其视为一套行为系统而存在,其核心构成则是传统观念(尤其是价值系统)。①而在中国学者看来,无论是梁启超于 1922 年所言"文化者,人类心能所开释出来有价值的共业也"②,还是胡适于 1926 年所言"文化是文明社会形成的生活的方式"③,也都是将文化视为一套价值体系及行为系统。

最后,"文化"也被视为一套边界模糊的弹性话语。随着越来越多的学科开始涉足"文化"领域,被视为人类学基本范畴的文化理论,逐渐逾越原初的人类学学科边界,变成一个既可以形成相对独立的"文化学",亦可能因依附任一对象而失去相对独立性的弹性话语,成为我们今天所见几乎横亘一切人文社会科学的公共概念之一。这种弹性意味着给"文化"下一个精确定义是既不现实也无必要的,它在一定程度上可能带给人们沟通的难题,但也给"文化"研究本身的持续发展和继续深化留下了更大的余地。

时至今日,"文化"概念仍是一个见仁见智的弹性话题,但在其指涉范畴上多少还是形成了一些基本共识。其中之一便是像一切面目模糊的基本概念可能有所谓广义和狭义理解,"文化"也存在人为划分的狭义和广义之分。在通常情况下,所谓狭义上的文化,主要是思想观念(即精神文化),包括体现这种思想观念及与其相适应的典章制度、组织机构。所谓广义上的文化,除了上述层面的内容之外,还包括在此基础上进行的物质生产活动及其产品,它们是前者被物化的外在形式(即物质文化)。

本书在此持广义的理解,且认为"文化"必然同时包含着人类在社会历史发展过程中创造的物质财富和精神财富,是特定民族与社会中的物质文化、制度文化与精神文化三个层面的有机统一。

---

① 杨允中等著:《澳门文化与文化澳门——关于文化优势的利用与文化产业的开拓》,澳门大学澳门研究中心 2005 年版,第 178～179 页。

② 梁启超:"什么是文化",载《晨报副刊》1922 年第 12 期。

③ 胡适:"我们对于西洋近代文明的态度",载《胡适文集》(第 4 卷),北京大学出版社 1998 年版,第 9 页。

二、法文化:实体性的抑或方法论的

在给“澳门法文化”下定义之前,有必要立足于前述“文化”及“澳门文化”概念,进一步认识“法文化”的基本内涵。

众所周知,法律是人类文明中用以规范人类社会生活、调整人类社会关系的一种必不可少的手段,自身即构成人类文化的重要组成部分。作为人类制度文化之有机构成部分的“法文化”,一旦正式需要界定其内涵时,将如面对“文化”概念一样,也必须正视难以避免的边界模糊的问题。

长期以来,学界并存“法律文化”与“法文化”两个概念,它们之间的边界也是模糊的。当然,边界模糊往往会带来更大的探讨空间。就法学界对“法律文化”所作的种种解释而言,其繁杂多样的程度并不亚于前述关于“文化”的定义。[①] 相对而言,比较法律文化学者的观点值得参考。例如,有西方学者认为,法律文化是关于法律的性质,关于法律在社会与政治体中的地位,关于法律制度的专有组织和应用,以及关于法律实际或应该被如何制定、适用、研究、完善及教授的一整套植根深远,并为历史条件所制约的观念;而法律传统将法律制度只是与它其中一部分的文化联系起来。[②] 东方学者则认为,法律文化表示的内容虽然主要是法律制度、设施等,但基本精神根植于人们的观念、意识中;东西方法律制度之所以不同,是由于法律所得以产生、发挥社会功能的文化背景不同。而这种文化背景的一个重要的,也可以说是基本的因素,就是人们的法律意识或法律观念。[③] 正是在这个意义上,人们理解法律的社会意识背景时,将其称为法律意识,或者有时就称为法律文化。

但正如梁治平先生所言,大多数人在使用“法律文化”一词时,似乎更愿采取某种不甚严格的态度,因为它给人们提供了一种方便,即可以笼统和含混地用来指与法律有关的历史、传统、习惯、制度、学理和其他任何东西。在他看来,实际上它不过是一种立场和方法,即“法律的文化解释”;据此,他认为一个可替代的概念就是“法文化”,其优点就在于它比较完整,也比较确定和明晰;更重要的是,这

---

① 关于“法律文化”定义的多样性及其综述,参见刘作翔著:《法律文化理论》,商务印书馆1999年版。

② [美]埃尔曼著:《比较法律文化》,贺卫方等译,三联书店1990年版,第20页。

③ 刘作翔著:《法律文化理论》,商务印书馆2004年版,第52页。

个概念包含了某种方法论上的思考,因而颇具启发性。①

梁治平先生替代性的"法文化"概念,就思想渊源及论证逻辑所言,在某种程度上是重返"文化"研究的人类学立场——"文化"概念最初便是在人类学领域繁衍、繁荣和趋于烦琐,以致最终不得不溢出边界,而广泛浸入其他相邻学科。这在他对诸如人类学家吉尔茨及其"地方性知识"的高度推崇中略可管窥,如缺乏相应的人类学训练,则难以真正理解他所谓的"法文化"及"法律的文化解释"。沿着他对"法文化"的初步界定和后续论证,大致可见它被视为一个实体性为主的概念,同时包含某种方法论的思考。

不过,在笔者看来,至少在中文语境之中,"法文化"与"法律文化"之间并无实质性差异;差别仅在范围指涉的广度,即前一概念中的"法"比较而言更具弹性空间,它包容通常被具体化的"法律",亦涵摄一切与"法律"相关的对象;指代通常被实体化的行为系统和价值体系,亦蕴含作为方法论的思考进路。

综观各种关于"法文化"概念的解析,可归纳其中已基本达成共识的核心内容,即法文化是特定民族在长期的共同生活过程中所认同的、相对稳定的、与法和法律现象有关的制度和意识观念的全部内容,包含了作为民族社会或国家据以规范其社会生活及社会关系的思想观念,以及体现此种思想观念的制度和机构设置的所有层面。② 据此可大致解析出如下要素:

第一,法文化必然是人类文化的重要组成部分,是社会上层建筑中有关法律、法律思想、法律制度、法律设施等一系列法律活动及其成果的总和,是人类在改造自然和社会的过程中形成的法律意识及与之相应的制度和机构的总和。

第二,法文化必然是在社会运行的过程中得以呈现与发展的,因而也是一种运行状态,是一种实践活动。

第三,法文化必然表现为一种主观的观念形态,是人们把人类法律实践活动作为统一的整体过程进行把握和分析的工具,以便更好地探讨人类法律实践活动的本质特征及发展规律。

第四,法文化的形成,往往是由特定民族的社会背景、物质基础、价值标准等因素所决定,反之又成为这些因素的真实反映。

总之,法文化发端于人们的社会行为与主观创造,是在人类社会历史实践过

① 梁治平编:《法律的文化解释》,三联书店1994年版,第2~5页。

② 米也天著:《澳门法制与大陆法系》,中国政法大学出版社1996年版,第2页。

程中所创造出的一种精神财富；其产生、发展和影响无不带有浓厚的主观痕迹，无不是人们在特定环境与阶段的一种文化选择，在认同与归附的基础上再加以创新和发展。就其范畴而言，法文化则是社会群体关于权利与义务的价值选择、思维模式、情感模式和行为模式的总称，既包括内在的法律心理、法律意识、法律思想体系等意识形态，也包括人类创造的法律规范、法律制度、法律组织机构等外显的制度形态。在此意义上，考察特定民族、特定地区、特定阶段的法文化，就既需要关注法文化自身的价值形态，也要关注它赖以生存发展的制度因素。理解这一点，将是我们进一步认识"澳门法文化"的前提。

鉴于此，本章在讨论法律作为澳门文化的组成部分时，主要在广义上借鉴并使用"法文化"概念，即主要讨论作为实体性的文化现象，兼有某种基于情境需求而作的方法论上的思考。这是我们最后探讨何谓"澳门法文化"的基石。

三、澳门法文化：一种地方性知识的初步界定

（一）澳门文化：一种历史形成的地域文化

澳门历来是中国领土不可分割的部分，是一隶属香山县管辖的小渔村。但自明嘉靖三十二年（1553 年）允准葡萄牙人入居澳门以来，这个弹丸之地置身于 15 世纪欧洲航海"地理大发现"以来第一波全球化的历史洪流中，且率先成为中国文明与西方文明由冲撞到融贯的大规模交汇点，并行不悖地承载着东方与西方的政治、经济、宗教与法律等方面内容。

从空间因素看，澳门文化是一种基于港湾环境与海洋资源而形成的外向型文化。澳门作为地处岭南的一个海岛，背靠大陆，面向汪洋，其地理环境决定了必须向外发展，其经济和文化都具有外向性。在葡人东来之前，澳门即已成为早期渔民聚集和商贸之地；澳门开埠与葡人居留所致的种种情势，则使这种地域文化的外向性得以进一步张扬，并在稍后的种种机缘影响下迅速走向世界。

从时间因素看，澳门文化是一种基于华洋共处迭经变迁而形成的混合型文化。自葡人居留澳门以来，华洋共处的局面日盛，中外文化交流频仍，澳门成为西方文化涌入中国内地、中国文化外传西方世界的通道，自身也汇聚了不同的文化成分，形成独具特色的多元混合型文化景观。

从内容属性看，澳门文化是一种糅合外来文明但仍属中国地域文化的地方性文化。作为澳门历史的有机组成部分，无论是物质文化、精神文化还是制度文化，都有着中西文化交融的独特面貌，其继承性、包容性、地域性、开放性都很突出。

不过,无论它如何汇聚中外文化融成一体,仍无法从根本上剥离中国传统文化,其核心价值也正是传统中国文化的延续与扩展。①

总之,正是在长期的历史积累过程中,澳门文化最终发展为具有欧陆文化色彩和中华文化基质的地方文化。这种地方文化是中华文化特别是岭南文化系统中独具特色的内容,在特定历史背景和特定区域环境中,由中华传统文化与西方近代文化四百多年的交汇、交流、碰撞、融合、创新而形成和发展起来。②

(二)澳门法文化:作为历史存在的基本概念

正如施舟人阐释"文化基因库"时所言:"无论何时,新的文化形式出现,总是不同文化传统相互使用的结果,总是不同文明互动的产物。它们得自文明的交流和混合,有时也是不同来源的成分的杂交。事实证明,文化发展、传播和多样化的模式具有与生物进化相似的特征"③。澳门法文化作为一种"新的文化形式",正是多种法文化传统相互作用的结果。

作为一种真实存在的文化现象,"澳门法文化"天然具有"文化"概念指涉的基本内涵和主要特征,但又呈现出一幅新的文化面貌,从而有别于单纯的中国传统法文化或者近世欧洲法文化。既然是一种无须质疑的客观存在,则它所包含的要素、特征问题可以进一步展开探讨。在此择要略论如下。

首先,澳门法文化是一种真实的历史存在,而非所谓虚构的学理概念。

追溯澳门法文化的历史存在,实际上是对澳门文化史的源流进行同步探询。这里不拟展开具体的史证,但至少应明确一点:自澳门开埠和葡人居留以来,明清政府都在充分行使管辖权,使澳门始终置于中国法律文化的支配之下;而澳门葡人也在设法建立和完备相应的有限自治的机构,使澳门葡人社区内部又置于该民族的异域文化支配下。

作为一种真实的历史存在,澳门法文化是在华洋共处的社会生活中积聚而成的,是澳门这样一个多元文化并存的社会背景的产物。不同源流的文化在相当多的场合,还将超越简单的"并存"状况,而开始彼此渗透到对方,且最终导致不分彼此的融贯,或是盘根错节的杂糅。作为澳门特有的中外文化观念支配下的价值

① 杨允中等著:《澳门文化与文化澳门——关于文化优势的利用与文化产业的开拓》,澳门大学澳门研究中心2005年版,第7~8页。

② 黄汉强:"澳门文化与澳门学",载程祥徽、黄汉强主编:《澳门文化·汉文化·中华文化与21世纪》,澳门社会科学学会2003年版,第171页。

③ [法]施舟人著:《中国文化基因库》,北京大学出版社2002年版,第9页。

标准的反映,它也是澳门华洋共处的社会结构中作为共同社会行为规范的基础。

其次,澳门法文化也是一套复合的整体,而非单一的法律制度文明。

澳门法文化是在特定空间中基于历史条件而形成的。众所周知,它是澳门开埠以来华洋共处与分治的社会产物,从属于华洋居民在历史进程中创造的物质财富和精神财富。它不是凝固下来一成不变的历史积淀,而是在不同历史时期因应澳门社会发展而逐步形成和不断变化的。作为特定民族在长期的共同生活中形成的制度与意识内容,它又需要我们认真考察这种文化赖以形成的不同文化源流,即作为本土文明的中华文化源流与作为外来文明的葡萄牙文化源流。

澳门法文化的复合性基础,在于澳门法本身是多种渊源构成的复合体。特别是现代澳门法,具有更为多元化的综合特质——它杂糅了适用于澳门的葡萄牙法律、澳门本地形成的法律、中国传统法律、华南地区(尤其是澳门华人社会)的风俗习惯以及香港的某些法律成分,澳门法文化也因此是一种多元性的法文化。其中,适用于澳门的葡萄牙法律主要有四类:第一类是在葡萄牙本土实施并延伸到澳门适用的法律,它们构成现代澳门法文化的基础;第二类是葡萄牙专门为澳门制定的法律;第三类是葡萄牙为其海外殖民地或殖民管治区域制定的法律;第四类是经葡萄牙批准而延伸适用于澳门的国际公约和条约。澳门本地形成的法律包括两类:一是澳门立法会制定的法律;二是澳门总督制定的法令和规范性的批示,市政机构也会制定一些规范性法律文件。

澳门法文化是不同发展阶段的历史投影,也是不同社会状态的文明汇聚。经历四个多世纪东西方文明的碰撞,澳门法文化早已熔铸为包容多种文化成分的复合体,综合了中国固有文化、外来的葡萄牙文化和其他地域文化。澳门法文化所涵摄的领域,不可避免地遍及澳门历史与现实中的政治、社会、经济、文艺、宗教等领域,所承载的是人们对于东西方法律制度与法律实践的感受、认知、理解与态度,体现出特定民族与社会中物质文化、制度文化和精神文化彼此复合的整体性。

最后,作为行为系统与价值体系的综合,澳门法文化之内涵受制于时间及空间维度的影响。

正如"文化"被视为一套行为系统(以价值体系为核心),澳门法文化也是一套见诸澳门华洋共处社会,并为所有居澳人士自觉遵照或必须奉行的,受其影响或被其约束的行为系统。它们也正是澳门社会华洋共处赖以成型和维系的基础。这套行为系统的外在表现,是中华法系文明与来自葡萄牙的欧洲中世纪城市法和商法文明共同在澳门社会发挥治理作用的制度文明;其内在方面则表现为不同的价值体系,以不同渊源的制度文明为基础,内化为各自所在社区的价值准则。

回溯鸦片战争之前近300年的早期澳门社会,这套多元化的行为系统形成了整个澳门社会华洋共处但长期分治的状态。在此期间,明清政府对澳门一直充分行使主权,并在治理结构上居于十分明显的优势地位;澳门葡人则借助议事会机构进行社区内部的有限自治。它们各自传承不同的文化精神,展示了异质文明之间同样可能出现融合。在特定情势或是置身于特定事件中,它们彼此可能会形成尖锐的矛盾冲突,但更多的时候彼此之间处于互不干预、各美其美的常态关系。

直到鸦片战争以来,随着葡萄牙趁势调整对华外交政策而在澳门强悍推行殖民管治,中国与西方各自所奉的两套法律文明,才逐渐破坏、直至彻底打碎原属可以互补或互动的状态。从1846年亚马留政府肆意破坏中国对澳门主权开始,虽然清政府仍试图像以往那样全权行使对澳门的治理权,但随着自身国力的式微而难以为继;另一方面,葡萄牙王室对澳门的治理日趋重视,由此带动的则是紧随西方列强步伐而致力推行殖民主义政策,澳门葡人以更大的积极性筹划与清政府对抗的自治体制,争取机会来攫取更多在澳政治与经济权益,使澳门法文化的传统格局发生逆转,为近代澳门法文化的裂变埋下了深刻的危机。

鸦片战争以来的国际局势及国内形势,在导致中葡关系嬗变的同时也使澳门社会的治理秩序问题变成近代国际法意义上的"主权问题"。至1887年《中葡和好通商条约》缔结并明确葡萄牙对澳门"永居管理"的权属后,葡萄牙终于得以将其法律体系源源不断延伸适用于澳门,从而极大地改造着本来根深蒂固的中华法系主导治理、澳葡政府有限自治的早期治理格局,使之转变为以殖民宪制体系下的葡萄牙法律文明占主导,而中国传统法律文明被迫退居民间的近代形态。这种状况延续至1976年《澳门组织章程》才遭遇挑战,至1987年《中葡联合声明》签署后则发生更为深刻而全面的变化,殖民管治型的近代澳门法制朝"一国两制"型的当代澳门法制急速转型,与之相应的近代澳门法文化亦尾随其后进行蜕变。

综上所述,所谓"澳门法文化"概念,在一般意义上使用时,是指澳门这一华洋共处之地不同法律文明与法律制度的综合体,是行为系统与价值体系的综合。它不仅可涵盖明清时期中华法系在澳门华人社会的适用状况,以及欧洲中世纪文明中的城市(自治)法、教会法与葡萄牙自身的律令文化在澳门葡人社区的适用状况;亦可用来描述近代以来葡萄牙对澳门进行殖民管治时一套迥异于中华法系的大陆法系法律文化在澳门社会的全方位覆盖,以及事实上这种覆盖最终难免游离于以华人居绝对多数的澳门社会的状态。而在特殊意义上,"澳门法文化"概念则须结合特定时间和空间进行展开，时间维度上存在所谓早期澳门法文化、近代澳门法文化、现代澳门法文化以及特别行政区成立后的“一国两制”型法文化的分别；空间维度上则存在所谓澳门华人社会的法文化、澳葡社会的法文化以及华洋共处多元共存的法文化的分别。

第二章 渊源之追溯：主导成分与辅助成分*

探究澳门法的历史演进，有必要厘清澳门法文化的传统形态及其变迁，尤其是辨析其渊源中的主导成分与辅助成分。此处所谓“传统形态”，是就澳门法文化早期阶段的基本形态而言，即华洋共处与分治而形成的治理模式、基本制度与文化观念等内容。从时间的维度看，传统澳门法文化是明清时期澳门历史发展的产物，这一阶段的时间跨度在澳门历史上最长。因此，“传统”所涉的时间即从明末1553年澳门允准葡人入居为起点，历经明亡清兴而至鸦片战争期间葡萄牙开始试图全面推行殖民管治，以澳门总督亚马留肆意破坏中国对澳门主权为终点（它开启近代澳门法文化的序幕），累计近300年之久。

一、澳门法文化的传统形态及特征

（一）传统澳门法文化之变迁

自澳门开埠至鸦片战争爆发的三个世纪，所谓传统澳门法文化的形态绝不是一成不变的。本书极力反对一种不加考察和反思就片面得出的印象式结论，以为传统澳门法文化是一个历史上从来如此、始终如一的对象。

---

* 本章内容原为博士论文《澳门法文化的历史考察——论明清澳门华洋共处与分治》（2007年6月）第一章第二节、第三节，收入本书时有较大修订。

由于法律文化的发展变迁不同于政权更迭或其他历史事件带来的巨变，而这种发展又不可能像具体历史事件那样可以精确定位到具体的年代，因此“传统形态”的界定仍相当模糊，需要进一步结合相关因素标示其内在的发展轨迹。

从1553年澳门允准葡人居留到1582年两广总督召见澳门葡人，是传统澳门法文化的萌芽阶段。最初澳门葡人因日益增多，虽知此地归明政府全权管辖，仍在此悄然筹划自治组织，修筑城堡、拓展商贸，还在1565年前后成立相应的具有自治性质的机构，开始对葡人社区内部事务行使管辖权。由于他们凌轹澳官、不服管束，加之炮垒森严、俨同敌国，明政府多次就澳门葡人是继续允准居留还是予以驱逐的问题展开讨论。1582年两广总督陈瑞召见澳门葡人，斥责他们拓展自治的种种非分越权，虽然终因对方的甘辞厚礼而转为默许听任，但其代表朝廷而召见葡人以示官方立场之举，本身即可视为中国传统政治文化对于异域文化在澳门渗透的一种警惕与排拒。

从1583年澳门葡人成立议事会到1644年明朝灭亡，是传统澳门法文化的生长阶段。在此期间，朝野上下多次发生关于澳门葡人去留问题的论争，朝廷在斟酌各类意见的同时，考虑到其他更为现实的情况，最终允准葡人继续居留，但要求广东官员加强对澳门的管辖，从而形成“建城设官以县治之”的治理政策。与此同时，澳门葡人也在成立议事会及相应的司法体制的基础上，不断完善这套与明政府治理相对应（尚不至于对抗）的内部自治机构。由于明政府尤其是广东地方官员没有意识到这类举措究竟意味着什么，这种有意无意地放任就使澳门葡人得以加速发展其带有浓厚的葡萄牙殖民主义拓殖色彩的自治管理。

从清初澳门葡人投诚到1783年葡萄牙颁行《王室制诰》，是传统澳门法文化的定型期。鉴于特定时势的考虑，清初沿袭了明政府的澳门治理措施，继续允准葡人居留澳门，且在某些方面还赋予优待，但又对他们有所防范，因而继续加强对澳门的管辖，治理格局在乾隆年间基本定型。澳门葡人则在貌似恭顺的态度下更为积极地扩展自治权，议事会的权限也发展到顶峰，形成澳门政治史上的“议事会时期”。这一时期中国方面日益明显地感受到澳门葡人为拓展自治空间而与之暗中较量的困扰。这些较量虽然大多是以澳门葡人的退让而告终，但他们也往往能在某些场合不仅巩固既得利益，并设法谋取到新的权益。因此，这一时期的“定型”蕴含着转向的征兆。延至鸦片战争爆发后，葡萄牙政府趁势调整对华政策而着手在澳门推行殖民举措，使传统治理形态急剧发生变化而转向殖民管治的近代形态。

(二)传统澳门法文化之特征

1.传统澳门法文化是一种特殊的法律文化

传统澳门法文化与通常意义上的法律文化既有共性又有差异。共性表现在它同样是一种关于法律的文化,既涉及法律赖以形成的政治制度与社会基础,又关乎法律得以运行的特定文化环境,基本内容则涵盖了制度层面、规范层面与心态层面。个性则表现在传统澳门法文化有着不同于中国和葡萄牙的传统法律文化的内容,它不是单一的,而是复合的;不是纯粹的,而是混杂的。

在制度层面,传统澳门法文化并存着中国政府对澳门的管辖制度与澳门葡人自行建构的葡人内部自治制度;在规范层面,既有来自朝廷与地方对澳门行使管辖权的全国性法律及地方性规范,也有澳门葡人针对内部事务所形成的自治性规范体系。

在心态层面,澳门华人是完全认同和归附中国传统文化的,澳门葡人则在形式上归附中国传统文化,内心仍保留着西方早期殖民主义的文化心态。这一点,在澳门葡人以所谓恭顺态度和"双重效忠"面貌迷惑中国政府[①]、谋求生存之道的发展过程中有相当明确的体现。

因此,传统澳门法文化的基本内容,从法律文化层面看,一是澳门独特的治理模式及其制度形态;二是澳门早期的法律实践尤其是司法实践中蕴涵的文化观念与认知。它包含两种基本属性:一是相对独立性,即传统澳门法文化相对独立于中国传统法律文化,也相对独立于葡萄牙法律文化,因而具有混合色彩的独立性。二是相关性,即传统澳门法文化不能脱离中国传统法律文化的滋养,也无法抹杀葡萄牙法律文化的影响。这也就意味着要了解传统澳门法文化,必须同时了解中国与葡萄牙的法律文化源流及其对澳门的影响。

2.传统澳门法文化是一种特殊的地域文化

作为一种地方文化,传统澳门法文化首先受制于澳门特定的地理环境与人口状况,由此衍生以下几方面特性:

第一,具有鲜明的地方性。传统澳门法文化反映了澳门社会华洋共处状况下的治理格局,具有鲜明的地方性。这种地方性来源于华洋共处一地的长期积累,

① 关于"双重效忠"之说,参见吴志良著:《生存之道——论澳门政治制度与政治发展》,澳门成人教育学会1998年版,第56~72页。对此作出进一步辨析者,参见何志辉著:《治理与秩序:全球化进程中的澳门法(1553~1999)》,社会科学文献出版社2013年版,第279~281页。

一方面是明清政府对澳门进行管辖时意识到澳门地处东南海域的地方性质，与管辖中国其他地方的方式有所不同，这在明末形成的“建城设官以县治之”的治理体制及后来的一系列治理政策与法律措施中有明显表现；另一方面是远隔万里的葡萄牙政府也长期未对澳门给予足够的重视，听任澳门葡人以自发的形式组建和发展内部自治机构。这样一种地方性，使传统澳门法文化既有别于中国传统文化，又不同于葡萄牙传统文化。

第二，具有内在的紧张性。这种内在紧张性的根源在于中西文化之间内在的排斥性。两种文化之间并非只有兼容，还有相互排斥的一面。虽然中华文化有着开放包容的胸襟，但积淀深厚的宗法礼治一直主导着中华法系的发展，它所立足的农耕文明也有着根深蒂固的保守性，这与当时致力于海外殖民事业的葡萄牙文化之间形成根本性的利益冲突。

事实上，自葡人东来中国沿海，其所作所为之所以招致朝野公愤，在很大程度上就因为这种利益冲突的影响。在准允葡人居留之后，基于政治传统、生活方式、语言交流等方面的不同，华洋共处的澳门社会不可避免地充斥着种种冲突。这是深入理解早期澳门的治理体制与司法交涉的文化背景。

第三，具有特殊的兼容性。一方面，澳门兼容了中葡以及其他外国来华居留者，多元一体的民族人种特色正是澳门法文化得以蓬勃生长的社会基础。传统澳门法文化跟中国或葡萄牙法律文化相比，其显著不同就在创造这种混合型文化的主体并非某个单一民族，而是以华人与葡萄牙人为主的共同创造。另一方面，传统澳门法文化兼容了不同文化的价值理念。澳门本身是一个天然具有海洋文化优势的地方，在华洋共处与分治的相互吸纳、相互补充中，既展示了中华文化对外开放的兼容精神，也体现了大航海时代葡萄牙纵横四海的殖民精神。

（三）华洋共处中的文化冲突

作为一种历史文化，传统澳门法文化是特定历史时期的产物，不能将其普适化。由此形成两个鲜明的特征，即时代性与历史性。从文化冲突的视角考察传统澳门法文化问题，有助于全面认识中葡关系与澳门法律发展之间的内在关联。

这里首先涉及的是中西文化冲突问题。有学者指出，中西法律文化的差异可以归结为价值取向不同，即内在的价值基础不同。这是因为，以“礼”及由此展开的伦理道德为价值标准的中国法律文化，基本上是主观的、静态的法律文化，因而也是脱离现实、保守的法律文化；它规范的主要对象是人在社会中的精神活动，而不是人在社会中的物质活动，因而难以适应社会发展的需要，甚至反而成为社会前进的阻力;归根结底,这种法律文化是一种约束人守规矩的义务本位文化。反之,西方法律文化则围绕"利"而展开,基本上是客观和动态的文化,也是注重现实和进取的文化,规范的主要对象是人在社会中的物质活动,因而往往能反映社会发展的需求和推动社会的前进。①

葡萄牙人在大航海时代,率先经由海道绕过南非抵达南亚及远东。为谋求东方殖民与商贸之利,他们自16世纪初期即到中国东南沿海地区,由此拉开了两种文化之间利益冲突的历史帷幕,带来价值取向的龃龉,也正是中西之间的文化差异所在。立足于小农经济生产方式基础的中华法系,具有单一的农业经济色彩与鲜明的封闭保守特征,却无从包容商品经济社会的基本内容。而葡萄牙率先跨入早期殖民国家之列,则以殖民扩张与海上贸易为手段,才可能谋求发展。从中葡早期接触的情况看,葡萄牙带来的西方文化一开始就无从得到中国文化的认同。自1513年葡萄牙商人欧维治(Jorge M. Alvares)开中葡通商之先河以来,他们屡屡来华尝试贸易却都以失败告终,直至1553年才以非常手段获得中国地方官员之允准而立足澳门。在此期间,葡使来华寻求通商机遇的积极行动同样也因文化差异带来的隔阂与误解而归于无效。

不仅如此,鉴于葡萄牙人对中国沿海地区的殖民野心日益膨胀,文化冲突还屡次转化为激烈的战事。有学者将此归结为"这两个民族的风俗习惯截然不同,因而必然会产生误会",②实质则是利益冲突在中葡早期关系中起着重要影响。

二、主导成分的形成:中国传统治道

(一)羁縻:边远治理的潜在影响

自葡人获允居留澳门以来,明政府对其如何治理是颇费周折的。从治理政策的出台到具体措施的落实,参照并融合了中国传统制度中的民族边远地区行政建制、地方基层自治以及侨民社区治理的精神。因此,要认识传统澳门法文化的主导形态,就必须回溯它所依赖的制度渊源。

对澳门管理模式产生影响的制度渊源,主要是古代少数民族或边远地区特别行政建制的"羁縻"传统。这种"羁縻"是中央王权对边远民族地区进行管理的统治策略。明末清初对澳门的管理政策与行政建制,体现了中国古代少数民族或边

① 米也天著:《澳门法制与大陆法系》,中国政法大学出版社1996年版,第6页。

② 张天泽著:《中葡早期通商史》,姚楠、钱江译,香港中华书局1988年版,第68页。

远地区特别行政建制的“羁縻”传统。

羁縻传统可以溯源于秦统一中国时期作为治理地方的郡县制，郡县制的前身则是春秋战国时期诸侯王国在边远地建立的郡或县。就少数民族边远地区的管理建制而言，自西汉张骞通西域后设立西域都护府开始，至唐代设立羁縻州府共856个，宋代沿袭唐制；元代以后设立土司制度，明代在广建土司的基础上建立双轨制，既有各级土司衙门，又有府州县建制，采取与内地不同的特殊管理制度，但在某些地方依据实际情况实行“改土归流”，不以当地统治者为世袭官吏，而按内地做法委派有一定任期的官吏（流官）实行统治。

唐宋时期的羁縻州府，是在边境民族地区设置府州县等地方行政单位，任命归附的当地统治者为官吏，以示笼络牵制之意。元明时期的土司制度，亦为统治者的一种羁縻政策，授予少数民族地区统治者世袭官职以统治本地区，通过控制土司达到牢固统治边区的目的，使各族听从中央政府指令。通过“羁縻”方式实现中央对边远民族地区的政治统治，这对明清时期承认澳门葡人自治机构的态度有一定影响。

与之相应的则是中国传统地方基层自治的渊源。在中国历史上，乡里组织从来就不是一级政府机关，但却是社会的基础，是社会最基层的管理组织，它实行自治。这一情况源远流长，明朝亦复如是。尽管从中央到地方层层分职设官，但县以下不设更低一级的政府机关。乡里以推举德高望重者充任管理者，管理范围十分广泛，分享有行政、司法方面的权力，地方自治色彩浓厚。

（二）蕃坊：外侨社区的文化渊源

澳门史学界对于明清政府管理澳门，大多认为与唐宋“蕃坊”制度渊源有关。所谓蕃坊，是外族人在华聚居区域。较早提出这一看法的是张天泽先生：

> “中国人的政策是让聚居在一地的外国人享有某种类型的自治，与此同时保留其中国人最高权威的地位。外国人只要遵守秩序，与中国人和平相处，便可获准使用他们自己的法律，按照他们自己的风俗习惯办事。中国政府当局无意干预纯属外国人的事务，除非事实证明有必要进行干涉。”①

① 张天泽著：《中葡早期通商史》，姚楠、钱江译，香港中华书局1988年版，第6页。

黄文宽也认为必须追溯到唐宋两代广州蕃坊的制度。① 费成康则将议事会时期的澳门与广州蕃坊相提并论，认为明政府仿照唐、宋两代管理广州外国侨民的蕃坊制度，可能还参照元代以来在少数民族中实行的"以土官治土民"的土司制度，将葡萄牙人首领视同"蕃长"并称为"夷目"②，让其管理赁居澳门的葡萄牙人，并授予他们一些管理当地中国商民的权力。③ 以研究澳门政治史著称的吴志良博士认为，这类将议事会时期的澳门与广州蕃坊制度相提并论的看法不无道理，但进一步修正指出：明清官员在采取对澳门政策时将澳门与蕃坊等同视之，议事会中的检察长便是"蕃长"，澳门议事会组织在中国政府的法律地位是一种"另类蕃坊"④。

要考察"蕃坊"制度与澳门治理模式的关系，须先回顾"蕃坊"之历程。唐宋蕃坊的雏形是两汉时期专供来华"蛮夷"居住地长安"蛮夷邸"，但它不是自然形成的"化外人"聚居区，而是政府专门建造的官邸，与汉代以后出现的"四夷馆"类似。⑤ 随着中外交往的增加尤其是对外商贸关系的发展，不仅长安、洛阳等京城有外族人居留区域，扬州、泉州、广州等商埠也形成大规模外族人聚居地。广州蕃坊的历史始于唐代。唐代有不少外国人来中国经商、留学、传教、游历，尤以波斯胡人和阿拉伯人为多，初时在广州和中国人杂居，因商贸活动等方面风俗习惯有异，往往发生争执。唐开成元年广州刺史大夫岭南节度使卢钧始立法，实行

---

① 黄文宽著：《澳门史钩沉》，澳门星光出版社1987年版，第37页。

② 需要注意的是，其时与中国官府交涉的澳葡政府代表，常被中方统称"夷目"，实则为澳葡议事会之检察长（procurador），该词在中葡文献中有多种译名，明清文献多称"理事官"，或据其音译为"喽嚟哆"，《澳门记略·官守篇》则称为"库官"。需要辨识的是，所谓"夷目"在明朝史料中经常出现，但该词有时亦指兵头、判事官、理事官或红棍官。另据学者考证，该称为一贬义词，并非明朝敕封的官衔，而是一泛指澳门葡人官员的普通名词，与"蕃目"同义，且属"未入流的官员"或"二等官员"、"等外官员"。葡方称之为朝廷敕封的"二品官衔"，实质是为实施越权的治权而炮制的说法，以期获得治理华民的合法性。相关考证参见汤开建著：《澳门开埠初期史研究》，中华书局1999年版，第206～208页。又据金国平先生考证，所谓"喽嚟哆"并非ouvidor（王室大法官，明清文献曰判事官）或procurador的音译，而是vereador（澳葡议事会之市政委员）的音译，因理事官往往兼此身份，在与中国官府交涉时可能自称vereador，故约定俗成称为喽嚟哆。喽嚟哆在中方公函中确指"理事官"，葡语文献却从不使用vereador称"理事官"。参见金国平著：《西力东渐——中葡早期接触追昔》，澳门基金会2000年版，第108～113页。

③ 费成康著：《澳门四百年》，上海人民出版社1988年版，第35页。

④ 吴志良著：《生存之道——论澳门政治制度与政治发展》，澳门成人教育学会1998年版，第56～65页。

⑤ 邱树森著：《唐宋蕃坊与明清澳门比较研究》"前言"，南方出版社2001年版，第1页。

“华”、“夷”异处以便管理，规定他们不得在广州城内居住，另在城外划出一块外侨居留地即“蕃坊”。蕃坊故址在广州市光塔路回教怀圣寺一带，当时尚在城外。唐末广州蕃坊一度没落，至宋时复兴，一直维持到元代。明初海禁以来，仍有大批外国人来华，但散居全国各地，并不成立蕃坊，广州蕃坊亦随之逐渐成为历史陈迹。①

蕃坊制度意味着中国政府让聚居在一地的外国人享有某种类型的自治，同时保留中国最高权威地位的管理政策。蕃坊设蕃长司，由外国人充任管理蕃坊公事的官吏“蕃长”，由地方官裁度，就蕃侨之有声望者遴选，奏请皇帝任用。外国人只要遵守秩序，与中国人和平相处，便可获准依自身的法律和风俗管理内部事务，中国政府无意干预纯属外国人的事务，除非事实证明确有必要进行干涉。

在蕃坊制度中，蕃长职责是“管勾蕃坊公事，专切招邀蕃商”。刑事司法上，有权自决蕃人轻微犯罪者，但徒刑以上则由中国官府判处，如宋时朱彧《萍洲可谈》记载：“蕃人有罪，诣广州鞫实，送蕃坊行遣，缚之木梯上，以藤杖挞之，自踵至顶，每藤杖三下，折大杖一下。徒以上罪，则广州决断”。南宋《楼钥攻媿集》载汪大猷行状之记泉州蕃坊亦称，“蕃商杂处民间，而旧法与郡人争斗，非至折伤，皆用其国俗”。若轻罪之处罚过于严酷，则可依循中国法论处。例如，蔡襄《忠惠集》卷四十张昷之墓志载，张昷之移广南东路转运使，因“广之夷落有罪，任其酋以夷刑，夷刑惨酷”，请以律令论处。至于民事司法上，单纯是内部民事纠纷，则任由蕃长处理。例如，唐末来华的阿拉伯人索理曼所著《见闻录》就有“广府回教徒间有争议时，蕃长就教规法律裁决之”的记载。②

如上述学者所言，唐宋以来的这种“蕃坊”制度对明清澳门管理体制的影响是极为重要的。值得注意的是，这仅仅是就“影响”而言。事实上，澳门管理模式与“蕃坊”制度并非同一回事。据汤开建教授考证，在明代有关澳门管理的奏疏文献中，从未有人提出“仿照唐宋蕃坊制度”管理澳门之类意见，他还进一步从关

---

① 关于唐宋以来蕃坊制度的演变，参见邱树森著：《唐宋蕃坊与明清澳门比较研究》，南方出版社 2001 年版，第 1～60 页。

② 据澳门史学者黄文宽介绍，唐代已开始设立蕃长，如《唐会要》卷一百载有天佑元年（公元九〇四年）六月授福连道三佛齐国入朝进奉使都蕃长蒲诃粟以宁远将军封号。唐末来华的阿拉伯人索理曼所著《见闻录》云：“为欲裁决广府回教徒之争议，由中国皇帝简选一回教徒，此人于式日与信徒举行宗教之仪式，谈法话，又为本国君主行祈祷。”参见黄文宽著：《澳门史钩沉》，澳门星光出版社 1987 年版，第 11 章。

于首领的设置、"自治"的问题、司法权问题等入手分析,认为这是两种"完全不同的模式,不是后者对前者的模仿"。[①]

在本书看来,明代文献无此提法,有其特定时势因素。因明初已在法律制度上取消唐宋时期之"化外人"立法,"化外人"来华散居各地成为"归附回回"(即"王民")[②],"蕃坊"之说已无根基,朝臣们有所避忌在所难免。从形式上看,"蕃坊"是外国商人来华贸易而在中国都邑中逐渐形成的聚居区,无须向中国政府缴纳租金,也是中国政府发展海外贸易的产物,居住者对中国不构成任何威胁,因而管理上无须过多防范;澳门却是葡人通过贿赂手段获得的偏安一隅而须缴纳租金的租居之地,基于他们拥有相应的武装力量而在一定程度上构成对中国政府的威胁,因此在管理上必然不同于唐宋时期的"蕃坊"。因中葡风俗习惯及法律文化不同,尽管明律仍在澳门贯彻执行,澳门葡人却始终在设法谋求而且事实上也相对成功地实践着他们有限的自治权。这种情形意味着唐代以来优待外侨的"蕃坊"制度对澳门管理产生影响,但既不是纯粹的蕃坊体制的历史再现,也不能称为"另类蕃坊",它就是独立的,也是独特的澳门管理体制。

(三)化外人之法:澳门治理的法律渊源

前已提及明末清初澳门司法治理上的变通,居澳葡人的司法处分并未完全接受明清律。这种特殊办法涉及华洋有别的法律传统与文化精神,有必要回溯唐律依次进行考察。《唐律》规定:"诸化外人,同类自相犯者,各依本俗法;异类相犯者,以法律论。"其疏议曰:"化外人,谓蕃夷之国别自君长者,各有风俗制法不同。其有同类相犯者,须问其本国之制,依其俗法断之。异类相犯者,若高丽之与百济相犯之类,皆以国家法律论定刑名。"[③]据此可见所谓"以法律论"就是根据唐朝法律论定刑名,这条适用法律的原则与前述的蕃坊制度有一定关联。唐律关于化外人之立法,在法律适用上以属地主义为原则,以属人主义为例外。所谓同类相犯依本俗法,是对外侨法制和风俗的照顾,在无害于中国社会安宁秩序的情况下,使外侨能够遵守他们本国的法制。但应注意的是,这一自主的立法不是根据国际法或两国的条约,更不是受不平等条约的拘束,亦与后世的治外法权有本质上的不

---

① 汤开建著:《澳门开埠初期史研究》,中华书局1999年版,第203~219页。

② 邱树森著:《唐宋蕃坊与明清澳门比较研究》,南方出版社2001年版,第77页。

③ 《唐律疏议》卷六《名例》,"化外人相犯"条。

同,更与外交豁免权的性质不同。[①] 宋沿唐制,不仅《宋刑统》卷六《名例律》"化外人相犯条"与唐律一样,连蕃坊和蕃长司、蕃号也沿用唐制。元朝因蒙古人主中原别异四民,色目人高踞汉人、南人之上,自无"化外人相犯"之名例。

但明朝复兴汉统,循唐律修《大明律》,重新规定化外人问题。因明初海禁导致蕃坊衰落,加之朝廷对过去压迫汉族的色目人曾加以相当的制约,化外人之规定遂不同唐宋,因此《大明律·名例律》中"化外人有犯"条下规定改为"凡化外人犯罪者,并以律拟断",纂注解释化外人为"外夷来降之人,及收捕夷人,散处各地方者,皆是"。[②] 清代律例沿袭明律规定,在《大清律·名例律》"化外人有犯"条下仍然规定"化外人有犯,并依律问断",因为"化外人既来归附,即是王民,罪并依律断,所以示无外也"。[③]

在司法治理方面,"化外人"之法的影响更为明显。乾隆八年(1743 年),两广总督策楞上奏谓澳门之"化外人有犯,原与内地不同",针对华洋案件交涉而产生的"乾隆九年定例",实体刑法未作更改,司法程序出现变通。但该定例仅限于澳门葡萄牙人,别国侨民犯罪不能适用,中国亦未放弃管辖澳门地方的审判权。至于乾隆十三年(1748 年)发生的另一宗华洋命案,因地方官吏索贿而致办理失当,朝廷甚为不满,重申"民夷重案务须按律究拟",由此出台《澳夷善后事宜条议》,经葡萄牙政府代表和澳门葡人表示同意和服从遵守,成为影响深远的澳门地方法令,是中国主权在澳门充分行使的具体体现。关于这点,诚如一些学者所言,许与澳门葡萄牙人定限的自治权和给予刑法、民法上的差别待遇,是中国国内法上的原则与例外,特别法与普通法的差别,是出于中国自由自主的主权所作出的规制,与后来由于不平等条约所产生的领事裁判权有了本质上的不同,也和基于现代国际法平等、互惠、互相尊重彼此的外交使节的"治外法权"(外交豁免权)根本不同。[④] 因此,清初澳门管理体制及司法程序之变通,亦可视为进一步完善澳门管理体制的表现。

---

① 围绕化外人之法律定性的相关分析,参见黄文宽著:《澳门史钩沉》,澳门星光出版社 1987 年版,第 11 章。

② 《大明律附例》卷一《名例》。

③ 《大清律例新增统纂集成》卷五,道光二十七年刻本。

④ 黄文宽著:《澳门史钩沉》,澳门星光出版社 1987 年版,第 11 章。

三、辅助成分的形成：西方制度渊源

（一）欧洲中世纪城市管理制度的渊源

明朝末期，葡萄牙人在澳门这片中国土地上，置身于地方政府的管辖，实行有限自治而企图扩展自治权，在基层行政管理体制上，流露出欧洲中世纪城市自治制度的痕迹。他们以这种传统方式在澳门建筑城堡、设立议事会制度、维持市民大会的地位①，从而促成中西早期治理制度的特殊结合，使澳门法文化一开始就带有浓郁的混合特征。

在西欧，从11世纪起，由于经济、政治、宗教和法律诸项因素，促生了大大小小的城市。这些城市既不像古希腊时期完全自治的城邦国家，又不像古罗马城邦那样是国家中央权力的行政中心。介于两者之间的中世纪城市，作为一个政治实体而拥有自己的市政机构和法律制度，是在宗教势力鼎盛、世俗权力脆弱的社会条件下出现的。除了教会之外，不存在一个君临一切之上的世俗王权。因而，在享有包括征税、铸币、设立度量衡、招募军队、缔结同盟和发动战争等权力在内的充分的立法、行政和司法权意义上，这些城市同近代主权国家一样；然而，这些权力要受到各种各样的约束，如市政结构、立法权限、市民权利义务，通常是根据国王成文的特许状而得以成立。

葡萄牙是西欧大陆最早的民族国家之一，它的城市从一开始便基本上置于国王的控制之下，但又很容易从国王那里得到特许状或“特权证书”：只要交纳给国王一年税款，便获得一定的特许权利，如选举市政机关、自由贸易等。为了让居民能在安全条件极差的新领土上定居下来，历届国王都颁布有关法令，给这些居民很多特权，诸如城市居民是自由人，城市土地的领有是自由的，城市有自己的法庭，城市交纳一年税款即有财政自由，城市有自由贸易的特权，尤其是城市有权选出自己的市议会来管理城市内部事务。

在16世纪葡萄牙人入居澳门时，城市制度在葡萄牙也有几百年的历史，城市自治的传统可谓根深蒂固。但这种城市管理制度的袭用，并没有使澳门变成后世葡萄牙学者所谓的“商人共和国”。其根本原因就在于，澳门葡人虽然享有内部

① 邱树森著：《唐宋蕃坊与明清澳门比较研究》，南方出版社2001年版，第194页。

自治,但"必须采取妥协政策"①,服从中国法律,接受中国政府管辖和交纳地租。因此,它只能把这种借鉴和影响放在必须接受中国政府主导治理的基础上,而不能僭越其外。

(二)议事会:作为欧洲城市自治传统的变体

如前所述,自1583年澳门议事会成立以来,直至1783年葡萄牙颁行《王室制诰》之前,议事会在澳门自治机构中占据主导地位。这不仅表现在对澳门内部行政事务的全权管理,也表现在与中国政府交涉华洋事务方面。议事会的成立及其势力坐大,一方面是葡人在澳门借助于种种历史机缘而形成的,另一方面也与葡萄牙人带来的欧洲中世纪城市与商人自治管理体制有密切关联。

议事会在澳门自治机构中占主导地位,除了负责管理市政卫生、市容、拨款支持医院和仁慈堂等一般事务,还有权负责葡人社群的治安和司法,遇有重大事务则召集澳门教区主教、地方行政长官和王室大法官出席并主持议事会会议。主教、王室大法官、总督等人在掌管行政、宗教与司法方面,有参与和辅助议事会的义务,但没有投票表决权。② 代表王权力量的葡印总督试图介入议事会的治理权,但直至1607年才有权任命长期驻澳门的兵头以总督的权力;澳门总督与议事会之间经常发生激烈的权力冲突,但直至1783年《王室制诰》颁行,抑制议事会的努力才终于取得制度性突破。

在议事会主导澳葡内部自治期间,议事会不仅对于澳门总督的人选决定起着重要影响,在澳门防务方面也长期对澳门总督构成牵制力量,还经常协同教会的神职人员与澳门总督针锋相对。至于代表葡萄牙王室力量的王室大法官,同样在澳门受到议事会的排挤。反之,澳门总督对于议事会如此坐大的实权也深为不满,敌对情绪在清初表现更为明显,到18世纪中期达到白热化程度,以至议事会后来被抨击为"太自行其是"而"不把总督放在眼里"。③

议事会在澳门主持葡人内部政务时,还把市民大会的治理传统发扬光大。澳门的市民大会并不是一个具备组织功能及形式的权力机构,只是市民们共同商议和决定某些重要事项的场合。市民大会由议事会不定期举行,神职人员和元老的

---

① 吴志良著:《生存之道——论澳门政治制度与政治发展》,澳门成人教育学会1998年版,第52页。

② 同上,第55页。

③ [葡]施白蒂著:《澳门编年史》,小雨译,澳门基金会1995年版,第119页。

意见对市民大会的决定起着举足轻重的作用。这种治理方式往往容易被人误解为“共和国”方式。例如1638年意大利人阿瓦罗(Marco d' Avalo)在其《澳门城之描述》中就认为,澳门“在最初建成时,按共和国方式治理,即由最年长的顾问管辖,因为该地区并不是用武力夺取的,而仅仅是经中国官吏准许,故不设任何总司令或总督”。[①] 实质上,澳门议事会沿用的市民大会与欧洲城市共和国的市民会议不同。

在这里,澳门市民等级划分跟欧洲大陆传统的国民等级划分有所不同。在18世纪末以前,列入“澳门市民”的人士可分三等:第一等级的市民由教会神职人员、王室贵族人员和公认是元老的人士及其家属组成,第二等级的市民由富人、船主和担任公职的人士及其家属组成,第三等级的市民由辅助或替第一、二等级市民服务的人及其家属组成。第一、二等级的澳门市民主要是白种人和葡萄牙人,普通的印度和澳门土生葡人属第三等级市民,奴隶和没有入教的中国人不被列入澳门市民。有研究者由此认为,来到澳门的葡萄牙人尚缺乏形成封建领主的土地条件,只能在等级划分上保持传统的形式;但是第一、二等级市民由充满冒险精神及不甘约束的船主、商人以及蔑视世俗权力的传教士占了多数,则提供了市民大会能在澳门半岛上出现的社会基础。[②]

(三)澳门城堡与欧洲城市管理方式

从葡萄牙海外殖民扩张过程看,由于受国力限制,也为切实控制海上航路并保障其安全,葡萄牙人在各占据地的建制也各有不同[③],其中军事堡垒机构是很重要的一种形式。葡人自获允居留澳门以来,不仅逐步建立议事会等相应的自治机构,还把修筑城堡的传统城市管理方式也带过来,使之成为在澳门建立和发展内部治理权限的基本条件。欧式城堡体系在澳门的陆续建成,体现了澳门葡人对欧洲城市管理体制的沿袭。

修筑城堡并建立军事要塞,是葡萄牙人在海外殖民扩张的军事与行政管理内容之一。[④] 在葡萄牙人最初来到中国东南沿海打探情况时,如1522年马丁·阿丰索率领葡国船队到达珠江口,其使命之一就是在屯门或其他合适地点修建城

---

① [葡]施白蒂著:《澳门编年史》,小雨译,澳门基金会1995年版,第45页。

② 罗晓京:“试析1846年以前葡萄牙管理澳门的历史特点”,载《广东社会科学》1998年第2期。

③ [葡]叶士朋著:《澳门法制史概论》,周艳平、张永春译,澳门基金会1996年版,第11~15页。

④ 同上,第16~17页。

堡。[①] 随后继续有葡人东来,并在沿海地方肆意修建城堡和为非作歹,激起沿海军民愤慨而被摧毁。[②] 当葡人获允入居澳门之后,更是极力寻找机会袭用欧洲城市管理体制,建立相应的城堡体系。

澳门城堡的修建是澳门作为城市发展的重要内容。在澳门的早期城市发展史上,1586 年与 1642 年是两个标志性的年份。1586 年,西班牙菲利浦国王赐澳门以"中国的上帝圣名之城",享有与葡萄牙埃武拉和科英布拉同等的城市权力;1642 年,摆脱西班牙统治的葡萄牙国王唐·若奥四世授予澳门"天主圣名之城,无比忠贞"的称号,同时认可澳门继续享有已获得的城市权力。[③] 在获得"授权"后,澳门葡人按照"城市"的设计构思,通过耶稣会传教士的设计和施工方面的协助,在澳门半岛逐步筹建其城堡体系。

明清政府对于葡人修建城堡之类计划与工程并非不重视,其间既有通过禁令和法律形式予以禁止,也有以军事力量为后盾直接派人摧毁工事的举措。例如明末"澳夷旧有城垣,为明总制何士晋所坠"[④],即为震慑澳葡影响较大的一次。至于通过法律形式加以防范与惩治,则更鲜明地集中在"禁擅兴作"方面的禁令上。

尽管修建城堡事属违制,澳门葡人还是趁中国政府无暇多顾而暗中修筑,并设法买通地方官员,使之视若无睹。据史载,1636 年澳门议事会讨论修缮受损严重的城市围墙与城堡事宜时,虽然与会者都称自己负债累累,最终还是决定共同给广州海道衙门"赠送礼品",以表示葡萄牙人的"尊敬和良好合作愿望"[⑤],从而获得中方允准。

经过 100 余年的努力,葡人终于基本完成了颇具规模的城堡体系。至清初设置粤海关与澳门"关部"以后,中国政府对葡萄牙修筑城堡体系的干预才有所缓和。截至 1751 年《澳门记略》成书时,根据印光任、张汝霖等人绘制的澳门正面与侧面图,葡人不仅在澳门半岛建有西望洋、娘妈角、南环、伽思兰、东望洋和大三巴 6 座炮台,还修筑了连接炮台的城墙,分别开设大三巴、小三巴、沙梨头和花三庙四道城门,可见此时澳门城堡体系相当完备。

---

① [葡]施白蒂著:《澳门编年史》,小雨译,澳门基金会 1995 年版,第 6 页。

② 例如,西蒙·安德拉德的劣迹之一就是修筑城堡,结果被摧毁。这表明具有殖民野心的葡人从来不忘城堡方式。参见[葡]施白蒂著:《澳门编年史》,小雨译,澳门基金会 1995 年版,第 5~6 页。

③ [葡]施白蒂著:《澳门编年史》,小雨译,澳门基金会 1995 年版,第 50 页。

④ (清)田明曜:《香山县志》卷八。

⑤ [葡]施白蒂著:《澳门编年史》,小雨译,澳门基金会 1995 年版,第 43 页。

葡人通过修筑城堡体系，表面借口防御海盗劫掠、对付他国觊觎澳门，实则是想通过增强军事武装力量来对抗中国政府的行政管辖。在鸦片战争以来，这种城堡体系确实也成为澳葡与清政府交涉时的“后盾”力量之一，从而使这种经自治管理而逐步侵夺澳门主权的野心真正暴露于世。

修筑城堡是澳门葡人设法扩展自治管理权限的军事基础，它显然有悖于中国政府对澳门行使管理权，由此屡屡引发中国政府与澳葡之间的冲突。在为此展开的种种交涉过程中，中国政府出台了相应措施及法律制度，对澳门法文化的发展产生了不可忽略的影响。

四、传教与商贸：澳门法文化的特殊因子

（一）基督教对澳门治理的影响

传统澳门法文化作为中葡文化传统冲突与交融的产物，离不开欧洲基督教会神权统治的潜在影响。可以说，澳门法文化中的异域色彩，很大程度上来自基督教文化在澳门的传播。

基督教不仅在早期中葡接触过程中扮演着重要角色，更直接影响着开埠以来澳门“城市”的发展。葡人东来中国沿海一带进行贸易与海盗活动时，就已有神甫参与期间进行传教。如1555年就有努内斯神甫在浪白澳向大约300名葡萄牙人传教，浪白澳有近400名葡萄牙人、5位弥撒神甫及数位来往广州之间的传教士。

嘉靖三十六年（1557年），教皇保罗四世制定教士规程，敕令澳门划归马六甲教区、隶属果阿，受葡萄牙教区保护。① 到1568年唐·贝尔希奥担任澳门署理主教时，已有多批耶稣会传教士和神甫来到澳门居住，且自此以来的历届澳门主教都由教皇直接任命。② 1576年教皇格雷戈利奥十三世成立了葡萄牙澳门教区，辖区包括中国、日本、朝鲜和所有毗邻岛屿，并于1581年派出第一任澳门主教唐·莱奥纳尔多，此时澳门教区已先后落成圣安东尼奥堂、仁慈堂、主教堂、圣母堂及第一所耶稣会学校。③ 1584年澳门获得与科英布拉和埃武拉同等的城市管理权

① ［葡］施白蒂著：《澳门编年史》，小雨译，澳门基金会1995年版，第15页。
② 同上，第17页。
③ 同上，第20页。

限[①]，基督教在澳门获得更大的发展空间，其神权统治地位也在澳门议事会的配合下日益得到巩固。

基督教对于澳门治理模式的影响是相当深刻的。这种影响通过基督教的传播，促使澳门葡人皈依和虔信基督教义，再通过文化教育而逐渐渗透到他们的社会生活与治理方式之中。

基督教文化在澳门的传播可谓无孔不入。澳门历史上第一部活字印刷书即1588年博尼法西奥(Joao Bonifacio)编著的《基督教义问答》[②]，从其封面素描构图看，此时澳门半岛上的基督教教育与文化活动已相当普及，澳门葡人接受的主要是基督教义，并以入教为信仰归宿。从1594年设立耶稣会圣保禄学院以来，1623年该院附设圣依纳希奥神学院，1657年设立耶稣会圣约瑟学院，基督教的传播基地日益庞大。[③]

澳门市民的日常生活也日益受基督教文化精神的支配影响。例如，神职人员从唐·伊拉里奥主教时起便对普通市民的衣着服饰不断提出指责，1777年检察官命令议员中的非神职人士在参加公众活动时不得穿礼服，而须披斗篷和穿黑色衣服[④]；1779年唐·亚历山大主教在其《牧师论》中亦指责教徒们的服饰，不顾教徒的抗议而要他们改穿符合传教士观感的衣着服饰。[⑤]

澳门基督教势力还与葡印总督保持松散的行政联系，以提高教会在澳门的政治影响力。有研究者认为，传教士要在澳门半岛树立教会组织的权威，必须在罗马教廷、葡印总督与中国政府之间妥善处理利害关系。基于教会组织的隶属关系，以及为了宗教传播的最高目的，澳门教区必须以罗马教廷为轴心；但作为葡萄牙的传教士，以及为达到通过议事会对澳门进行治理的目的，又必须妥善处理与代表葡萄牙国王的葡印总督的关系，因此力求保持既不完全脱离也不过分亲密的松散关系，以便为提高和稳定教会神权地位创造条件。[⑥]

此外，澳门教区还通过参与“中国礼仪”问题的论战，削弱对立教派和世俗权力，巩固教会组织在澳门的地位。该问题是当时澳门教会不敢得罪中国朝廷，又

① [葡]施白蒂著：《澳门编年史》，小雨译，澳门基金会1995年版，第9～10页。
② 同上，第24页。
③ 同上，第54页。
④ 同上，第173页。
⑤ 同上，第175～176页。
⑥ 罗晓京：“试析1846年以前葡萄牙管理澳门的历史特点”，载《广东社会科学》1998年第2期。

必须维护其教权地位及文化控制的产物，焦点则在传教士如何看待中国教徒祭祖，在澳门及中国遵守中国朝廷的觐见礼仪问题，以及其他有关传教士活动的规定。

处事谨慎的耶稣会传教士最初对“中国礼仪”的辩论有所提防，不想介入与中国朝廷政治及其社会息息相关的宗法礼教的明显对立。但自1703~1704年教皇认可了禁止东印度各教区的教徒继续奉守当地礼仪的命令后[①]，澳门教区便在“中国礼仪”奉守与否问题上发生耶稣会与其他教派、主教与总督之间的冲突。[②]这场论战除有利于巩固教会组织在澳门的地位之外，亦暂时统一了各个教派在澳门和中国进行传教活动的宗旨。

（二）海上贸易对澳门治理的影响

葡萄牙人东来目标在于扩展殖民地、进行海上贸易。获得居留澳门之允准后，他们很快形成了以澳门为中心的海上贸易网络，以中国为市场而向外辐射，开辟了澳门至长崎、澳门至马六甲与果阿为主的海上贸易航道。这些贸易航道也是运送传教士，以及澳门教会组织与其他教区教会团体互相联系的通道。早期的海上贸易采用沿途贩运的形式，没有固定目的地市场。从事航运与贸易的商船分官营及私营两类，官营船队至马六甲被荷兰人占领后逐渐瓦解。

葡萄牙人在澳门苦心经营的海上贸易网络，始终受制于中国朝廷的贸易政策与制度，同时也受西班牙、荷兰与英国接踵而来争夺贸易航线的干扰，无法彻底实现其贸易垄断，澳门的繁荣与衰落便置身于种种因素的合力之下。澳门葡人开展海上贸易所获利益，除了私人及家庭开支之外，还包括缴交议事会财政官征收的税款和其他临时性的公务费用、向教会施舍捐献以及其他公共用途的集资。

议事会征收的税款除了用于王室财政，还包括自身财政用度，在财政紧绌时得适当提高税率予以弥补，鼓励船主和商人在从事对外贸易时尽量赚取白银、黄金回澳门。议事会本身财政收入的开支，主要包括向中国朝廷缴纳的澳门半岛借居年租（俗称地租银）以及向中国朝廷申领出海贸易准照的费用，议事会行政运作开支，有关防务方面的开支，以及对教会的资助。

---

① ［葡］施白蒂著：《澳门编年史》，小雨译，澳门基金会1995年版，第70~71页。

② 关于澳门与礼仪之争的历史关联，参见金国平、吴志良：“澳门与礼仪之争——跨文化背景下的文化自觉”，载金国平、吴志良著：《早期澳门史论》，广东人民出版社2007年版，第455~481页。

议事会在财政开支安排上往往考虑教会方面的态度，并屡次通过传教士与中国政府交涉，要求免缴地租银。议事会的行政运作开支在教会神职人员控制下，也基本上是教会头面人物的活动费用。议事会在防务方面发给的兵饷相当微薄，但教会神职人员不仅是民防的组成部分，还是炮台、火炮设计及修造的主要参与者或承担者。议事会对教会直接财政资助，则包括支付神职人员薪俸、承担教堂及教会团体的传教活动及其本身管理费用的不足部分、支付教会开办的慈善机构及其活动费用、承担教皇使臣使团途经澳门的路费补给①，等等。

澳门葡人的海上贸易活动深受教会影响，因为祈望上帝保佑海上航行安全及通商贸易好运，加之入教还可以得到教会的恩惠，故对澳门教会非常恭顺虔诚。教会得到财政收入及教徒施舍捐献后，大多拨给传教士在中国内地传教。② 而传教士不仅关注澳门葡人的海上贸易状况，也往往直接参与贸易活动，或为他们尽可能提供必要条件。③

当然，传教士对海上贸易的关注及参与带有早期重商主义色彩，但主导态度是不鼓励在澳门实行自由贸易，甚至阻止其他国家商人在广州贸易季节暂停期间在澳门从事贸易活动，以排斥“异教徒”势力可能对传统教权地位带来的损害④，从而迫使议事会放弃开放贸易的打算。

澳门葡人在海上贸易活动方面对他国商人的排斥，与中国政府的海上贸易政策、市舶与公行贸易管理制度并无关联。以乾隆后期对澳门商贸政策而言，澳门是有条件保持仅次于广州的贸易港地位的，朝廷只禁止澳门传教及鸦片走私，不禁止澳门的对外贸易；清政府在澳门设有负责税务的“关部”，澳门也一直与香山和广州城保持着民间贸易。

此时澳门议事会对于他国商人可否定居澳门的问题，仍奉行采用多年的办法。他们规定外国商人居住澳门得有如下条件，如不准建立住宅、得携同家眷乘坐澳门船只抵达澳门；绝对不允许在澳门从事贸易活动，只可投资经营普通的零售店铺；外国贸易公司头目得接受议事会规定的贸易活动范围；等等。

自 18 世纪以来，尽管澳门葡人逐渐接受了荷兰、英国的自由贸易经营方式，

---

① 罗晓京：“试析 1846 年以前葡萄牙管理澳门的历史特点”，载《广东社会科学》1998 年第 2 期。

② ［葡］施白蒂著：《澳门编年史》，小雨译，澳门基金会 1995 年版，第 115 页。

③ 同上，第 72 页。

④ 同上，第 119 ~ 120 页。

如1753年在里斯本成立专营印度、澳门贸易的葡萄牙亚洲航运公司[①],但澳门教会还是不支持澳门和其他欧洲商人实行贸易开放。此时,澳门葡人与其他欧洲商人之间存在着种种矛盾,而澳门教会的传教士也担心开放澳门贸易可能构成对广州的竞争,最终导致朝廷对澳门贸易地位的干预。然而,事实上这种做法适得其反,使澳门贸易的繁荣局面受到相当程度的影响。

① [葡]施白蒂著:《澳门编年史》,小雨译,澳门基金会1995年版,第150页。

第三章　法律多元：明末澳门律例体系与欧陆法统*

16世纪的历史帷幕被缓缓拉开之际，正是葡萄牙人和西班牙人开启的大航海时代显现盛极而衰之征兆的阶段。不远万里踏浪东来的葡萄牙人，原以为对远东世界的殖民拓展并非难事，在几度伺机窥测和试探之后，迭经一连串意料之外却又在情理之中的挫败，终于意识到万邦来朝的大明帝国虽已渐近夕阳，它对这批未纳入朝贡体系内的不速之客，仍有足够的实力在雍容的矜持中深怀戒心。深知无法以武力去征服中国并且饱尝教训之苦的葡人，要想继续立足在这片有着广袤的"殖民前景"的土地上，必须以相对和平的贸易者身份寻找新途径。①

需要指出的是，作为后来允准葡人居留而逐渐成为华洋共处分治之地的"澳门"（Macao），在葡人谋求正式

---

* 本章内容原为应邀参加2013年3月22日上海交通大学与日本东亚法与社会研究协会联办的"第三届东亚法与社会国际研讨会"之会议论文，收入本书时有修订。谨在此感谢康奈尔大学於兴中教授和上海交通大学季卫东教授的邀请及襄助。

① 中葡早期接触史是澳门学研究的重心之一。中国学者的相关代表成果，参见张天泽著：《中葡早期通商史》，姚楠、钱江译，香港中华书局1988年版；周景濂著：《中葡外交史》，上海商务印书馆1936年版；万明著：《中葡早期关系史》，社会科学文献出版社2001年版；金国平著：《西力东渐——中葡早期接触追昔》，澳门基金会2000年版；黄庆华著：《中葡关系史》，黄山书社2006年版；汤开建著：《明代澳门史论稿》，黑龙江教育出版社2012年版。

建立通商关系的举措而结果功败垂成、辗转东南沿海的军事侵扰也一再铩羽而归的数十年间,在历史地理层面上仍只是一个既未被外夷惊扰,也未被朝廷关注过的小渔村。嘉靖十四年(1535 年),因夷商贿赂得以开为商埠的濠镜澳,虽然允许各国夷商在九澳进行贸易,但随着贸易重心一路向北移至闽浙,这个埠头实际上被冷落一边。[①] 此后是从上川岛到浪白澳的移转,使久被冷落的濠镜澳重新映入葡人眼帘。嘉靖三十二年(1553 年),葡萄牙人通过贿赂广东官员与之达成密约,终于获允入居澳门并开展贸易,此后更熙熙攘攘携家带眷而使之渐然"雄踞海畔若一国"。这原本偏安一隅的渔村便在随后的历史洪流中,因缘际会而跃为独具风情的华洋共处之地,开始辐射并衍生出长达 4 个多世纪的文明之光,且在折射着早期全球化历史进程的起承转合。

不过,随时间推移而不断湮没历史记忆的澳门史,向来因中外载籍的抵牾、民族立场的冲突与文化交流的隔阂等因素,使原本暧昧不清的史事变得更加扑朔迷离。其间尤让后世颇感讶异的文化奇观之一,便是丝丝入扣于华南地区的中华法系文明竟能与漂洋万里的欧陆法律传统共存一处;而这套异质同存的规则体系所形成的法律多元格局,在迭经四个多世纪的衍化之后成为"一国两制"政治构想的历史根基。当代澳门的法律体系虽已通过回归前夕的法律本地化运动而发生了整体转向,但无论是宏观其宪制性法律(如《澳门基本法》)的立论根据及价值趋向,还是细究其种种部门法(如澳门五大法典)的相关制度及具体规范,仍约略可见异质同存、多元一体的历史痕迹。囿于篇幅及能力,本章不拟通盘考察澳门史上所有阶段及所有状态的法律多元,而仅将重心放在这一现象赖以形成的明代晚期,据此探究异质的法律文明在此共存各适的种种状况。

一、律例体系:普天之下的王法所及

"普天之下,莫非王土。"作为朱明王朝之王法的律例体系,是中华帝制晚期政治、经济、社会和文化等特定条件的产物,提高了立法技术,严密了法律规范,改革了司法制度,不仅上承唐宋、下启清朝,其立法、司法和法律解释都为清代沿袭旧制提供了重要基础,亦对同时代周边国家如日本、朝鲜、安南等产生影响。向归香山县辖的澳门,同样被置于"普天之下"的王法之中。明政府对澳门的主导治理,必然使国家法的正式效力延及此地,不仅适用于在澳的所有华人,亦适用于关

---

① 相关考证见汤开建著:《澳门开埠初期史研究》,中华书局 1999 年版,第 99 页。

涉华人利益的华洋之间。作为王法性质的这套国家法体系，与澳葡内部有限自治所需接受的种种规则体系一起，构成了华洋共生之地法律多元外围层面的文化景观。

王法所及澳门的规则体系，至为重要者是《大明律》。明初统治者高度重视立法。基于元末法制败坏、纲纪废弛、官吏贪蠹而衰亡的教训，明太祖朱元璋充分认识到法律的治国作用，不仅数次组织撰修大明律这一基本法典，还亲自为之裁定。[①] 草创于吴元年，更定于洪武六年，整齐于二十二年，至三十年（1397 年）颁示天下，计 30 卷，460 条，篇名源于唐律而细于唐律，个别地方取法晋律、北齐律、北周律，亦有若干独创之处。为确保其效力以示郑重，朱元璋颁令“子孙守之，群臣有稍议更改，即坐以变乱祖制之罪”。[②] 嘉靖朝以后，《问刑条例》附于律后，形成律例合编的体例。

与律并用的综合性法令《大明令》，亦是广东官府治理澳门的重要法源，洪武元年（1368 年）正式颁行。该法共 145 条，体例与吴元年律同，按照六部分类，“吏令二十，户令二十四，礼令十七，兵令十一，刑令七十一，工令二。”[③]《大明令》以刑令为主，基本属于刑法总则性质，部分属于分则规定。首先规定五刑、十恶、八议、赎刑、狱具等制度，与唐宋名例律内容相似，亦与洪武三十年《大明律》相同。[④] 此后规定管辖、司法官吏责任、诉讼程序及定罪量刑诸原则，以与吴元年律相辅相成。但因急于稳定政局、安抚人心，该法内容粗疏，带有急就章性质。

律令之外，还有因时而制的条例。因《大明律》“定律不可改”，而明代中后期之政治、经济及文化状况皆在变动，至澳门准允葡人入居之际局面更有别于昔，为弥补律典之不足，适应司法之需求，弘治十三年（1500 年）编成《问刑条例》并颁行天下[⑤]。后经嘉靖、万历两朝循“辅律而行”路线继续修订，该条例逐步系统化和正规化，法律效力也不断上升，从“例以辅律”变为“律例并行”，甚至出现“以例破律”的现象。就内容而言，《问刑条例》是对明律之补充，亦作出不少修正，或具体区别犯罪主体不同的身份，或区别同一性质犯罪之各种情节和危害轻重程度，条

---

① 张晋藩主编：《中国法制通史》（第 7 卷 · 明），法律出版社 1999 年版，第 1 ~ 27 页。

② 《明史 · 刑法志一》。

③ 《明太祖实录》卷二八。

④ 《大明令 · 刑令》。

⑤ 曲英杰、杨一凡：“明代〈问刑条例〉的修订”，载《中国法律史国际学术讨论会论文集》，陕西人民出版社 1990 年版，第 341 ~ 348 页。

文大多减轻刑罚，但也有少数加重处置，以严明吏治或维护封建秩序。

律令诰例为明代法律的主要形态，皇帝诏令及会典则是补充性的法律渊源。因皇帝为最高立法权之执掌者，官员必须执行其诏令，故而具有特别法的性质。诏令之为法源，始自洪武元年。经过后期整理加工，或则成为条例，或则编辑成册，乃定型为司法适用之又一特别法。其内容之所涉，有政治、经济、司法、行政等方面，不止于特别刑法的性质，而百官在执行时必然要将其置于优先地位，故此既可视为创立新法，亦可视为修订旧法。至于行政法制方面，《大明会典》于弘治十五年（1502 年）编成，正德四年（1509 年）颁行，经嘉靖、万历朝修订，终在万历十五年（1587 年）重修刊行，成为明代集典章制度于一体的行政立法总汇。

综观明代立法进程及法律形态，可见统治者不仅在建国初期注重通过立法保障实施一系列恢复经济、巩固政权的治理政策，中后期同样顺应发展而更定法律、落实政策。唐宋以来的封建法制建设经验为明代立法提供了重要的思想文化积累，使其立法具有更高的起点，不仅在立法技术上彰显其时代特色，如律、典、例、敕相互为用，制定法与判例法密切配合；还在实质内容上顺应时代要求，刑事法律的完备、行政法律的细密、民事法律的多样和经济法律的剧增，可见明代法律已臻于封建法律之大成境界。

明朝历次立法所形成的律例体系，作为颁行全国统一适用的法律制度，同样一体遵行于香山县属的澳门地区。如嘉靖二十九年（1550 年）《问刑条例》以峻法惩处下海通番，将打造违式海船卖与外国人，将应禁军器卖与外国人，将携违禁货物往番国买卖及潜通海贼，劫掠良民的正犯，将私自贩卖硫黄，焰硝与外国人等四种人，均定为死罪。[①] 嘉靖三十三年（1554 年）颁令，南直隶、浙江、福建、广东等处，有将双桅大船下海，及沿海居民遇夷船乘风漂泊私送水米者，俱坐通番重罪。[②] 此类国家法在香山地区及澳门一律遵行，不得有违。

二、地方规章：因地制宜的特殊规制

如前所述，澳门葡人虽获允居留“雄踞海畔若一国”，但其种种行径并未逸出大明帝国的天下视域，相反，从最初“凌轹澳官”之类桀骜表现开始，发展到万历

---

① （明）申时行：《明会典》卷 174《刑部二·罪名》。

② （明）申时行：《明会典》卷 132《兵部·镇戍》。

年间屡屡"潜匿倭贼，敌杀官军"①，促使朝廷不断强化对澳门主导治理的力度。鉴于此地作为华洋共处的特殊区域和中外商贸的重要枢纽，属于中华帝国治下的特别区域，其对法律制度的要求又与内地颇多不同，明政府在随后的治理过程中因应时势所需，使若干专门针对当地特殊情形的地方立法得以出笼。

（一）特殊规制的因由

促成广东官府对澳门进行特别立法的社会因由，首先是澳门境内多有蓄养"倭奴"的违禁现象，加剧了其时东南一带的海患问题。

明朝末年出现在澳门的日本人成分复杂，既有受该国禁教令打击而流亡的天主教徒，也有历来被大明帝国视为"倭寇"的不法分子，还有一些被贩卖过来的日本奴隶即"倭奴"。后两类日本人并未被朝廷分出彼此，一概被视为对中国东南海防形势的威胁力量，因而需要朝廷及地方官府的整肃。而葡人在获允居留澳门之前，曾在东南沿海亦商亦盗，且屡有与倭寇勾结者，共同对抗中国官兵的追剿。即使是获允居澳之后，因东南沿海的倭患仍未消歇，仍会有一些不法澳葡为私利所惑，不惜违反大明律例及地方官府禁令，继续为倭寇提供情报和武器，甚至还想借助其力量来对抗明政府的治理措施。

蓄养"倭奴"之引起朝廷关注，始自万历二十年（1592 年）葡萄牙富商从日本大量购买日本奴隶至澳门。② 此后不过数年，澳门即已聚集数目可观的倭奴。据当时日本主教塞尔凯拉（Luís de Cerqueira）观察，称当时倭奴量多且很价廉，以至葡萄牙水手和厨工都可购买奴隶，然后将他们带到船上；发展到后来，甚至连葡萄牙人的黑奴都敢购买倭奴。③ 为遏制这一可耻的贸易，这位主教在万历二十四年（1596 年）第一次发布禁令，禁止葡萄牙人在日本的奴隶贸易④；两年后再次发布禁令，严禁葡萄牙人从日本购买或运出少男少女。⑤ 但是，贩卖倭奴现象并未得到根治，澳门葡人蓄养的倭奴也越来越多。至万历三十九年（1611 年），澳门葡人已有数万，而借口防番"收买健斗倭夷以为爪牙，亦不下二三千人"。⑥

---

① 《明史》卷 325《外国六・佛朗机传》。

② （明）王以宁：《东粤疏草》卷 1《请蠲税疏》。

③ ［英］博克塞（C. R. Boxer）："葡萄牙人在日本史补正：1542 ~ 1647"，载《殖民总局局刊》总第 324 期（1927 年 6 月），第 5 ~ 24 页。

④ ［日］岡本良知：《16 世紀日欧交通史の研究》，東京原書房 1942 年版，第 743 页。

⑤ 同上，第 743 页。

⑥ （明）王以宁：《东粤疏草》卷 1《请蠲税疏》。

在当时朝野看来,澳门葡人之蓄养倭奴,事关东南海疆的安危。万历三十九年(1611 年),广东监察御史王以宁上《请蠲税疏》析其弊害[①],两年后又上《条陈海疏》,继续剖析澳葡蓄养倭奴之患,并据此提出"悉罢遣之"的建议。[②] 稍后亦有两广总督张鸣冈上疏,称当时澳门治理每每左右为难,"禁之则阻绝生理,而不禁则通澳通倭。弊不胜究,法不胜设"。[③] 海道副使俞安性则敦请两院勒碑,以禁"澳夷畜倭",违者俱擒解两院、军法究处。[④] 相对而言,张鸣冈建议"为地方弭隐忧则必严禁曲防,毋姑息养乱之为得也",亦即在保证澳门与广州贸易正常进行的情况下,严格加强广东政府对澳门的管理,立论持重而中允,被纳入稍后出台的《海道禁约》之中。

其次,与蓄养倭奴现象如出一辙,部分葡萄牙人积极组织或参与掠卖华人的活动,引起并激化了朝野上下的不满。

葡人早期活跃于中国东南沿海时,即有大量掠卖华人为奴的斑斑劣迹。在获允居留澳门之后,这类恶行虽已被大明帝国的律例所严禁,但仍有一些葡人难以抵制巨利之惑,不惜铤而走险从事偷掠人口的勾当。鉴于掠卖华人现象猖獗,引发朝野日趋强烈的反应。万历二十三年(1595 年),印度副王阿尔布科尔(Mathias d' Alboquerque)颁布菲利浦二世的《禁买奴役华人令》,指出"华人及中国各地及港口的居民对朕之在澳门及葡印各城堡和城市的子民购买、偷掠华人,将他们逮至家中役使或将他们贩卖怨声载道",遂作出如下规定:

"自本法令颁布之日起,无论任何人,不管其身份、地位如何,不得从中国带来华人或购买,亦不得以任何方式羁留华男华女,不得役使或随船携带之。违者处以 1000 克鲁扎多罚款。三分之一奖赏举报者,其余作为上述印度上述法院的开支。此外,将遭到逮捕,流放至达曼(Damaŏ)城堡。一切刑罚全数执行。"[⑤]

---

① (明)王以宁:《东粤疏草》卷 1《请蠲税疏》。

② (明)王以宁:《东粤疏草》卷 5《条陈海防疏》。

③ 《明神宗实录》卷 509,万历四十一年六月庚戌。

④ 戴裔煊著:《〈明史·佛朗机传〉笺正》,中国社会科学出版社 1984 年版,第 99 页。

⑤ [葡]利瓦拉(João Heliodoro da Cunha Rivara):《葡萄牙——东方档案》,第 3 分册第 2 部分,第 184 号档,第 537 ~ 538 页。转引自金国平编译:《西方澳门史料选萃(15 ~ 16 世纪)》,广东人民出版社 2005 年版,第 274 ~ 275 页。

禁令传到澳门后,澳葡政府据此通过一项总督法令,禁止以澳门的华人为奴。在教会力量的参与之下,此后又于 1613 年、1619 年和 1624 年颁布类似的法令。[①] 但这些法令并未产生切实效力,因而未能遏制这种恶行;唯有遇到治理手段强硬的中国官员,澳葡才因忌惮而有所收敛,一面信誓旦旦称从无贩卖情事,一面承诺发现此类事情则将涉案者扭至官府处置。[②]

再次,在促成广东官府特别立法的诱因中,看似偶然的"兵船骗饷事件"因涉及海防治理而被格外留意。

1601 年以来,荷兰人在海上世界与葡萄牙人展开角逐,甚至不惜动用暴力手段进行劫掠。为保护葡人在中国的海上贸易不受荷兰人侵扰,葡印总督开始派遣海军军舰在海上护航。万历三十九年(1611 年),四艘葡萄牙军舰首次进入澳门。这类战舰是西班牙大帆船,不用交纳船钞,除非同时带有"武器和商品"。[③] 但依照明代海关管理制度,广东官员要对这批军舰进行丈量并征收吨税。葡舰司令海军准将狄奥戈(Dom Diogo de Vasconcelos de Menezes)表示反对,认为这些船只为皇家兵船,不应缴税;并声称如要强制收税,将以武力相抗。在交涉无果的情况下,明朝官员即命封关绝市,断绝对澳门葡人的一切供应。澳门葡人苦苦哀求狄奥戈让步未果,遂聚议于议事亭,使计将其擒拿并使之就范,答应明政府官员的条件,为这批军舰代交 4870 两银子的船税,事态才告平息。[④] 议事会在 1612 年的一封信中,还为此次代交船税而抱怨。自此往后,葡萄牙兵船到澳门来均须缴税,且成为《海道禁约》的五款之一。

最后,违禁接济一直是沿海地带未能根治的问题,在澳门尤为严重,亟待朝廷

---

① C. R. Boxer, *Fidalgos in the Far East*(1550 - 1770), 2nd edition, Oxford University Press, 1968, p. 235.

② 费成康著:《澳门:葡萄牙人逐步占领的历史回顾》,上海社会科学院出版社 2004 年版,第 48 页。

③ [瑞典]龙思泰著:《早期澳门史》,吴义雄等译,东方出版社 1997 年版,第 107 页。龙思泰(Anders Ljungstedt, 1759 ~ 1835,或译龙奎斯特)长期栖居澳门,于 1832 年写成历史著作《葡萄牙在华居留地史纲》(*An Historical Sketch of the Portuguese Settlements in China*)。该书以第一手材料,详尽介绍澳门的历史、地志、人口、政府、对外关系和天主教会在华的传教活动,葡人居澳的发展变化,是国际史学界公认的研究澳门历史的权威之作,被誉为第一部"真正的澳门史"。该书中译本改名为《早期澳门史》。相关介绍和评价参见 Charles Ralph Boxer, *Fidalgos no Extremo Oriente*(远东的贵族),澳门东方基金会和澳门海事博物馆 1990 年版,第 291 页;章文钦著:《澳门历史文化》,中华书局 1999 年版,第 139 ~ 163 页。

④ [葡]徐萨斯著:《历史上的澳门》,黄鸿钊等译,澳门基金会 2000 年版,第 48 页。

予以整治。

澳门开埠之前，东南沿海倭寇仍然猖獗，动以千万计蜂拥而来，堪为困扰朝野之大患。由于倭寇多由内地奸人接济，所谓“济以米水，然后敢久延；济以货物，然后敢贸易；济以向导，然后敢深入”，必须禁止接济，才能肃清倭寇，是以朝廷对沿海军民“接济倭夷”现象非常重视。① 迨至倭患稍歇，葡人自获允入居澳门后，不数年即“雄踞海畔若一国”，而沿海人民违禁接济者众，所谓“接济澳夷”的现象遂成朝野在海防问题上的新忧。②

在治理违禁接济的问题上，明廷主要通过立法和谕旨形式，由地方厉行海禁而严加治理。相关立法集中在《大明律》及嘉靖年间颁行的《嘉靖问刑条例》等正式律典刑章中，内容庞杂，既包括禁止走私盐、木、军火、粮食、铁器等违禁物资，又包括不许阑入阑出如私度津关、越度海关等规定。但因律例所涉多属“通番”问题，接济澳葡亦不同于接济倭寇，因此法律规定既失之宽泛，也缺乏因地制宜的针对性，执行起来难免流于形式。

实际上，要想彻底整肃违禁接济现象，不仅要打击大规模的走私犯禁，也须防范为日常生活之需而私下往来物资；不仅要打击接济澳葡的内地军民，也要严格管束被接济之澳葡及相干人等。仅仅依赖律例是不敷使用的，还须借助广东地方针对澳门的特别立法，形成中央与地方共同治理的局面。关于此点，不谙粤澳情形的朝廷官员，往往是高谈阔论而于事无补；执掌广东的地方官员，则大多从粤澳实际出发，提出的建议也相对切实，为后来制定具补充性质或执行细则性质的规范奠定了基础。

此外，自获允入居澳门以来，由于葡人纷纷东来发展，澳门不过数年即因人口剧增，使原有居住条件与生活环境发生改变。趁明政府此时戒心稍懈，居澳葡人加紧扩建民宅，修筑教堂，进而暗中私创营房、筹建军事设施。如是种种，皆被朝廷视为擅自兴作之举。

获允来澳贸易的葡人，最初几年间的居住条件很简陋，只能临时搭棚贸易，贸易完即撤棚离去。自1557年正式大举入居开始，葡人获允在澳门盖屋居住。不

---

① 当时朝野上下皆对“倭患”深恶痛疾，亦有不少人士为此献计献策。如嘉靖年间郑开阳等针对“通番”现象，提出“广福人通番当禁”，倡设两种“稽察”之法，以绝接济之途，堪为代表。参见（明）郑若曾：《郑开阳杂著》卷1《广福人通番当禁论》。

② 对此问题之探讨，置于明政府治澳体制之背景或更为妥当周详。相关分析参见何志辉著：《明清澳门的司法变迁》，澳门学者同盟2009年版，第18~26页。

过,他们在此一面修建民房①,一面亦在半岛东部建起一座造炮厂②。到16世纪末,澳门日趋繁荣。据葡文数据记载,此时澳门因人口增长,建筑工事不断修筑,澳葡居民在大三巴、嘉思栏、烧灰炉斜巷、妈阁庙及西望洋一带到处大兴土木,议事会四周甚至开始兴建堡垒③。对此状况逐渐查察的广东官员,深知明政府虽已允准葡人居澳,而依律例是严禁擅自兴作的,但在澳门葡人的暗中贿赂下,往往心照不宣地视而不见。故沈德符《万历野获编》称:

"其时澳夷擅立城垣,聚集海外杂沓住居,吏其土者,皆莫敢诘。甚有利其宝货,佯禁而阴许之者。"④

澳葡往往以贿赂方式谋得广东官员的默许,使修建工事没有受到太多的强制性干涉。⑤ 不过,澳葡频频擅兴工事的行径,最终还是受到朝野上下的严正关注,进而成为《海道禁约》及后续特别立法的内容之一。

(二)因地制宜的示禁

据史籍记载,最早适用于澳门的地方规章,是万历三十六年(1608年)香山知县蔡善继草拟的《制澳十则》。

这份地方法规的出台,与当时朝野关注澳门葡人居留问题的背景有关,亦反映了有识之士对澳门治理的忧患意识。直接诱发这次特别立法的因素,则是1606年澳门葡人擅建教堂而被广东官员派兵焚毁的"青洲事件"。为整肃这些骄纵不法的澳葡,蔡善继上任后即关注澳门夷情,并拟成《制澳十则》对澳门进行全面的治理。万历三十八年(1610年),该规章呈送新任两广总督张鸣冈,其精神及内容皆获对方赞赏。作为稍后颁行的《海道禁约》的蓝本,这份规章标志着广东

① 西班牙塞尔维亚东西印度总档案馆,67-6-27。此信译文转引自金国平、吴志良著:《东西望洋》,澳门成人教育学会2002年版,第83~84页。

② 1557年,中国政府方准葡人建设工厂于该岛之东。此为葡人在澳实行建筑之始。参见《澳门界务说帖》,载杨翠华主编:《澳门专档》(四),台北"中央研究院近代史研究所"1996年版,第81~82页。

③ 《费亚里奥致若奥四世的请求书》及《巴达维亚总督让·皮埃特森给科尔内里斯海军上将的指示》,转引自[葡]莱萨(Almerindo Lessa):"澳门人口:一个混合社会的起源和发展",载《文化杂志》1994年总第20期。

④ (明)沈德符:《万历野获编》卷30《外国·红毛夷》。

⑤ [瑞典]龙思泰著:《早期澳门史》,吴义雄等译,东方出版社1997年版,第31页。

官府开始从司法、税收与海防等方面逐步加强对澳门的治理。翌年，广东政府颁布禁令，禁止澳门葡人在没有获得批准的情况下擅自修建新房或修缮旧屋。①

万历四十一年(1613年)，海道副使俞安性奉张鸣冈及广东巡按周应期之命下澳，率大批军队和船只从两侧将澳城团团包围，清查倭奴。此次行动，共查出倭奴98名，将之驱逐回国，并在澳门议事亭内立《海道遵奉两院谕蓄倭石碑》。② 同时，俞安性又给澳葡官员下达手谕，指出澳门葡人不遵天朝王法，申令禁止蓄养倭奴、买当地男女、兵船骗饷、接买私货及擅自兴作，"敢有违者，严惩不贷。华官亵职者与业主一并究惩"。澳门葡人接到手谕后，即在议事亭集会商议。在地方兵头库尼亚(João Serrão da Cunha)的召集下，决定寻找"熟悉华情"的人给海道副使回话，最终推举在华经商多年，擅与华人打交道的卡瓦略(Lourenço Carvalho)挑此重担。这位代表于是以万分恭敬的言词答复海道，向朝廷保证不再允许倭奴居澳，禁绝买卖华人，但对兵船骗饷、接买私货等方面仍有辩解。③

不过，这些辩解最终还是得到了俞安性等人的认可。有葡文文献称，听完这些按照他们的习惯及格式陈述的理由后，中国官员表示通情达理，于是退去军舰及大兵，澳门葡人摆脱了这场危机。④ 随后，张鸣冈和周应期等人以俞安性给澳葡下达的手谕为基础，对其部分内容进行修改，删去不许未婚商人登岸居留澳门的内容，其余均照去年条约款项，以中葡文字同时颁布《海道禁约》共5款：禁蓄养倭奴，禁买人口，禁兵船骗饷，禁接买私货，禁擅自兴作。⑤

然而，《海道禁约》上报两广总督张鸣冈核准后，正逢在京言官郭尚宾等人奏请驱逐澳葡，唯有暂时搁置一边。万历四十一年(1613年)，熟悉广东情形的刑科给事中郭尚宾上《防澳防黎疏》，认为朝廷在处理澳门问题方面有四大失策，并指出闽粤奸商在澳门走私猖獗，而澳葡与明政府抗衡又日趋严重，认为不可对澳葡继续予以宽待。⑥ 鉴于澳葡素有不法行径及桀骜举止，尤其是万历二十七年(1599年)不肯缴纳新增两万两税银，遂再度提议将其逐出澳门，赶至以前贸易的

---

① [瑞典]龙思泰著：《早期澳门史》，吴义雄等译，东方出版社1997年版，第98页。

② 林子升著：《16～18世纪澳门与中国之关系》，澳门基金会1998年版，第56页。

③ António Bocarro, *Decada 13 da Historia da India*, vol. 2, pp. 724－737，转引自金国平著：《中葡关系史地考证》，澳门基金会2000年版，第71～77页。

④ 同上。

⑤ (清)申良翰：《(康熙)香山县志》卷10《澳彝》。

⑥ (明)郭尚宾：《郭给谏疏稿》卷1《防澳防黎疏》。

海岛浪白澳去。[①] 万历四十二年末（1615 年 1 月），针对郭尚宾“徙夷出澳”的议论，张鸣冈上奏朝廷，重申澳门海防问题，提议“加意申饬明禁，内不许一奸闯出，外不许一倭闯入，不贵夷人，不挺而去之，无使滋蔓”。[②] 同年底，在正式提出反对迁徙澳夷、主张加强对澳门的管治之后，张鸣冈再次派出海道副使俞安性和香山县令但启元视察澳门，重申禁令。在这次大规模突击下，澳葡方面被迫献出倭奴 123 名，挂帆载舟令其回国；并立下状子，称永不再蓄养倭奴。[③]

事情至此平息，朝廷关于澳葡去留问题也将定论，不料又起风波。万历四十四年（1616 年），南京礼部侍郎沈潅上《参远夷疏》，攻击天主教邪说惑众，要求驱逐入华之传教士。他还特别指出这些传教士来自澳门，澳门是所有传教士往来据点和踏进内地的入口，且内地传教经费亦由此运来；朝廷如果置之不理，将会有“一种可怕的非教会力量正利用澳门作为扩大在华势力的基地”[④]，从而给大明帝国造成安全隐患。未及朝廷批复，“南京教案”爆发[⑤]。虽然期间有在京传教士庞迪我、熊三拔等人上疏《具揭》，为耶稣会在华传教诸事辩护，并特别对当时有诬告入华西教士是澳门夷商的“奸细”进行辩驳[⑥]，但朝廷还是于万历四十五年（1617 年）初颁旨，将北京的庞迪我、熊三拔神父及南京的王丰肃、谢务禄神父押送广东，听归本国。[⑦] 翌年 2 月，这四位传教士于广州拘押七个月后，被驱逐到澳门[⑧]。“南京教案”剑指入华传教士，却连带激发朝野再度“驱逐澳葡”之声。被逐至澳门的庞迪我再度上书皇帝，称他们居住澳门更会引起朝臣猜疑，希望皇帝给

---

① （明）郭尚宾：《郭给谏疏稿》卷 1《防澳防黎疏》。

② 《明神宗实录》卷 527，万历四十二年十二月乙未。

③ （明）方孔昭：《全边略记》卷 9《海略》。

④ ［加拿大］卜正民：“早期耶稣会与明末疆界：中国人寻求和解之道”，载卓新平主编：《相遇与对话：明末清初中西文化交流国际学术研讨会文集》，宗教文化出版社 2003 年版，第 14～15 页。

⑤ 是年 9 月，巡视东城御史孙光裕遂将王丰肃（Alphonse Vagnoni）、谢务禄等 19 人拘捕，又抓捕华人基督徒钟鸣礼等 8 人。沈氏稍后又连上二疏，要求将王丰肃等人“依律处断”。其间又有礼部郎中徐如珂、给事中晏文辉等人以及南北各省诸臣先后上疏，交相对来华传教士及天主教弹劾。参见（明）徐昌治：《圣朝破邪集》卷 1《参远夷一、二、三疏》。

⑥ 庞迪我、熊三拔《具揭》，载［比利时］钟鸣旦等编：《徐家汇藏书楼明清天主教文献》（第 1 册），台北辅仁大学神学院 1996 年版，第 71～139 页。

⑦ 《明神宗实录》卷 552，万历四十四年十二月丙午。

⑧ ［美］邓恩著：《从利玛窦到汤若望：晚明的耶稣会传教士》，余三乐、石蓉译，上海古籍出版社 2003 年版，第 128 页。

予宽释[①],然"疏上不报,闻其尚留香山澳中"。[②] 澳葡去留问题,再度为朝野瞩目。

所幸危机中有转机。新任广东巡按田生金等人考察澳情,发现当地民众不愿驱逐澳葡,而且驱逐未必尽利,认为允准居留亦无不可。万历四十五年(1617年),他与两广总督周嘉谟上《条陈六款》,称葡人去国万里、以澳为家,"驱之未必能去,歼之则屠戮无辜,故以严法治之和重兵防之为善",提议加强澳门海防,强化治澳措施:其一,移驻广州海防同知于雍陌,严查海上番舶往来。其二,谨守塘基环关闸,限制夷商入广人数,每月开关两次。其三,选择武艺精良将士驻扎澳门提调司,防止澳内外勾结。其四,要求海道官员每年对澳门巡视一次[③]。《条陈六款》沿袭的正是张鸣冈等人的治澳思想。

待此奏折及《海道禁约》上呈朝廷后,其中数款建议皆获兵部批复。自此,广东官府将《海道禁约》内容勒石立碑,刊布于澳门议事亭前,令澳门葡人永为遵守。[④] 同时,明政府还规定:"海道每巡历濠境一次,宣示恩威,申明禁约"。[⑤]地方官员对禁约的反复申明,以及海道对濠镜澳巡历的常规运行,既可见明政府对这项禁约的重视,亦可见中方主导治理的力度加强。但同时需要指出的是,禁约虽勒石立碑颁行,但在后续的执行过程中,一方面由于澳葡想方设法进行规避甚或直接抵制,另一方面则因广东官员玩忽职守,或是徇私枉法,尤以"禁接买私货"与"禁擅自兴作"方面问题最多,效力往往大打折扣,乃至渐成一纸空文。[⑥]

三、欧陆法统:澳葡内部的宗教规范与世俗规则

葡萄牙人在早期世界范围进行殖民扩张时,源自欧洲并对葡国本身发生影响的多种法律传统亦被带去,其中既有作为葡萄牙国教的天主教之教会法的内容,亦有中世纪世俗法律体系中各具影响的城市法与商人自治法的成分。作为葡萄牙人远东居留地的澳门,也因之出现了迥然有别于中国律例体系及文化精神的异

---

① 这一奏折上于万历四十六年四月,参见《明史》卷326《意大利亚传》。

② (明)沈德符:《万历野获编》卷30《香山澳》。

③ (明)田生金:《按粤疏稿》卷3《条陈海防疏》。

④ 关于《海道禁约》颁布时期,葡国研究者认为在万历四十五年夏刊布,参见 Manuel Múrias, *Instrução para o Bispo de Pequim e Outros Documentos para a História de Macau*, p. 118。金国平考证认为,既非刊布于1613年,亦非勒石于1614年,实际情况是1613年便将该禁约通知给葡萄牙人,后于1617年获兵部批复。相关研究参见金国平著:《中葡关系史地考证》,澳门基金会2000年版,第77页。

⑤ 章文钦著:《澳门历史文化》,中华书局1999年版,第4页。

⑥ 何志辉著:《明清澳门的司法变迁》,澳门学者同盟2009年版,第18~30页。

质文明,并在此地发生种种难以预期的碰撞和不可避免的衍化。

(一)教会法及其在澳门的精神支配

天主教会是欧洲中世纪之社会支柱,教会法因之而成其时欧洲二元法律体系之一元。[①] 教会权力在经济、政治与思想诸领域具有支配性影响,乃至经常与世俗政权之间展开角逐,但在维护封建统治上又有共通目标。与之相应,天主教之教会法立足于基督教神学的思想基础,又吸收了罗马法的若干原则,从而在教会事务与世俗生活诸领域皆有适用之地。教会事务方面,包括教会本身的组织制度,教徒品德、生活守则,以及相关的宗教规则、章程和法规;世俗生活方面,涉及教权与世俗政权关系,土地、婚姻家庭与继承制度,乃至刑法与诉讼法等规范。

葡萄牙奉天主教为国教,远赴澳门的葡萄牙人如系基督徒,亦必得遵循天主教之教会法的约束。不过,教会的地位及教会法的权威在15世纪文艺复兴运动遭遇严峻挑战后,随着西欧各国大力发展中央集权制,尤其是发轫于英国并扩及他国的资产阶级革命,使政教分离原则逐步形成并获得实践。近代西方法律体系日趋世俗化和理性化,而教会法则日趋缩小其影响,世俗领域仅在婚姻、家庭与继承等方面存续其影响。

受此影响,能真正支配澳门基督徒的教会法之范围及效力的情况也不再如往昔。尽管如此,澳门仍以惊人的速度成长为传教士传播福音的福地。值得注意的是,澳门及周边地区也有不少华人乐于受洗和入教,在接受大明律例体系约束的同时,也大体愿意接受教会法之教义教规的约束。在某些方面如婚姻制度上互相抵牾时,这些华人教徒则视情况及自身信仰进行选择。至于那些虔诚的葡萄牙基督徒,则普遍自觉奉行着这套在他们看来神圣无比的法律体系,从而使合意婚姻、一夫一妻制、婚姻须举行宗教仪式、反对离婚等方面的制度或观念得以逐步扎根于中国民众的宗法伦理世界中。

(二)商人法及其在澳门的制度影响

欧洲中世纪商人法亦有传统,其在澳门的影响可从总督制发展中一窥端倪。

中世纪海商法赋予船长以大权,航海舰队司令具有大权。此后迭经演化,在

---

① 欧洲历史上的教会法,有广义与狭义之分。广义者泛指整个基督教会(包括罗马天主教、东正教、东方基督教的独立教会以及新教的圣公会和加尔文教等)在不同时期所制定和编纂的各种规则和章程,又称寺院法、宗规法;狭义者特指中世纪罗马天主教的法律,有严密的教阶制度,以基督教教义为宗旨,以《圣经》为最高渊源。此处持狭义论。关于教会法之发展、内容及影响的系统研究,参见彭小瑜著:《教会法研究》,商务印书馆2003年版。

葡萄牙殖民扩张过程中,先演为巡航兵头制,终转为后来普遍推行的总督制。葡人入居澳门之初,葡萄牙尝试将其纳入海外殖民帝国的政治体系,所采行政模式为"商馆"(Feitoria,或曰货站)。[①] 葡国王室在商业和供给方面由商人代理,在政治军事方面归于舰队司令(Capitão das Viagens,古籍谓"加比丹末",或译巡航兵头)。舰队司令一年一度赴日途中,短期逗留澳门,负责当地防务,行使与战争有关的司法管辖权;不在此地时,权力改归驻地兵头(Capitão de Terra)。因驻地兵头归驻地居民选举,所以该权力基本落在澳葡市民之手。[②]

鉴于葡萄牙海外扩张过于广阔而分散,居澳葡人最初的自我管理方式尚未受到葡属印度总督(Vice-Rei)的任何控制[③]。1560 年,他们开始选出驻地兵头、法官和四位较具威望的商人,处理小区内部事务。此后又有 1569 年仁慈堂(Santa Casa da Misericórdia)的创设、1580 年首位大法官(Ouvidor,《澳门记略》谓"判事官")的派驻,使澳葡内部的自治组织和管理方式日趋成熟,为后来的议事会制度奠定了良好基础。

(三)城市法及其对议事会的直接影响

城市法既不是统一的国内法,也不是统一的国际法,而是 9 ~ 15 世纪西欧城市中逐渐形成、发展和适用的多元化的法律体系,主要内容包括商业、贸易、征税、城市自治及城市居民的法律地位等,是西欧中世纪法律体系的重要组成部分,是在中世纪中期独特的历史背景下发展而成的。

伴随着欧洲范围相继掀起的"三 R 运动"(即罗马法复兴、宗教改革和文艺复兴),欧洲许多城市的商人阶层开始崛起,逐渐成为主导这个充满希望之大时代的中坚力量[④]。他们效仿罗马共和政治制度模式,期望自主规划自己的基本法和政

---

① 有葡国学者将葡萄牙海上帝国的统治模式分为七类,依次是军事领地、商站、契约、市政区、军事要塞、在臣属与保护关系上建立的体制以及非官方的政治关系(多来自教会关系、商业关系和探险者的影响)。但除前述"市政区"外,只有商馆或商业要塞(Feitoria)适用于澳门。参见[葡]叶士朋著:《澳门法制史概论》,周艳平、张永春译,澳门基金会 1996 年版,第 13 ~ 24 页。

② 1563 年,印度总督认为驻地兵头过于依赖并受命于香山县,曾下令撤销之。但此职位实际保留至 1587 年。近代中文文献或称之为"行政长官"。参见周景濂著:《中葡外交史》,上海商务印书馆 1936 年版,第 76 ~ 77 页。

③ C. R. Boxer, *Seventeenth Century Macau, In Contemporary Documents and Illustrations*, reprint, Hong Kong, Heinemann Education Books, 1984, p. 4.

④ 关于"三 R 运动"在西方文明史乃至全球史上的意义及影响,参见[美]杰里·本特利、赫伯特·齐格勒著:《新全球史:文明的传承与交流》,魏凤莲译,北京大学出版社 2007 年版,第 667 ~ 702 页。

权组织形式。因这些城市在兴起之初,仍受制于封建领地法律的约束,故其首要目标是打破封建贵族的垄断和压迫,获得人身自由和城市自治。

早期城市法的发展形态,主要是对各城市习惯法的汇编和对罗马法的继承。率先得益于"三 R 运动"的意大利各城市,即有 9 世纪伦巴城市法汇编、9 ~ 10 世纪阿玛斐城的海上法、10 世纪基罗亚城市法等各具特色。至 11 世纪以来,更多的欧洲城市纷纷制定自己的特别法律,其中既有城市特权性质的宪章,也有市民普遍遵行的行为规则及司法规范。为使这些各行其是的法律彼此协调,以减少因法律不统一带给日趋紧密的城际乃至国际商业贸易事业的阻滞性影响,一些商业城市通过缔结城市同盟的方式,开始制定城市同盟法。然而,随着 15 世纪以来欧洲各国王权力量的干预,这些自治城市不仅在司法权方面被削弱,自治特权也被逐步取消,逐步沦为各国国王敕令控制下的地方建制,其原有的规则体系也融入到更新的王室法律体系,从此失去了独立发展的政治空间,其影响力也随之衰退。

就中世纪各城市的普遍情形论,其法律形态主要包括四种:一是特许状,即国王、教俗封建主承认自己领地上城市的自治地位,及与自治地位相联系的其他权利的法律文书,因其旨在保护市民自由权而往往享有"人民宪章"的名声。二是城市立法,即获得自治权的城市通过由市民代表组成的市议会,行使立法权并颁布各种行政权性质的法令,兼行使最高行政权和司法权。三是行会章程,即商人和手工业者为共同维护共同利益而建立行会之后,由会员大会制定和通过的行会章程,规定行会的组织和制度,支配城市基本群众的生产和生活,实际具有法律效力。四是习惯和判例,即市民在长期生活中形成的各种习惯和城市法院的判例,借此弥补市议会制定法的不足。

与上述法律形态相应,城市法的主要内容亦涉及城市宪制、市民权利、行会组织及诉讼制度。城市宪制方面,在享有完全自治权的城市,其架构包括城市共和国和城市公社,经选举产生的市议会是最高管理机构,但市议会主席和其他官吏往往被大商人、高利贷者、房产主和城市土地所有者垄断。市民权利方面,赋予市民以人身自由和人格平等,承认市民所享自由是特许状的重要内容,但在实践中存在财产上的不平等,而行会内部也有新的等级制;在所有权及债权方面的法律也日益增多,取消了以往附着其上的种种封建特权因素,呈现出法律文明之"从身份到契约"的发展趋势。行会组织方面,加入行会须缴纳会费,且有严格的资格限制;行会由选举产生的行长负责,设置监察人员监督会员、制裁违反章程者;行会之间不得展开非法的同业竞争,对行业产品设有严格的标准。诉讼制度方面,等级特权原则、宣誓保证、神明裁判、决斗裁判和赎罪金等内容被逐步清理，呈现出与市民权利崛起时代相应的新面貌。

作为中世纪世俗法律体系的城市法，具有同时代之世俗法的一般特点及局限性，不仅适用有限，是仅适用于特定城市及其市民的属地主义法，且往往立法粗疏，公法与私法莫辨，实体与程序难分，制定法与习惯法及判例交织，各城市之间各行其是的规则体系难以通约。这些问题在早期澳门葡人的法律生活中，也或多或少地呈现出来。但是，城市法具有不可替代的历史进步意义，为王室力量及王室法律体系，尤其是民族国家及近代性的资本主义法律体系的兴起奠定了历史基础，它所内涵的一些规则本身具有市民社会的普适性也为后世澳门法之纳入大陆法系奠定了路径依赖的文化基础。

在明代澳门的治理秩序中，澳葡议事会是澳葡有限自治体系中的最高权力机关，其组织结构及运作模式即受中世纪城市法传统的重要影响。

葡萄牙中世纪的市政组织传统，对早期澳门葡人自治起到了直接的影响①。自1143年恩里克斯(D. Afonso Henriques)要求罗马教廷正式承认其为葡萄牙国王以来，为改变国界南北分离的局面，一面往北向穆斯林人收复失地，一面往南进行新的征服，为此需要新订一套规则(尤其是税制及司法)，以便管理收复的失地和新征的土地。这些规则一般称为法令特许状(foral)，作为认可该地某种程度自治的形式。至13世纪时，已有大部分城镇和较多居民的乡村获颁特许状，形成群居而治的区(Concelho)。区大致分为乡村区和城市区，前者因规模细小而自主权不大，后者则相对摆脱封建领主统治模式，且居民享有较多的自由。它们通常有一个由小地主和富商组成的居民大会(Assembleia)，兼具行政单位及互助组织的性质。除特许状之外，还有15世纪后期《阿丰素法典》(*Ordenações Afonsinas*)和16世纪初期唐·曼奴埃尔一世(D. Manuel I)推行的“法令特许状改革”(Reforma dos Forais)，也对这一自治模式产生直接影响。

葡萄牙在海外殖民事业中，逐渐发展出多种治理模式，建立市政组织就是其中一种。葡萄牙法学家指出，在东方，只有当欧洲人在那些地方定居扎根并发展

---

① 关于葡萄牙中世纪市政组织的概略介绍，参见吴志良著：《澳门政制》，中国友谊出版公司1996年版，第11页；黄汉强、吴志良主编：《澳门总览》(第2版)，澳门基金会1996年版，第54页。更具理论性的介绍，参见吴志良著：《生存之道——论澳门政治制度与政治发展》，澳门成人教育学会1998年版，第50~52页。

到一定的规模,法官和市政机构能够运作时,才会选用市政区的形式。① 澳门即是如此。葡国史学界亦指出,“在果阿、澳门和马六甲,似里斯本那样有或多或少自治的市政厅”。② 澳门自开埠至允准葡人入居以来,随着聚居规模的不断增长③,他们开始设法谋求自治空间,以便在应付中国政府的同时,更好地维持内部秩序,保证商贸活动正常运作,进而提升自身的防御力量,缓解外来的各种压力。

1583 年,经主教倡议并主持了居澳葡人的首次选举,议事会(Senado,或称议事公局)得以正式成立。④ 组建议事会是居澳葡人渴望自治的自发行动,既非葡萄牙国王或葡属印度总督主动组织,事先亦未获其许可。议事会成立后,作为里斯本在果阿的常驻代表,葡印总督唯有通过授权进行追认,并以多种方式介入澳葡自治。1584 年,葡印总督孟尼斯(D. Duarte Meneses)扩大议事会的行政、政治和司法管理权,军事权归于巡航兵头,特殊重大事务表决权归于市民大会(Conselho Geral)。1586 年 4 月 10 日,该督来信确认澳门为“中国圣名之城”(Cidade do Nome de Deus na China),赋予澳门与印度科钦(Cochim)、葡萄牙埃武拉(Êvora)相同的优惠,并授予澳门议事会权力。1596 年 4 月 18 日,葡萄牙国王正式颁令,对澳门城市自治地位予以承认。澳门从此获得法令特许状,享有与埃武拉市同等的自由、荣誉和显赫。⑤ 一般而言,法令特许状跟随里斯本发生的变

---

① António Manuel Hespanha, *Panorama da História Institucional e Jurídica de Macau*, Fundação Macau, 1995, p. 13. 中译本参见[葡]叶士朋著:《澳门法制史概论》,周艳平、张永春译,澳门基金会 1996 年版,第 15 页。

② A. H. de Oliveira Marques, *História de Portugal*, Vol. I, 4a Edição, Lisboa, Palas Editores, 1974, p. 462.

③ 据瑞典学者龙思泰转引 1821 年呈递葡萄牙立宪国王的一份文书记载,至 1583 年议事会成立时,澳门已有 900 名葡萄牙人,此外还有妇女、奴隶和好几百个买来的中国儿童。参见 Anders Ljungstedt, *An Historical Sketch of the Portuguese Settlements in China and of the Roman Catholic Church and Mission in China & Description of the City of Canton*, Viking Hong Kong Publications, 1992, p. 22. 参见[瑞典]龙思泰著:《早期澳门史》,吴义雄等译,东方出版社 1997 年版,第 36 页。

④ 学界通说认为议事会之倡议者是萨主教(D. Leonardo de Sé),参见 Manuel Teixeira, *O Leal Senado*, Macau, Leal Senado, sem data, p. 4;另见 Manuel Teixeira, *Toponimia de Macau*, Vol. I, Ruas com nomes genéricos, Macau, Imprensa Nacional, 1979, pp. 46 – 47. 国内学界持此论者,还有吴志良著:《生存之道——论澳门政治制度与政治发展》,澳门成人教育学会 1998 年版,第 53 页。另有学者认为倡议者是贾耐劳主教(D. Melchior Carneiro),参见[瑞典]龙思泰著:《早期澳门史》,吴义雄等译,东方出版社 1997 年版,第 60 页;C. R. Boxer, *Fidalgos in the Far East*, 1550 – 1770, The Hague, 1948, pp. 8 – 10。国内学界持此论及相关介绍,详见黄庆华著:《中葡关系史》(上),黄山书社 2006 年版,第 221 ~ 234 页。

⑤ [葡]施白蒂著:《澳门编年史》,小雨译,澳门基金会 1995 年版,第 23 页。

化而改变,但也须适应当地特征并适时演进,像澳门这样"远离王室的最高代表"尤其如此。一旦授权确认,若无葡萄牙中央政府的许可,对其市政地位的任何改变都是不合法的。①

议事会成立之初,包括2位普通法官(juiz ordinário)、3位由居民选举产生的议员(vereador)及1位检察长(procurador),在讨论重大事项时,主教(Bispo)、由居民选举的驻地兵头和大法官将应邀参与,甚至主持会议。后经葡印总督授权,每三年一次选举官员、普通法官、孤儿法官(Juiz dos Órfãaos,1603年始)。依1504年葡萄牙《王国城市乡镇官员章程》(*Regimento dos Oficiais das Cidades, Vilas e Lugares deste Reino*)规定,所有居澳葡商(homens bons,良民或富人)或更广义上的人民(Povo)均有选举权。议事会最初由居澳葡人自愿捐款,然后向经澳门港进口货物的葡萄牙船只收税,以便有足够的公共收入维持其运作。税收有盈余时,拨入储备;出现赤字时,则从储备中拨款支付。若尚不足够,或向富商借贷,或举行募捐。公共财政状况好转时,储备金还用于船只保险和船货抵押借款。②

总之,作为澳葡市政组织的核心,议事会深受葡国市政组织模式的影响,"如区市民大会(Assembleia Concelhia)般运作,拥有行政权力,并在区市民大会中挑选领导人员"。③ 通常情况下,它须负责居澳葡人内部的政治、行政和司法管理,全责处理葡人小区的事务,主要管理市政卫生、市容等一般事务,同时负责葡人社群的治安,保安队由居民组织,需要时还雇用奴隶。只有重大特殊事项,才召集全体市民议决。在司法权方面,葡人若有犯罪,轻案由普通法官进行简易判决。

---

① A. H. de Oliveira Marques, *História de Portugal*, Vol. I, 4a Edição, Lisboa, Palas Editores, 1974, p. 462.

② 关于澳葡议事会之构成及运作,参见[瑞典]龙思泰著:《早期澳门史》,吴义雄等译,东方出版社1997年版,第58~60页;[葡]施白蒂著:《澳门编年史》,小雨译,澳门基金会1995年版,第22页;吴志良:《生存之道——论澳门政治制度与政治发展》,澳门成人教育学会1998年版,第54页;以及Montalto de Jesus, *Macau Histórico*, Macau, Livros de Oriente, 1990, pp. 52–54. 该书中译本参见[葡]徐萨斯著:《历史上的澳门》,黄鸿钊、李保平译,澳门基金会2000年版,第27~28页。近期相关的专题研究,可参见叶农:"澳葡殖民政府早期政治架构的形成与演变",载《澳门历史研究Ⅱ》2003年卷总第2期;何永靖:"澳门议事亭杂考",载《澳门历史研究II》2003年卷总第2期;娄胜华:"混合、多元与自治:早期澳门的行政",载吴志良、金国平、汤开建主编:《澳门史新编》(一),澳门基金会2008年版,第125~160页;等等。

③ A. H. de Oliveira Marques, *História de Portugal*, Vol. I, p. 462.

四、王室法律传统及其在澳门的介入

葡萄牙自身的法律传统，亦可谓源远流长。在葡萄牙正式建国前，伊比利亚半岛有着悠久的法律史。在原始时期，半岛法大致分为土著民族的法律和殖民者的法律。在罗马时期，土著民族被罗马文明缓慢同化，半岛法亦随之罗马化；至日耳曼入侵时，在半岛生效的法律已演为"通俗罗马法"。在日耳曼或西哥特时期，罗马法在日耳曼国家中仍有存留，随着中世纪封建社会的成型，半岛法律文化呈现罗马文化与日耳曼文化相融合的二元格局。在穆斯林统治和基督教光复时期，一面是伊斯兰法被推行至此，一面是私法领域因与西哥特法律混合而形成共同的风俗习惯法基础，通俗罗马法和日耳曼法因素占据主流，教会法（尤其在婚姻家庭领域）也有相当比例，习惯法领域则颇受伊斯兰法之影响。①

葡萄牙在1140年成立单一民族国家后，据葡国法律史学家研究，其法律传统迭经不同时期，各有不同特色。第一阶段是葡萄牙法独立的时期（1140～1248年），自阿丰索·恩里克斯担任国王至阿丰索三世管制之初，主要法律渊源一是保持生效的里昂王国法律渊源，二是葡萄牙国家建立以后的法律渊源。② 第二阶段是葡萄牙法受罗马—教会法启发的时期（13世纪中叶～18世纪后期），在继受复兴的罗马法及改革后的教会法（共同法）期间，以罗马法为基础、包含多种法律因素（如教会法、日耳曼法、封建地方法等）在内的共同法体系，成为葡萄牙法律传统中的重要组成部分；至15世纪中叶，为统一法律并将现行法律更新和体系化，《阿丰索律令》应运而生，标志着国家法或个别法开始独立，共同法则衰落为纯因君主意志方获正当性的补充渊源。此后，相继有《曼努埃律令》（1521年）、《杜瓦特·努内斯·度·利昂的单行法律集录》（1569年）、菲利普二世期间的《菲利普律令》（1603年）以及单行法例、诏令、决议、训令等形式，构成葡萄牙法律史上的律令时代。③

作为欧洲法统的王室法律对澳门葡人的影响途径，一方面是通过葡萄牙王室或西班牙王室（1580年至1640年间葡萄牙被西班牙兼并）直接颁行王室法令，另

---

① 关于早期伊比利亚半岛法律史概况，详参［葡］Mário Júlio de Almeida Costa：《葡萄牙法律史》，唐晓晴译，澳门大学法学院2004年版，第63～136页。

② ［葡］Mário Júlio de Almeida Costa：《葡萄牙法律史》，唐晓晴译，澳门大学法学院2004年版，第147～158页。

③ 同上，第161～261页。

一方面是通过葡印果阿总督代表王室颁行法令，所涉内容大致包括如下类别：

第一类，事关澳葡与中国官府的关系。如前所述，万历年间《海道禁约》的出笼，与其时一部分葡人在澳门略卖华人、走私接济和窝藏倭寇的行径大有关联。为避免恶化与广东官府尤其是朝廷的关系，遂有菲利浦二世关于《禁买奴役华人令》的出笼，并于万历二十三年（1595 年）通过印度副王阿尔布科尔（Mathias d' Alboquerque）正式颁布。① 类似的法令在 1613 年、1619 年和 1624 年均有颁布（但都是无效的），而这些法令的出台与教会力量的参与密不可分。② 基于同样的理由，万历二十五年（1597 年），葡印总督达·伽马以葡萄牙国王的名义发布命令称，为了中国澳门居民的安宁，避免在当地产生混乱，不允许在任何状况下将日本人携往澳门或定居于此，也不准其他各国的国民携带奴隶来此。无论主人的地位有多高，亦不许随主人前来。“如有人违反朕之敕令，有主人者将在印度狱中终身牢禁，无主人者将罚其在船中服役 10 年。”③但该法并未强制执行。④

第二类，事关澳门的军事防务。例如，因荷兰人多次袭澳，万历三十五年（1607 年）葡西联合国王颁布敕令，下令澳门加强防御工事，决定在澳门建筑城台并“在果阿继续铸炮，为此下令从中国运来铜料”⑤，并命令所有从中国贩运货物至此的人必须携带一定数量的铜并以此在我的海关支付货税，以确保获得铜料。⑥ 翌年，西班牙颁布王室法令，允许澳门船队司令在菲律宾总督出于防务考虑而发出要求时将军需品从澳门运往马尼拉；王室还致信菲律宾总督，要求密切澳门与马尼拉的关系，按照需要进行军需品贸易。⑦ 此后，由于澳门防卫力量薄弱，葡萄牙国王多次要求葡印总督加强澳门的防御工事。崇祯十三年（1640 年），国王再次要求葡印总督在澳门铸造大炮。⑧ 翌年，若奥四世颁布法令宣布恢复行

---

① ［葡］利瓦拉著：《葡萄牙——东方档案》，第 3 分册第 2 部分，第 184 号档，第 537 ~ 538 页，载金国平编译：《西方澳门史料选萃（15 ~ 16 世纪）》，广东人民出版社 2005 年版，第 274 ~ 275 页。

② C. R. Boxer, *Fidalgos in the Far East*(1550 – 1770), 2nd edition, Oxford University Press, 1968, p. 235.

③ ［日］岡本良知：《16 世紀日欧交通史の研究》，東京原書房 1942 年版，第 744 ~ 745 页。

④ C. R. Boxer, *Fidalgos in the Far East*(1550 – 1770), Oxford University Press, 1968, p. 235.

⑤ 西班牙西芒卡总档案馆，各省秘书处档，第 1551 号抄件，第 491、494 页。

⑥ 葡萄牙国家档案馆《季风书》（Livro das Moncoes）第 1 簿，第 149 页。

⑦ Emma Helen Blair & James Alexander Roberston, *The Philippine Islands*, 1493 – 1898, Vol. 14, pp. 215 – 216.

⑧ BPE CV 2 – 7B，转引自［葡］莱萨：“澳门人口：一个混合社会的起源和发展”，载《文化杂志》1994 年总第 20 期。

会,此法令为澳门炮兵部队增长了一个新职位即炮兵队长①,可谓是正式宣布葡萄牙炮兵军事化的开端。

第三类,事关澳门与周边国家或地区的经济关系。例如,万历二十三年(1595年),菲利浦二世给葡印总督阿尔布科尔(Mathias d' Albuquerque)下达敕令,下令取消菲律宾和新西班牙同中国贸易,因为在他看来这对国家的收益极为有害,所以当他获悉一位葡萄牙舰长指挥的西班牙船运载商人的大量钱财到达澳门贸易时很不高兴,严令他们运用一切可能手段彻底阻止该等贸易。② 又如,万历三十六年(1608年),葡萄牙国王颁布敕令,禁止日本教会人士从事商业贸易,并下令赴日船队司令不准接受教会人士的商品。③ 崇祯十年(1637年),王室为确保对澳门—马尼拉航行贸易的垄断,遂颁布澳门至马尼拉航线新章程,下令禁止直接的私商贸易,私商仅允许在小船上装运货物,以免与塞利维亚航线竞争。④

需要指出的是,囿于种种原因,一些王室法律并未真正在澳门生效。例如,崇祯六年(1633年)澳门总督罗郎也(Manuel da Câmara da Noronha)致函葡印总督时,对西班牙国王发出的一项禁令(禁止澳门与马尼拉贸易)多有抱怨,称该禁令缺乏可操作性,因为没有办法管理那滚滚财源;澳门人也明确表示宁肯死在敌人手下,也不愿意服从新禁令云云⑤。

综上所述,葡萄牙人获允入居澳门后,这籍籍无名的偏僻渔村很快发展为四海驰名的国际商贸之地。摆在他们面前的一个现实问题,便是"面对人口膨胀,迫切需要一个政治行政组织来驾驭这个人口瞬间增至16200人(不计妇孺)的小镇的命运"。⑥ 从早期的委员会与巡航兵头制发展为后来的议事会与总督制,便是响应这一迫切需求的历史产物。这些来自天主教国度、身为基督徒的葡萄牙人,在精神生活及世俗生活的诸多方面均受中世纪教会法的约束,使西欧宗教法文化

---

① Manuel A. Ribeiro Rodrigues, 400 *Anos de Organização e Uniformes Militares e m Macau*, pp. 183 - 185.

② [葡]施白蒂著:《澳门编年史》,小雨译,澳门基金会1995年版,第27页。

③ [葡]帕托著:《来自印度的史料或季风书》第1卷,第185~186页。转自莱唐:"耶稣会教士与对日贸易",载《文化杂志》1993年总第17期。

④ 印度果阿历史档案馆《指示与训令》卷3,第38~51页。

⑤ 罗郎也1623年12月20日信,见《季风集》XIXD,页1034,转引自[葡]罗里多:"葡萄牙人和西班牙人在澳门和马尼拉看中国",载《文化杂志》2004年第53期。

⑥ [葡]依查乌·山度士:"十六、十七世纪围绕澳门的中葡关系",载黄启臣、邓开颂编:《中外学者论澳门历史》,澳门基金会1995年版,第244页。

得以延续并逐步覆盖到了包括澳门在内的远东地区。几乎与澳门葡人自治化建设保持同步的是,来自葡国(及西葡联合王国)的王室法律及其远东代表者葡印总督的法令,也源源不断地为澳门葡人有限自治的权力体系输入血液,一面调整在澳葡人之间及其与各国人等的贸易关系,一面为这个族群多源与利益多元的华洋共处之地奠定基本的法律秩序。

但同时需要辩正的是,由这些葡萄牙人及其他国家来华人士带到东方世界的法律文化并非铁板一块,而是杂糅着西欧中世纪三大最重要的元素,即教会法、复兴的罗马法和日耳曼法,并融入了相当一部分或隐或显的中世纪城市法和商法的内容。教会法是天主教会制定颁行的法律体系,复兴的罗马法是将古罗马时代调整奴隶制商品经济关系的规则体系予以创造性转化的新型法律体系,日耳曼法则是在中世纪早期占统治地位而带有原始民主性的民族世俗法。它们不同程度地深入并渗透于葡萄牙民族国家的社会生活与法律秩序,经由葡萄牙人缔造庞大的殖民世界而不断东扩,最终使澳门葡人社会生活所承受并承载的法律规则交织在宗教法与世俗法之中。因此,即使单纯就澳葡内部法律秩序而言,这也足以形成一种纷繁复杂的多元景观。

相比之下,中华法系在明代澳门的适用状况显得单纯许多。虽然律例体系与地方规章在共同型构着澳门华人社会的法律秩序,但这种多样性在规范层面上保持着同一性,不像澳门葡人从欧洲带来的教会法与世俗法之间存在明显的异质性。至于这部由广东官员订立、经明政府核准的《海道禁约》,是对明政府在澳门充分行使主权之事实的体现,其内容既表明中国在澳门拥有完全的立法权和行政管理权,又表明阖澳所有华洋居民都必须受中国司法的管辖。它虽以极为苛严的规范管束澳葡,且动辄借助国家政权力量,迫使他们就范屈从,但同时也以地方法规的形式确认了澳门葡人的居留资格,进而使之在后续的交涉和冲突中因势导利,为发展内部有限自治体制奠定了外围的屏障。至于这种法律多元格局的后续发展及变异,则是笔者另行展开的研究对象,此不赘言。

第四章　司法交涉:清初治理格局中的华洋命案问题*

自葡人获允居留直至鸦片战争爆发前,澳门境内逐渐形成的是华洋共处分治的治理格局,即中国政府长期对澳门充分行使主权,居留澳门的葡萄牙人仅在有限的空间内自我管理。作为主权有机组成部分的司法管辖权,因应华洋共处与分治的现实情况而有变通处理。

在清政府与澳葡政府对澳门境内各类民刑案件进行司法分治期间,乾隆八年(1743 年)一宗华洋命案的发生及其处置具有第一次转折的意味。该案虽案情简单,事实清楚,证据确凿,其司法交涉过程却是澳葡获允居留 190 年间中葡双方围绕主导治理与有限自治而在虚实显隐之间展开持久较量的一个缩影。由此形成的制度调适更影响深远——它不仅直接导致"乾隆九年定例"的出台,成为此后各类华洋命案处置的法律依据;也催生了清前期第一份专门针对澳门华洋关系进行治理的地方立法《管理澳夷章程》。乾隆十三年(1748 年),澳门再次发生一宗华洋命案。交涉虽在澳葡政府与广东地方官员的幕后交易之后达成变通,但因事涉两名葡人且罪行严重而性质恶劣,最终不仅引发清政府最高层的格外关注,亦且

---

* 本章内容源于拙著《明清澳门的司法变迁》(澳门学者同盟 2009 年版)第四章,现据学界新近研究进展及中央民族大学邓建鹏教授的审阅意见予以修订。

促使澳葡方面重新整顿内部权力格局，由此形成了第二份更为严格而规范的、专门针对澳门治理华洋关系的地方立法《澳夷善后事宜条议》，使澳门的司法治理从此纳入清政府与地方官员高度关注的视野并进入一个新时期。

一、乾隆八年命案始末及其交涉

(一)乾隆八年命案之始末

乾隆八年(1743年)澳门境内发生的华洋命案，中外文献均有记载。根据翌年广州将军策楞等奏报办案缘由及相关文献记载，该案情况大体如下：

是年十月十八日(12月3日)，在澳贸易民人陈辉千酒醉之后途遇葡人晏些嚧(Anselmo)，因口角打架而被对方用小刀戳伤身死。[①] 据查，凶犯是一名澳门土生士兵，事发地点在澳门半岛的旧牢笼街(Tronco Velho，今东方斜巷)。3天之后，香山知县王之正闻讯带领士兵进入澳门检查尸体，发现死者身上有五处伤口[②]，验伤取供，填格通报，敦促澳葡政府"夷目"(理事官)交出凶犯，随后离去。

当时的澳门总督为费礼喇(Cosme Damiao Pinto Pereira，又译佩雷拉)。他曾在1735年8月至1738年8月出任澳督职务，在印度总督桑多米尔伯爵的支持下试图进入澳门议事会并充任主席，但鉴于当时葡国王室命令规定不得在议事会有职位和选举权，没能实现这一梦想。是年8月，他再度出任澳督一职，重新统治澳门。[③] 这位曾经与议事会进行较量的澳督一如其众多的前任，认为"西洋夷人犯罪，向不出澳赴审"[④]，以为享有完全的司法"自治权"，因此对澳葡罪犯自行收管，拒绝把凶手交给中方官员。

由于澳葡总督态度强硬，香山知县王之正在多次催促未果的情况下，只能密禀上级，使之引起策楞等高级官员的重视。鉴于华洋命案事关重大，他们格外担心澳葡徇私枉法，失之宽纵，当即严批照例审拟招解。香山知县有此指示，遂多次催促对方交出人犯，使之让步。澳葡政府一方面迫于强大压力，表示愿意"仰遵天朝法度，拟罪抵偿"，一方面又以违反葡国禁令将被惩处为辞，"一经交出收监，违

① (清)印光任、张汝霖：《澳门记略》卷上《官守篇》，载中国第一历史档案馆、澳门基金会、暨南大学古籍研究所合编：《明清时期澳门问题档案文献汇编》(第6卷)，人民出版社1999年版，第290页。

② [葡]施白蒂著：《澳门编年史》，小雨译，澳门基金会1995年版，第132页。

③ 同上，第124~131页。

④ 《明清时期澳门问题档案文献汇编》(第6卷)，人民出版社1999年版，第290页。

犯本国禁令，阖澳夷目均干重辟"，希望清政府"仍照向例，按法处治，候示发落"①，要求在澳门审理。

策楞等经过权衡，认为此事"似应俯顺夷情，速结为便"，最终同意折中处理。于是，在其亲自过问此案的情况下，由广州知府金允彝督同香山知县王之正到达澳门，与澳葡总督共同审理。由于该案"衅起于撞跌角殴，杀非有心"，依照大清律例之规定，由中国官员宣布德威，严切晓谕，并将凶犯应行绞抵之处明白示知。乾隆九年(1744 年)正月，该犯在澳门被执行死刑："各夷目遂自行限日，眼同尸亲，将凶犯晏些嚧于本月初三日用绳勒毙"②。虽然澳葡在处决犯人过程中作了手脚，故意破坏刑具，企图用假死刑蒙混过去，但终因露出马脚而未遂，在华人一片鼓噪的"混乱之中又继续执行死刑"③。

至此，这宗震动清政府地方高层的华洋命案，以凶犯伏法而"阖澳蕃人靡不畏而生感"而告终。广州将军策楞等人将该案据实奏明，并将招供报部存案，叙明程序变通的理由，希望乾隆皇帝批示其建议，借此订立澳门华洋命案的特殊处理规则。奏折不仅概述了该案始末，还透露了清前期澳门司法治理的诸多信息。其首先值得注意的，便是其间折射的清前期澳门社会状况。

从命案奏折对澳门情况的记载看，可知当时澳门社会已悄然发生诸多变化。此地容留澳葡"寄居市易"已近两个世纪，因缘际会而形成华洋杂居的局面。迭经世变的居澳葡人，不像那些来往匆匆的葡国人士，他们必须灵活掌握对中国政府"恭敬"和对葡国王室的"忠诚"。作为澳葡最高权力机构的议事会，在长期的交涉过程中逐渐形成一套行之有效的"双重效忠"策略，借此使他们在利益面前能左右逢源，在危机面前可化险为夷。因此，澳葡人士留给天朝大国的"化外"形象，既有极尽恭顺俯首称臣的一面，有时也会出人意料暴露其桀骜不驯的一面。在明末以来中国士大夫乃至民间百姓眼中，此种状况即所谓"喜则人，怒则兽"。另一变化则体现在商业气息与宗教氛围。此时澳门已成基督教在华传教之基地，澳葡信仰基督教者众多，与其他居澳的外国人不同，故奏折曰"澳门均属教门，一切起居服食，更与各种夷人有间"。④ 而澳门境内人口剧增，不仅居澳葡人多达三四千，来此经商的内地居民也有不少，该案被害人即"在澳贸易民人"。当时华洋

---

① 《明清时期澳门问题档案文献汇编》(第 6 卷)，人民出版社 1999 年版，第 290 页。

② 《明清时期澳门问题档案文献汇编》(第 6 卷)，人民出版社 1999 年版，第 291 页。

③ [葡]徐萨斯著：《历史上的澳门》，黄鸿钊、李保平译，澳门基金会 2000 年版，第 112 ~ 113 页。

④ 《明清时期澳门问题档案文献汇编》(第 6 卷)，人民出版社 1999 年版，第 290 页。

相处难免发生矛盾,不仅在商业利益上频频冲突,在日常交往中也屡有摩擦。此案之后,澳门见诸史籍的华洋命案,也大多为日常冲突引起。① 由此而加剧了人们对澳葡桀骜形象的负面印象,也使中国官员加深了必须全面管束澳葡的基本认识,清政府对澳门进行管治的程度也因此日趋严厉。

(二)命案中的责任论及其影响

从实体意义看,该案体现了传统社会中基于连带关系的责任论,以及这种责任论对处理华洋命案的支配性影响。

在中国传统社会中,诸如"人命关天"、"杀人偿命"之类的罪刑观念一直根深蒂固,支配着历代刑事法律制度与司法实践的发展。历代法律无不对命案之类的刑事犯罪予以严肃处理,施加严酷刑罚,进行严厉打击。若命案之受害方为中国臣民,加害方为"夷",这对"华夷秩序"观念根深蒂固且更趋浓厚的社会秩序无疑构成极为强烈的冲击。② 此时澳门作为机缘特殊的华洋共处之地,清政府虽然允准澳葡继续居留,并在事实上听任其不断争取自治,但始终视澳门为天朝土地。在朝野看来,澳葡有幸居留于此,乃受天朝隆恩,理应安分守己,不可轻举妄动,更不可恣意妄为。因此,在国力鼎盛的乾隆年间,光天化日下发生这样一宗澳葡逞凶的命案,就更让人惊骇而引起高层关注。

与这类观念相应,并结合宗法家族观念的深刻影响,在中国传统社会中存在一种具有社会连带关系性质的责任论,它支配着各级官员对命案的处理态度。有西方学者观察指出,中华帝国的每一个臣民对于可能发生的任何事情,即使与其关系不多,也要负责。此种情况正如西方学者之所言:

---

① 关于这类案件的择要研究,参见刘景莲著:《明清澳门涉外案件司法审判制度研究(1553—1848)》,广东人民出版社2007年版;何志辉著:《明清澳门的司法变迁》,澳门学者同盟2009年版,第166～193页;王巨新、王欣著:《明清澳门涉外法律研究》,社会科学文献出版社2010年版。

② 何芳川的论文《"华夷秩序"论》对此观念有系统的梳理及批判。在谈到"华夷秩序"的理念与原则时,他强调农业文明对中华帝国与周边国家关系的影响,认为"农业文明对稳定、和平的基本需求的特征,以及为了这种稳定,和平需求应运而生的儒学那些'君臣父子'、'忠孝节义'等理念框架,也自然延伸到帝国对外关系的基本理念与原则之中。……以维持彼此的稳定与和平"。参见何芳川著:《中外文明的交汇》,香港城市大学出版社2003年版,第65～66页。本文引证明清文献时涉及"夷"字甚多,为尊重历史,遂一仍其旧。需要注意的是,明清文献提及外国多用"夷"字,除"以夷制夷"之类提法,还有"夷目"(理事官)、"澳夷"(居澳葡人)、"夷务"(涉外事务)等贬抑性的称谓,彰显的正是中国传统文化观念中起支配性影响的华夷秩序观。至于"夷"字作为长期被中华帝国言说的话语有怎样的政治内涵(如所谓"主权边界"),又如何在近代中西冲突之中逐渐消弭其贬抑色彩,参见刘禾著:《帝国的话语政治——从近代中西冲突看现代世界秩序的形成》,三联书店2009年版,第98～145页。

“某一城市发生命案，该城知县就要负责缉拿凶手、查案起诉、进行审判，并且将罪人处刑；如果其中任何一个责任不能完成，就会使他被革职丢官。结果就是，没有一件发生的事故不受惩处；假如罪犯不能查明、定罪和惩处，那么负有责任的人就一定要承受这种结果——这些人就是父亲、家属、雇东、村邻、知县或总督。”①

受这种责任论的支配，清政府官员对于澳门华洋命案的处理态度更为谨慎和严肃，不会轻易听凭澳葡政府自行处置。因此，尤其当凶手为澳葡时，他们诚恐“失之宽纵”，担心澳葡自治组织对该案处理不当，而相关责任却归自己承担。

这种责任论在中国传统政治文化中，其实早已被人熟视无睹，人们生活在习以为常的社会连带责任关系中。尽管这在西方人看来无论从学理上还是从实践上看都是“野蛮的和残暴的”，但对广大臣民而言，“能用一种比较不大彻底和残酷的原则，就能使他们服从官府的话，那是很可怀疑的”。② 对官府而言，岂止是“夷人”行凶的华洋命案非同小可，即使是处理普通臣民之间的命案，中国官员也被他们自己的责任论所拘束。③ 如此环环相扣、层层负责的连带责任关系体现在司法制度上，就是一整套严格而复杂的初审、复审、上报、复核直至具题奏报之程序的运作。由此可见，对负责管辖澳门的清政府各级官员而言，依照程序依律受理这类华洋命案，既是其职权之所在，也是其责任之所系。

因此，在澳门华洋命案的司法交涉上，这种责任论使清政府官员表现得更为积极主动。从奏折对该案的记载看，清政府地方各级官员虽然在交涉的每一个环节都遭遇澳葡的对抗，但都最终占主导地位。

实际上，每遇华洋命案发生，地方官员（如香山知县）必须迅速介入该案，“验伤取供，填格通报”。高级官员（如广州将军等人）随即也须关注此事，“诚恐该地方官失之宽纵，当即严批照例审拟招解”，要求澳葡服从清政府的司法管辖。与此同时，清政府官员有权敦促澳葡交出人犯，并每每设法敦促其交出人犯。尽管澳督起初极力对抗，此正如中方官员奏折所言：“凶犯于讯供之后，夷目自行收管，至

① ［美］马士著：《中华帝国对外关系史》（第1卷），张汇文等译，上海书店2000年版，第132页。
② 同上，第132～133页。
③ 同上，第134页。

今抗不交出"[①],但在再三敦促下不得不借口"违犯本国禁令"来进行辩解。

至于司法程序的变通与否,亦由清政府高级官员允准方可。但处理该案的法律依据,仍为《大清律例》,联合会审的主导力量则为清政府官员。政府官员在这一系列交涉过程中的行为及其结果,不仅可视之为早期中国对澳门积极行使主权的产物,也可视之为受这种政治意义的责任论支配的产物。

这种责任论也支配着澳门华洋命案的处理原则。在深谙官场规则并浸润其中的各级官员看来,处理这类命案最便捷也最有效的,同时也必须遵循和追求的,是以命抵命的"抵偿"原则。有西方学者指出,在清代中期的华洋命案中,中国官员被他们的责任论所拘束,他们对外界表现精心执法的最为公开的方法就是宣告"一命抵偿一命";而在这些案件中这种办法是县所采取的。[②]

当然,在这一宗华洋命案的处理过程中,并非没有追求公正的目的,恰恰相反,从香山知县到两广总督针对澳葡的每一步交涉,追求的都是实体意义上的公正审判,旨在使澳葡承认"自应仰遵天朝法度,拟罪抵偿"。由此可见,这种"拟罪抵偿"即是一种适应中国传统社会的责任论的实体公正观念。

(三)命案中的程序变通及其危机

从程序角度看,该案还反映了清政府官员在澳门华洋命案处理时的程序变通及其权威虚置的危机。

在各种因素制约,尤其是澳葡极力争取自治的条件下,要实现这种顺应中国传统社会观念的实体公正目标,就只能进行变通处理。由于华洋命案非同寻常,事关"夷情",不能完全依照内地普通命案的司法程序进行处理。从另一角度看,这也是因为清政府官员默认了澳葡近两个世纪以来变相扩展"自治"的既成事实,认可了他们提出的"百年以来,从不交犯收禁"的传统做法。而且在澳葡提出不敢违犯禁令、恳请清政府批准其依照"向例"的情况下,也认可了他们拒绝交犯的理由,宽容了他们在此案交涉初期的对抗行为。

据此可见,中方官员在此交涉中,首先在态度上作出了关键性的变通。虽然他们也意识到这类命案所涉不仅仅是一条人命,更与天朝法度有关,此所谓"天朝政体攸系",是绝不能完全听任澳葡依照葡国法律进行处置的,是以奏折有云"倘听其收管,无论院司不能亲审,碍难定案承招,并虑旷日迟久,潜匿逃亡,致夷人益

① 《明清时期澳门问题档案文献汇编》(第6卷),人民出版社1999年版,第290页。

② [美]马士著:《中华帝国对外关系史》(第1卷),张汇文等译,上海书店2000年版,第134页。

生玩视法纪之心”,但却以为“今若径行搜拿,追出监禁,恐致夷情疑惧,别滋事端”,认为完全按照内地普通命案处理并不可行,主张此等事件“似应俯顺夷情,速结为便”①,遂在葡方的对抗之后作出了妥协,才有后来中方官员改往澳门审理案件和执行刑罚的一系列变通。

这份奏折也暴露了中方作出变通的另面真相。在与澳葡进行交涉时,中方官员的消极作为日趋普遍。正如该奏折所言,地方官每因澳葡方面“系属教门,不肯交人出澳,事难题达,类皆不禀不详”。在澳葡逐步侵蚀司法管辖权之际,中方官员却在惧怕承担政治责任的复杂心态下文过饰非或避重就轻。事情还不止于此,司法腐败现象亦堪忧。该奏折明确指出,此前澳门境内并非未有发生过华洋命案,根源在案发之后往往被地方官员徇私放纵,“即或通报上司,亦必移易情节,改重作轻,如斗杀作为过失,冀幸外结省事,以致历查案卷,从无澳夷杀死民人抵偿之案”。② 至于此宗命案,如非“伉直有威”的香山县令“单骑驰谕,执法愈坚”而使澳葡方面“慑其威而廉”③,或未惊动中方高级官员(如广州将军策楞等),或许其交涉结果亦一如既往,听任澳葡方面避重就轻地进行处置。

(四)命案与澳葡司法自治的试探

从命案奏折关于澳葡情况的记载可知,澳葡社会内部的自我管理历时已久,这让短期往来澳门任职的澳葡总督及其他葡国人士往往产生错觉,以为澳葡社会已在远东地区建成了又一个“殖民据点”。这种基于对有限自治状况不甚了了的错觉,也在事实上加速了澳葡政府在共处分治格局下扩展自治权的进程。

澳葡有限自治的扩展,在明清易主之际殊为关键。其时政局不定,清政府无暇多顾东南沿海,澳门葡人则以“双重效忠”的灵活性及时自我调适,向清政府输诚称臣,获得了非常难得的听任自便的机遇。澳葡获得极为难得的发展机遇,体现在司法上则是“百年以来,从不交犯收禁”,“西洋夷人犯罪,向不出澳赴审”,“蕃人附居澳境,凡有干犯法纪,俱在澳地处治”等④,可见澳葡社会一旦出现刑事案件,事实上一直由澳葡自治机构进行司法治理。当时澳葡首领统称“夷目”,有权负责司法事务的,既有议事会普通法官和检察长(即理事官),也有王室大法官和澳督(即兵头),其间存在复杂的分权。对此奏折有所记载,即葡人获准居留以

① [美]马士著:《中华帝国对外关系史》(第1卷),张汇文等译,上海书店2000年版,第290页。

② 《明清时期澳门问题档案文献汇编》(第6卷),人民出版社1999年版,第290页。

③ (清)祝淮:《新修香山县志》卷五《宦绩》。

④ 《明清时期澳门问题档案文献汇编》(第6卷),人民出版社1999年版,第290页。

来，人口不断增长，“均系该夷王分派夷目管束”，遇有犯罪“俱照夷法处治”。奏折还详述其处治方式，如“重则悬于高竿之上，用大炮打入海中；轻则提入三巴寺内，罚跪神前，忏悔完结”[①]，显然有别于中国传统的行刑方式与刑罚观念。

命案奏折也反映了澳葡在与中国官员交涉的过程中逐渐扩展司法自治权的不懈努力。这首先表现在澳葡首领敢于一再拒绝中国官员的司法管辖，因此才有奏折所言“凶犯于讯供之后，夷目自行收管，至今抗不交出”的情况。澳葡之所以敢如此，除了依据所谓“百年以来，从不交犯收禁”的传统，还有所谓“本国禁令”或“向例”之类依据。他们据此声称须对葡王禁令负责，否则“一经交出收监，违犯本国禁令，阖澳夷目均干重辟”。[②]

澳葡拒绝交犯之事，在澳葡看来似是理所当然，在清政府官员看来却非同小可。曾在澳门长期生活的瑞典人龙思泰，在其最早向西方世界揭露葡人在澳门主权问题上的虚妄说辞的著述中记载此事：

“1743 年议事会拒绝交出犯人，中国地方官员将这一新奇事通知两广总督。这种革新是件新事，而且很重要，被报告给乾隆皇帝。”[③]

这里值得注意的是，澳葡在此提出的“本国禁令”和“向例”。所谓“本国禁令”，是指康熙二十八年（1689 年）葡印总督下达的禁止葡萄牙臣民接受中国官府传唤的命令。此前，清政府对澳门的管辖是处于绝对强势地位的，地方官员有权发兵进入澳门逮捕人犯到广州进行审理。但从康熙二十五年（1686 年）起，发生华洋案件时，有些官员并不进入澳门审理，而是传唤涉案的澳葡到广州或前山寨。果阿的葡印总督获悉这些情况后，遂于该年下达这一禁令，该命令在康熙五十一年（1712 年）又被葡国国王若奥五世重申。由于清政府此时并不了解澳葡的动静，没有针对这一禁令采取相应措施，澳葡顺利得逞，从此便以之为理由，不再听从中国官府的传唤、出澳接受审判。[④] 至于所谓的“向例”，是指康熙四十九年（1710 年）清政府首次允准澳葡政府在澳门就地处死澳葡罪犯。有学者分析认

① 《明清时期澳门问题档案文献汇编》（第 6 卷），人民出版社 1999 年版，第 290 页。

② 同上。

③ ［瑞典］龙思泰著：《早期澳门史》，吴义雄等译，东方出版社 1997 年版，第 99 页。

④ 费成康著：《澳门：葡萄牙人逐步占领的历史回顾》，上海社会科学院出版社 2004 年版，第 94 页。

为,澳葡以为这是对他们获得“治外法权”的肯定,并视之为“向例”①,因此认为此次中国官员极力敦促交犯是与此前允许的治外法权相矛盾的,他们才胆敢一再对抗。

当然,该案由于影响重大,引发朝廷与地方的关注,其处理方式非同以往。经过清政府官员多次施加压力和严厉催促,澳葡最终无法对抗,只能以不敢“违犯本国禁令”的理由进行搪塞,并反复“恳请仍照向例,按法处治,候示发落”,希望清政府同意他们依照葡国禁令和法律来办理,但仍然没有交出人犯给中国官员审讯。因此,尽管该案最终是依据中国法律进行审理,却是由中国官员来到澳门进行审理,并在澳门执行刑罚。澳葡在这一变通中遵守了“向例”,在事实上赢得了这场交涉的胜利,也巩固了此前已经形成的死刑在澳门执行的成果。这为后来澳葡继续扩张司法自治权奠定了更为坚实的基础。

二、“乾隆九年定例”与治理的强化

(一)由个案而成例

在乾隆八年(1743 年)这宗华洋命案发生时,清代法制之发育日臻成熟。历经顺治、康熙、雍正和乾隆四朝修律活动,乾隆五年(1740 年)《大清律例》得以定型。律典一旦定型,不可随意添改,但可通过增删定例的方式使律典得以逐步完善,顺应时势的需求。但是,司法个案转化为定例有相当严格的要求,需要看其是否具有典型性、普遍性和适应性,能否弥补律典规范的不足。因此,能成为定例之个案的,往往都是当时无据可依或难以调适的特殊案件,且多在当时社会中产生过不同程度的影响。

由命案导致“乾隆九年定例”的出台,亦可见证以例补律的特殊情形。当然,其特殊性并不在于案件本身有多复杂,而主要在于澳葡方面执意拓展司法自治空间的所谓“夷情”需要中方变通处理并将其固定下来。

命案奏折提出有必要形成定例的理由,一是澳葡犯罪本应特殊处理,不能一概遵照内地司法程序,如奏折所言“化外之人有犯,原与内地不同,澳门均属教门,一切起居服食,更与各种夷人有间,照例解勘承招,夷情实有不愿”;二是这类华洋命案的处理缺乏相应的法律依据,经此案之后,若不由此形成定例,无以约束地方官员严格司法,故奏折先指出“凶犯不肯交出,地方官应有处分,若不明定条例,诚

---

① 周景濂著:《中葡外交史》,上海商务印书馆 1936 年版,第 146 页。

恐顾惜老成,易启姑息养奸之弊",继而声称若兼顾中葡双方利益,上申国法而下顺"夷情",须由朝廷发谕:

"嗣后澳夷杀人,罪应斩绞,而夷人情愿即为抵偿者,该县于相验之时,讯明确切,由司核明详报督抚,再加复核,一面批饬地方官同夷目将犯人依法办理,一面据实奏明,并抄供报部查核。"①

这份奏折交由刑部复议后,刑部亦赞同这一意见,认为此举并不违反现有律典处置化外人犯罪的精神,"律称化外人有犯,并依律问断,但期于律无枉无纵,情实罪当";且认为适当变通现有程序也有其合理之处,即所谓"其他收禁成招等项节目,原不必悉依内地规模,转致碍难问拟"。于是,经乾隆皇帝批准,在上述建议的基础上形成了在澳门司法实践中影响甚深的"乾隆九年定例":

"嗣后在澳民蕃,有交涉谋害斗殴等案,其罪在民者照律例遵行外,若夷人罪应斩绞者,该县于相验之时讯明确切,通报督抚详加复核,如果案情允当,该督抚即行批饬地方官,同该夷目将该犯依法办理,免其交禁解勘,仍一面据实奏明,并将招供报部存案。"②

(二)"乾隆九年定例"的影响

"乾隆九年定例"的出台,在澳门司法治理史上具有重要地位。其社会影响首先体现在,它从此成为清政府与澳葡进行司法交涉、处理澳门华洋命案的基本依据。

就文本而言,这一定例可从如下方面分析。首先,适用的主体必须是"在澳民蕃",案由是"交涉谋害斗殴等案",即必须是澳门华洋之间的重大刑事案件。其次,犯罪者若为中国人,司法处置"照律遵行",不能适用这一定例。再次,犯罪者若为澳葡,且"罪应斩绞",其司法程序是,先由香山地方官员"于相验之时讯明确切",再上报督抚一级进行复核。又次,督抚复核之后,如果案情允当,则由督抚"即行批饬地方官",由地方官员会同澳葡官员,在澳门依法处置人犯,不必押送

① 《明清时期澳门问题档案文献汇编》(第6卷),人民出版社1999年版,第290页。

② 同上,第291页。

于广州。最后,案件处置完毕,督抚需要如实向皇帝奏明情况,上报刑部存案。

长期以来,鉴于澳门华洋命案的复杂性,其处理方式与内地普通刑事案件或其他外国人之间刑事案件应有区别。然而司法实践中缺乏可操作的相关依据,地方官员处理这类案件十分为难,既难以完全依照内地的司法程序进行,又不可能完全听任澳葡自便,结果往往是极力隐瞒真相或者窜改案情,以推卸或减免责任,反而使澳葡有机可乘。就此而言,清政府对澳葡进行司法管辖的难度增大,为使情势不至于进一步恶化,清政府只能在此案交涉中对司法程序进行适当的调整。

正是这一调整,导致了定例的出台。清政府改变了过去在澳门实行"化外人有犯并依律问断"、与内地一致的办法,即犯有死罪的澳葡不再押回内地正法,广东官员在澳门会同澳葡官员依法处决;加强了对澳门华洋命案的司法治理,巩固了清政府在澳门的司法管辖权,丰富了《大清律例》的内容。这一情况,在日后发生于澳门的一系列具有较大社会影响的华洋命案中得到了充分的体现。

从另一角度看,定例也使长期以来澳门司法治理中的腐败现象得到一定程度的抑制。

澳门归属香山管辖,华洋杂处,关系重大,其重要性逐渐为清政府所认识。在清政府对这一弹丸之地不断加强管辖、进行"弹压"的情况下,澳门一旦发生华洋命案,清政府官员是很容易知晓的。但澳葡为维护他们在澳门社会中的影响力,扩大其司法自治的范围,往往在华洋命案的处置中极力偏袒澳葡犯人①,排斥中国官员的司法管辖权。在无法对抗的情况下,澳葡则使用其"自这块殖民地建立以来屡试不爽的权宜之计——行贿"②,通过买通清政府官员,隐瞒真相或篡改事实,"如斗杀作为过失,冀幸外结省事",使人命关天的重案往往转化为区区小事,结果便是"以致历查案卷,从无澳夷杀死民人抵偿之案"。③ 但自定例出台后,清政府官员必须依照定例,与澳葡首领共同办理华洋命案,否则依律追究责任和进行惩治,从而强化了清政府官员治理澳门的责任心,有利于防范澳葡自行处置华

① 这方面的例证,除下文详述的乾隆十三年(1748年)澳门两名华人被澳葡士兵杀害的命案并引发交涉之外,还有诸如1766年郑亚彩案、1768年方亚贵案、1792年汤亚珍案、1805年陈亚来案、1826年严亚照案之类的华洋命案,这些命案都涉及对"乾隆九年定例"的适用,唯因澳葡方面不遗余力偏袒己方人犯,使这一定例在实践中大打折扣。相关研究见何志辉著:《明清澳门的司法变迁》,澳门学者同盟2009年版,第166~193页。

② [葡]徐萨斯著:《历史上的澳门》,黄鸿钊、李保平译,澳门基金会2000年版,第83页。

③ 《明清时期澳门问题档案文献汇编》(第1卷),人民出版社1999年版,第198~199页。

洋命案，遏制与澳葡勾结而徇私枉法的现象。

（三）命案与澳门同知的上任

这一宗华洋命案不仅直接影响着清政府对澳门的司法治理情况，还深刻地影响到清政府治理澳门政策的变化，客观上促使清政府不断加强对澳门的管理。至于强化澳门管理的重大措施之一，便是澳门同知印光任的走马上任。

需要指出的是，在这宗命案发生前夕，广州将军策楞等人在当年9月就上奏，筹议将海防同知移驻前山寨，计划将原来驻扎前山寨的香山县丞移驻澳门，属海防同知管辖，"专司稽查民蕃一切词讼"。[①] 经乾隆皇帝批准，肇庆府同知移驻前山寨，属广州府管辖，颁给"广州府海防同知关防"（即澳门同知），专理"澳夷事务"。[②] 翌年年初，待该案处置完毕与"乾隆九年定例"出台，清政府即派驻首任澳门海防军民同知印光任，加强对澳门的治理。

印光任曾在广州多处任职地方官，所到之处，颇有政绩，尤其是在乾隆八年（1743年）任东莞县令时处理发生在澳门地区的英国劫夺吕宋属西班牙船货之事十分成功[③]，获得乾隆赏识而擢升为肇庆府同知。由于长期任职海疆，他"于诸夷种类支派，某弱某强，某狡某愚，其地之山川形势，靡不部居别白于胸中"。[④] 随着肇庆府同知移驻前山寨，他即转为首任澳门同知，任职两年半之后离职。在任期间，他处理多宗发生于澳门的涉外事务，均表现得十分果敢有魄力，不仅维护了澳门地区的安全与和平，也提高了清政府在澳门葡人眼中的地位，亦伸张了国际事务中的公道与正义，提高了清政府在国际交往中的威望。[⑤]

但值得注意的是，印光任奉策楞之命到澳门去相度形势，选择建立香山县丞衙署的地点，却遭到澳葡的极力阻挠。他们不仅用城内的碎石等填塞港湾的入口，以便进行固守，还扬言如果广东官府派兵进攻，他们抵挡不住时甚至不惜"放弃"澳门。其时，由于乾隆皇帝经常要从澳门择用掌握西方科学知识的耶稣会士，广东官员不拟造成澳葡回国的事件，致使他们可能会受到皇帝的责难。同时，他

---

① 《明清时期澳门问题档案文献汇编》（第1卷），人民出版社1999年版，第196~197页。

② 《明清时期澳门问题档案文献汇编》（第6卷），人民出版社1999年版，第283页。关于澳门同知之设立及影响，详见黄鸿钊著：《澳门同知与近代澳门》，广东人民出版社2006年版。

③ 关于该宗事件及其处理，广州将军策楞等有向朝廷奏报。参见《明清时期澳门问题档案文献汇编》（第1卷），人民出版社1999年版，第194~195页。

④ （清）袁枚：《小仓山房文续集》卷34《广东太平府知府印公传》。

⑤ 汤开建著：《明清士大夫与澳门》，澳门基金会1998年版，第222页。

们也不拟让北京发觉他们并不能使澳葡事事就范的真相,从而被朝廷认作是办事无能,以致影响日后前程。[①] 于是,广东官府并未向北京奏报澳葡进行抗拒的实情,而是稍稍改变香山县丞移驻澳门的方案,将县丞衙署改设在关闸以南、澳门以北的望厦。这一情况表明,此时清政府要在澳门设置中国官吏,也不是件很容易的事情。

(四)治理澳门新规则的出台

在澳门同知入驻前山寨、香山县丞移驻望厦后,澳门华洋共处的社会形势发生了一些变化。印光任上任后,多次深入了解"夷情",认为清政府治理澳门并不得力,需要进行有效的控制和管理,于是迅速制订和颁布了加强澳门华洋事务管理的《管理澳夷章程》,并上报朝廷批准执行。

在当时的中国官员看来,澳门华洋纠纷多肇始于内地居民,认为"内地奸民窜匿其中,为之教诱唆使,往往冒禁触法",或者"招诱愚民入教、贩卖子女为奴仆及夹带违禁货物出洋"。[②] 因此,印光任出台的这些措施,主要是针对出入澳门和居住澳门的中国人而言。由于澳门的外国商船进口贸易活动中,普遍存在偷漏商税和走私现象,故有章程第 1 款规定:"洋船到日,海防衙门拨给引水之人,引入虎门,湾泊黄埔。一经投行,即着行主、通事报明。至货齐回船时,亦令将某日开行预报,听候盘验出口。如有违禁夹带,查明详究。"[③]第 2 款进而规定:"洋船进口,必得内地民人带引水道,最为紧要",有私出接引者照私渡关津律从重治罪,借此约束内地民人的引水行为,表明中国政府对澳门贸易管理愈加重视,对偷漏商税的防范日益严密。[④]

由于此时清政府官员被澳葡一贯的"恭顺"态度所迷惑,以为"外夷内附"而"不必与编氓一例约束,失之繁苛"[⑤],因此印光任在制定章程时,也侧重强调对中国商民设立保甲制度。例如,该章程第 3 款规定:"凡贸易民人,悉在澳夷墙外空地搭篷市卖,毋许私入澳内,并不许携带妻室入澳。责令县丞编立保甲,细加查察",第六款又规定"请令在澳各色匠作,交县丞亲查造册,编甲约束,取具连环保

---

① 费成康著:《澳门:葡萄牙人逐步占领的历史回顾》,上海社会科学院出版社 2004 年版,第 102 ~ 103 页。

② 《明清时期澳门问题档案文献汇编》(第 1 卷),人民出版社 1999 年版,第 193 页。

③ 同上,第 285 页。

④ 黄鸿钊著:《澳门史》,福建人民出版社 1999 年版,第 147 页。

⑤ 《明清时期澳门问题档案文献汇编》(第 1 卷),人民出版社 1999 年版,第 193 页。

结备案。如有违犯,甲邻连坐”。①

另外,《管理澳夷章程》也大大加强了对澳葡行为规范的管理。例如,第4款对澳葡头目理事官与广东地方官府之间的公文往来与行政隶属关系进行规定:“澳门夷目遇有恩恳上宪之事,每自缮禀,浼熟识商民赴辕投递,殊为亵越。请饬该夷目,凡有呈禀,应由澳门县丞申报海防衙门,据词通禀。如有应具详者,具详请示,用昭体统。”第5款对澳葡的修造船只等事宜也进行约束:“夷人采买钉铁、木石各料,在澳修船,令该夷目将船身丈尺数目、船匠姓名开列,呈报海防衙门,即传唤该匠,估计实需铁斤数目,取具甘结,然后给与印照,并报关部衙门,给发照票,在省买运回澳,经由沿途地方汛弁,验照放行”,并严惩违反禁令的夷目、船匠人等。第7款针对海防问题,规定“前山寨设立海防衙门,派拨弁兵,弹讯蕃商,稽查奸匪,所有海防机宜,均应与各协营一体联络,相度缓急,会同办理”,继续沿袭驻扎军力进行弹压的传统。

除此之外,印光任还制订了有关禁止在澳的中外人贩子贩卖人口的详细条例②,对犯罪的葡萄牙人应如何审判、处刑的定例,重申清政府对中国居民入天主教的禁令,并采取了查拿来澳入教、礼拜的内地居民等措施。印光任在上任之后迅速把握澳门形势,出台相应的治理措施,能“开诚布公,示以恩信”,使澳门华洋事务的管理逐渐走向规范化,时人谓之“民夷洽和”,治理格局亦见“海面肃然”。而从《管理澳夷章程》的具体内容看,它是在明朝万历年间俞安性制订的《海道禁约》基础上进一步完善的结果③,但又与该禁约完全针对澳葡制定措施的情况不同,反映了这一时期澳门华洋杂处的形势已非昔日可比。

至此,通过检视这宗华洋命案的审理及其影响,可见这一时期中葡关系的微妙变动,是如何影响华洋分治澳门司法的格局,又如何促成澳门司法制度之变迁的。该案的交涉过程和处置结果,既是原已形成的华洋分治格局影响下的产物,也进一步促成了华洋分治澳门司法的格局。

总之,“乾隆九年定例”的出台,在澳门司法治理史上具有深远的历史意义。对清政府而言,该案的处理结果能够获得乾隆皇帝的认同,并由此形成“定例”,

---

① 《明清时期澳门问题档案文献汇编》(第6卷),人民出版社1999年版,第285页。

② 费成康著:《澳门:葡萄牙人逐步占领的历史回顾》,上海社会科学院出版社2004年版,第104页。

③ 关于明万历年间《海道禁约》出台始末及内容,参见何志辉著:《治理与秩序:全球化进程中的澳门法(1553~1999)》,社会科学文献出版社2013年版,第105~108页。

体现了对澳葡自治的一定限度的容忍和一定程度的妥协。对澳葡而言,在处置华洋命案方面,他们就不仅在事实上扩展了司法自治的程度,更从清政府手中获得了相应的法律根据。虽然这一定例的出台并不意味着澳葡由此取得了“治外法权”①,但也不意味着仅仅只是出现“司法程序上的变更”②,它蕴藏了澳葡不断争取和扩展司法自治的契机。

正因如此,在此后屡屡见诸文献的错综复杂的华洋命案交涉中,澳葡当局才越来越得寸进尺,“或者胡搅蛮缠,声称要按葡萄牙法律审理;或者藏匿罪犯,公开对抗中国司法机关”③,加上他们往往还会通过各种手段和途径使清朝各级地方官员听之任之,因此在与清政府的较量中赢得主动,不断扩展司法自治。至鸦片战争前夕,华洋共处分治澳门的主客关系已出现即将颠倒的征兆。

三、乾隆十三年命案:文本与真相

(一)案发起因的文本对勘

乾隆十三年(1748 年)再次发生于澳门的华洋命案,在澳门史研究中占有不可忽视的地位。迄今所见的各类文献大多涉及该案,不少代表性成果也都论及该案。④ 但在一些值得注意的基本问题,如该案之起因是否确属夜盗,受理该案的张汝霖是否受贿方面,学界仍聚讼纷纭。

如前所述,“乾隆九年定例”意味着澳门华洋共处分治的司法格局得以规范,改变了此前在表达上依《大清律例》,在实践中按葡国法律的状况,其主旨在巩固清政府的司法管辖权,但华洋命案仍然依照中国法律进行,不过在司法程序上把盛行已久的中方视而不见,葡方暗中运作的事实或习惯“制度化”了。而乾隆十三年(1748 年)更为复杂的华洋命案本应沿着此前奠定的司法程序继续走,但在一系列冲突与对抗中竟最终是以澳门葡人赢得胜利而悄悄扭转了澳门治理格局的基本走向。

---

① 有学者持此观点,参见周景濂著:《中葡外交史》,上海商务印书馆 1936 年版,第 143 ~ 150 页,尤其是第 154 页。反对者之分析,参见黄文宽著:《澳门史钩沉》,澳门星光出版社 1987 年版,第 36 ~ 42 页。

② 黄文宽著:《澳门史钩沉》,澳门星光出版社 1987 年版,第 148 页。

③ 黄鸿钊著:《澳门史》,福建人民出版社 1999 年版,第 149 页。

④ 中国学界涉及此问题的研究,参见金国平著:《西力东渐——中葡早期接触追昔》,澳门基金会 2000 年版,第 83 ~ 107 页;章文钦著:《澳门与中华历史文化》,澳门基金会 1999 年版,第 141 页;汤开建著:《明清士大夫与澳门》,澳门基金会 1998 年版,第 226 ~ 230 页;等等。

因此,尽管该案最直接的政治影响,是导致《澳夷善后事宜条议》十二款的出台,它标志着清政府治理澳门的力度进一步加强,但该案对澳门葡人进一步暗中侵夺司法权的支配性影响却有增无减而成为潜在的"榜样"。在往后的同类命案中,葡方在不同程度地仿效该案处置的方式,甚至从中提炼而成种种应对之策。

就此而言,该案可视为澳门葡人从故作恭顺转向对抗的一宗标志性事件。直到1783年前后,澳门所生的各类华洋命案,几乎都打上这类冲突的痕迹,反映了中葡双方政治力量的变化。而从葡国本身的社会发展看,这一变化又与葡国本土从1750年开始进入声势浩大的政治改革有一定关联。[①] 葡萄牙自此以来开展的政治改革,到乾隆四十八年(1783年)颁行《王室制诰》时终于有初步成效,这一局势也悄然影响着澳门的政治发展史。从澳葡的态度变化中,我们不难体会这一政治背景对于华洋司法交涉问题的影响。

乾隆十三年"李简命案"起因之真相,中葡文献记载各有出入。[②] 这些记载或语焉不详,或以讹传讹,须对照辨析不同文本,重新审视该案曲折。

曾办理该案的当事者澳门同知张汝霖,在事后成书的《澳门记略》中有简略记录。该著曾详述乾隆八年(1743年)命案始末,对这宗亲自办理的大案却仅有聊聊数字:"四月,有民人李廷富、简亚二,夜入亚吗嚧、安哆呢家,毙之,弃其尸";"汝霖谬泥前例,及具谳上,上降旨责让"。[③] 较详细的中文记载,集中在相关的奏折中。其一是乾隆十三年(1748年)《广东巡抚岳浚奏闻亚吗嚧等殴毙民人李廷富等依法办理情形折》:

"今乾隆十三年四月初九夜二更时分,有寓歇柳允才家之剃头匠李廷富、坭水匠简亚二两人,乘间黉夜出街,潜入夷人若瑟吧奴家内,被亚吗嚧、安哆呢起身捉获,虽查未失去物件,但夜入人家,潜身货屋,其为行窃无疑,当将李廷富、简亚二拴缚屋柱,原欲等候天明送官究治,讵廷富、亚二求脱未得,詈骂不休,遂被亚吗嚧将简亚二连殴毙命,安哆呢亦将李廷富殴伤致死,二夷复又同谋定计,将两尸乘夜

① 关于18世纪中期以来葡萄牙政治改革的情况及其对澳门的影响,参见费成康著:《澳门四百年》,上海人民出版社1988年版,第185~197页。

② 澳门史学者金国平《张汝霖诈贿隐史》一文考订葡语文献,披露了详述此事的相关记载,包括萨赖瓦主教之《往昔之声——名城澳门史实汇集》、中葡之间的官方档交涉以及议事亭与葡印总督之间的信件。参见金国平著:《西力东渐——中葡早期接触追昔》,澳门基金会2000年版,第83~107页。

③ 《明清时期澳门问题档案文献汇编》(第6卷),人民出版社1999年版,第291页。

扛弃入海,似此凶蛮,法难轻纵。"①

另一则是乾隆十四年(1749 年)《两广总督硕色奏报亚吗嚧等已搭船回国请准照夷例完结折》,承袭上说而叙述更详。② 其他中文文献记载,多沿上述内容。

至于葡文文献的相关记载,金国平先生挖掘的部分史料颇为详尽。其中有澳门同知张汝霖发给澳葡当局的两道札谕,第一道涉及该案发生时的情况,第二道则蕴含其诈贿之言辞。兹择要述之。根据第一份葡文记载,是年四月初九(6 月 8 日)晚,澳葡巡逻队巡夜拿获两名华人,因发生剧烈冲突而导致命案:

"本日晚,巡逻队拿获二华人,将其扭送总督。总督下令送交当时的理事官安德烈·马尔庭斯(André Martins)——若昂·达·科斯达(João da Costa)妻子的祖父。士兵及少尉对他们拳打脚踢,致使一华人倒毙于曼努埃尔·科雷亚·德·拉塞尔达(Manuel Correa de Lacerda)家门口。到达理事官府上时,他对死活二人均拒绝接收,令来者将二人送往大炮台,他则于清晨前往那里。来到大炮台后,向总督汇报了情况。他下令将他们送入矿道,将二人灭尸匿迹。一说是他将二人就地掩埋。二说他将二人置于瓮中,令人投入海中。他对翌日来见他的理事官说二华人不见了踪影,并要理事官对来查访此事的中国官员说曾见二华人前往理事官府上,后又前去大炮台。理事官允诺如此回答。"③

第二份葡文文献记载的是,在张汝霖索贿成功并经 7 月 29 日议事亭虚张声势"布告"之后,他们赶紧向张提出所谓"调查结果",其中特别提到几点:一是称巡逻队将二华人带至上述店铺,敲门询问二华人是住在那里。店主回答不认识二人,试图坐实死者曾经撒谎,有夜盗之嫌疑。二是说安哆呢及亚吗嚧将二华人带

① 《明清时期澳门问题档案文献汇编》(第 1 卷),人民出版社 1999 年版,第 238 页。

② 同上,第 243 页。

③ 此段文献所提澳门总督,是指 António José Teles de Meneses,他于 1747 年至 1749 年在任,即《澳门记略》中记载的"兵头"、"若些",又有文献称为"文东尼"。参见[葡]施白蒂著:《澳门编年史》,小雨译,澳门基金会 1995 年版,第 135 ~ 139 页。文献所提士兵指安哆呢,少尉指亚吗嚧。引自[葡]萨赖瓦主教著:《往昔之声——名城澳门史实汇集》,澳门文化司署 1987 年版,第 58 ~ 61 页。该主教之生平参见[瑞典]龙思泰著:《早期澳门史》,吴义雄等译,东方出版社 1997 年版,第 10 ~ 11 页。《早期澳门史》曾参考这一手稿,但没有记录此案。此段译文及下述多处葡文史料,除特别注明者外,皆以金国平译注为准。

至大炮台并将此事禀告总督。总督立即下令将二华人送理事官宅上，然后送前山。半路上，二华人不愿去理事官家，开始与安哆呢及亚吗嚧搏斗，致使一华人身亡，试图撇开凶手的“故杀”动机。三是说安哆呢及亚吗嚧害怕因此会受到总督的惩罚，将二人尸体弃入海中并宣称二华人逃脱，且未向理事官报告此事，试图证明凶手本无意杀害他们。①

第三份葡文记载是向葡印总督汇报的内部文件，即1748年12月13日澳门议事亭来函抄本，其内容虽大同小异，却有几处细节值得留意：一是指出两名死者当初有夜盗嫌疑后，被带往他们的客栈寻求证人而未能如愿；二是指出凶手押送两名死者去大炮台时，一名因反抗而被凶手以枪托击中要害毙命，另一名本想押送出境却“绝食气毙”。据此声称香山官府关于案件的定性不确，命案并非“故杀”②，纯系巡夜者执行公务的过失。

对比上述文献，可见中文记载多有节略与隐讳；透露的蛛丝马迹，与葡文记载可互为印证。金国平所译的三份葡文文献中，第一份未谈两名华人为何夜出、如何被拿；第二份是与广东官府之间往来的公文，真实性不可靠；而第三份是12月13日议事亭向葡印总督的汇报材料，真实性相对可靠，但记载的时间与前不同，记为5月3日晚。出现这一差错，或因记录者笔误。

究竟被害的李廷富、简亚二是否确属“夜盗”，事关该案的定性。如非夜盗而被巡夜士兵擅杀，则应作故意杀人罪处理，而不能视为滥行职权之过。由于涉及该案的中葡文档大多是事后整理的，尤其在各级地方官员上奏朝廷的记载中，极尽字句斟酌之能事，从中无法看出二人夜出的真相。金国平考证分析认为，李、简二人是否有盗窃行为，似应以议事亭致葡印总督的函件为准。③

（二）夜盗真相及其根源

从前引第三份葡文史料中，可以看出如下隐含的信息：从中葡文献的记载中，不能遽然断定李、简二人是“夜盗”。

尽管中文记载多次强调，“潜入夷人若瑟吧奴家内，被亚吗嚧、安哆呢起身捉获，虽查未失去物件，但夜入人家，潜身货屋，其为行窃无疑”；“李廷富等潜入夷室行窃”；“是夜贼甫入室，当经惊觉查看，将李廷富等获往”。但其推论“夜盗”成

---

① 《澳门档案》（第2卷第2期），1930年2月，第95~96页。

② 《澳门议事亭来函抄本》，葡萄牙国立档案馆废藏 Ministério do Reino，Maço 602，Caixa 705，Capilha 6。

③ 金国平著：《西力东渐——中葡早期接触追昔》，澳门基金会2000年版，第105页。

立之理由,不过是“时已二更,简亚二从货房走出被拏,李廷富亦于货房柜后搜获,非行窃而何”。对比印证葡文文献,起因却是“巡逻队在四更后,于板樟堂后看到他们”,而所谓“他们有盗贼的重大嫌疑”,却只是因为二人去一店中沽酒,听见传来巡逻队的声音,躲入店中。尽管巡逻士兵目击他们“潜入”店中,但二人是否真有盗窃嫌疑,连店主都矢口否认,说是来买东西的。因此,李、简二人至多是疑犯并无当场人赃俱获。这两名华人还试图证明自己的清白,“若你们以为我们是坏人,可将我们带至我们的住处查问”。然而,由于此时已夜深,客栈主人也不明情况,为免麻烦而没有配合二人,所以巡逻队“随他们去客栈。他们一敲门,里面从门缝中看见来了这么多人,不想开门,于是回答巡逻队说那二人不住在那里”。在这里,可以看出当时澳门华人与葡人之间微妙而复杂的共处关系。

另外,李、简二人究竟如何致死,根源在于巡逻的澳门士兵的滥用职权、粗暴折磨。这与1712年以来议事会要求澳督加强巡逻、防范华人夜盗有关。澳督被赋予此权①,日益扩权,专司此责的巡逻队也自然随之气焰嚣张。当时澳门华洋共处的治安管理,是以澳门葡人为主导的。澳门葡人为强化对澳门的支配,加强巡夜与治安管理,设有巡夜制度。巡夜士兵须严守巡逻职责,发现可疑行迹有权实时制止,但事涉华人时,则无权处置,只能交由当地的理事官;理事官讯明情况后,再转交香山地方官处置。在奏折记载中,是所谓“当将李廷富、简亚二拴缚屋柱,原欲等候天明送官究治,讵廷富、亚二求脱未得,詈骂不休,遂被亚吗嚧将简亚二连殴毙命,安哆呢亦将李廷富殴伤致死”,依此推论,李、简二人是捆于屋内,试图反抗而被两名巡逻葡人打成重伤致死。《澳门记略》记载则是李、简同入“亚吗嚧、安哆呢家”,然而二人夜闯番宅,非偷即盗,业主正当防卫,将其击毙。若此系致死理由,实无“弃其尸”之必要。值得特别注意的是,葡文档案数据确凿地证明二凶不是业主,因此不在《大清律例》明文规定“凡夜无故入家者,主家登时杀死者,勿论”之例。②

实际上,两名华人被害的真相应质证于葡文文献。据葡方更详细的记载,如“听说不是那店的人,将二人抓住,带出店外,一顿拳打脚踢并问他们为何外出”;“士兵揪起二人便打,他们开始大呼救命。一边毒打二人,一边将他们带至第一个店中”;“因在路上企图逃跑,用枪托击中他们的要害之处”等。这些无不暴露出

① [葡]施白蒂著:《澳门编年史》,小雨译,澳门基金会1995年版,第86~88页。
② 费成康著:《澳门四百年》,上海人民出版社1988年版,第177页。

两名巡夜的葡人士兵的嚣张气焰。即使时刻不忘为葡人“殖民”进行美化的葡萄牙史学者徐萨斯,也指出这宗命案之发生,起因于士兵对这两人的“严重虐待”,并指出“第二天早上,检察官去拜访兵头,被告知那两个不幸的家伙已经不在了”。[①] 在此情况下,更兼华洋之间语言不通,李、简二人躲避葡人士兵的巡查盘问,也就不过是为避嫌疑与图省事。本来不过是华洋之间的一场误会,但在澳葡士兵滥用职权和滥施暴力的情况下演化为一场命案。事实上,置身于这种澳门葡人治理地方治安的环境,澳门华人动辄成为巡逻队究拿盘问甚至逼供的对象,则类似情况的发生也在情理之中。关于这类情况,在随后澳门境内发生的其他一些华洋命案中仍有不少例证,其中隐情亦大有玩味之处。

四、命案背后的权力较量及其结果

(一)前期交涉:禁令与贿赂

“李简命案”发生之后,香山地方政府与澳门葡人在司法管辖权问题上首先展开了一场较量。这一过程十分微妙,折射出当时中葡,乃至于整个中西之间的法律文化分野之迹。

中文文献没有该案前期交涉的详细记载。《澳门记略》略去不谈,档案文献虽有若干奏折来往,但也只是该案处理的结果(即按照清朝律例,对澳葡人犯处以流刑),及其招致乾隆皇帝不满的情况,无法深入了解真相。原始文献的隐讳、掩饰和阙如,是大多数学者研究该案的“瓶颈”。相比之下,金国平先生挖掘的上述葡文文献记载甚详,再参照其他相关译介数据,可以更好地梳理该案前期交涉的情况。

依照当时清政府对澳门司法案件的管辖权,香山县丞接到地保的上报情况后,要求澳葡交出人犯。议事亭声称“我们不知上述华人的情况,亦不知他们的死讯,回答他说我们不知此事。本澳门无门,华人可随时出入,无须通知我们。我们从无得到任何消息”。[②] 澳门同知随后正式介入此事,下令商店关闭、居民出澳。议事亭回答说确实不知情况,澳督也一再坚持未见死者尸骨。澳门同知决意从华人处探听下落,随后发布第一道札谕,称其已得知案情,要求葡方归还华人。澳葡

---

① [葡]徐萨斯著:《历史上的澳门》,黄鸿钊、李保平译,澳门基金会2000年版,第113~115页。

② 《澳门议事亭来函抄本》,葡萄牙国立档案馆庋藏。

方面仍矢口否认,且称“华官的消息不确”。[①] 澳门同知遂派人寻找证人(涉案的店主及其四邻),询问案发真相,他们只告知当晚曾听见从街上传来“救命”的叫声。

听完供讯后,澳门同知发札谕要求议事亭交人。随后又发第二道札谕,声称已将此事禀报抚院及总督;并称他已得到许多消息说,上述二华人外出沽酒后消失,酒店四邻皆称是士兵将二人捕获。札谕还非常微妙地暗示澳葡方面,说他能找到可指证士兵的人,访得将士兵的姓名;而顶头上司抚院会亲自过问此案,这意味着事态远比澳葡方面想象的要严重。札谕还说抚院已檄令广州府、布政使司,询问二华人生死情况,决定向澳葡方面限期交犯,否则实行禁令:“将檄令贰府、海关监督及其他官员禁止向澳门输送生活必需品,责令华人停止买卖,一律回乡并需将执行情况禀报抚院。”[②]札谕最后摊出澳门同知的底牌,暗示对方此事可变通处理,至于如何变通则要看澳葡方面的适当表示。

针对这份软硬兼施的暗示,议事亭仍然回答说此事不属实,并称“为何不召来亚吗嚧及安哆呢,由他召来望童,进行双方对质,查出说谎者。议事亭初拒并一再否认他的所说,并认为此事欠公正”。[③] 澳葡方面的表现让张汝霖颇为失望,他认为对方理应知其弦外之音,否则他可以执行禁令,而这一禁令对澳葡方面可谓后果难料;至于澳葡方面表面上不愿揭露此案,但心里十分清楚,此罪无论以中国王法或就葡国法律均应受到惩罚。据此,他严词告诫对方不要因为这两名凶手而牵连所有无辜的澳门葡人,并告知对方此时他正在关闸附近的新庙等候[④],暗示议事亭从速了结此案。

发布此札后,张汝霖来不及等待答复,实际就开始执行禁令。于是“全澳华人,男男女女,携带全部家产已离澳。本城商人以为大难临头,同时粮食菜蔬因有禁令已不再下澳”。[⑤] 澳门因禁令而断绝粮食,陷入困境的议事亭不得不商议对策。澳督若些态度一贯强硬,仍试图以武力对抗。《澳门记略》称:“大府檄停交

① 《澳门议事亭来函抄本》,葡萄牙国立档案馆庋藏。

② 《澳门档案》(第2卷第2期),1930年2月,第89~90页。

③ 同上,第91~93页。

④ 澳门葡语称“莲峰庙”为“新庙”,以别于附近葡人称之为“旧庙”的“观音堂”,参见金国平著:《西力东渐——中葡早期接触追昔》,澳门基金会2000年版,第89页。

⑤ 《澳门议事亭来函抄本》,葡萄牙国立档案馆庋藏。

易,出居民。若些且增兵缮械,为负隅状"[①],葡国史学者则称:"若些也毫不示弱。他宣布已做好应付突发事件的准备,假如发生饥荒,将以武力四处夺取粮食。各个要塞也严阵以待,市民们也武装起来。"[②]

一如以往,动用关闸施行禁令十分奏效。禁令期间澳门人心惶惶,市民们呼吁耶稣会出面,耶稣会答应进行调停。但中方嚷着要尸体,议事会一次次开会都毫无效果,而若些对死者的下落始终保持沉默。澳葡方面深知自己根本不具对抗中国官府的实力,普通民众也不愿事态扩大,于是"澳夷人无固志,蕃尼、蕃僧复助之"。[③] 最终,议事亭没有按总督的意旨行事,而是决定派人谈判私了该案。[④] 7月18日至21日之间,张汝霖再次下达公文,表示已从泄密的一名澳葡口中知道凶手情况,并继续据此要求澳葡方面作出回应。经过几天的持续交涉,有葡文资料记载称,是耶稣会神甫出面"在他手上塞上了几块金锭",张汝霖这才离开澳门,并于7月27日解除封锁澳门的禁令。另有葡文记载称,是澳葡理事官卢伊斯·科埃略(Luís Coelho)"向他手中献上了30块金锭",并说当时澳门居民为凑足贿金而"慷慨解囊",仅卢伊斯·科埃略一人便破费白银2000两。[⑤]

由于命案真相被一名澳葡泄露,澳葡政府才遭遇如此严重的危机,结果那名葡人在7月21日被蛮横的澳督处死。有记载称:"若些判处他死刑,把他三次从城堡上面坠到城堡下面的城壕上"。[⑥] 另一记载则更详细,将其找来并绑在炮口"燃炮碎其尸",行刑的三名士兵的眼睛也被火药熏伤。至于涉案的两名凶手,在澳督的庇护之下远走他乡。澳葡方面向中国官员方面交代时,议事会声称:"已将二犯遣戍帝汶,永不回归澳门";澳督则放出谣言说两名士兵"已受毒打,奄奄一息"[⑦],借此避免中方官员事后反悔再来押解人犯。

据此,中方官员(澳门同知)与澳葡方面(议事会和澳督)的交涉大体可知脉络。显然,澳门同知是察知了澳督有意包庇凶犯,议事会与澳督之间则意见不统一;澳督仍期望武力抗拒,议事会则在未与澳督通气的情况下借助耶稣会士,通过

---

① 《明清时期澳门问题档案文献汇编》(第6卷),人民出版社1999年版,第289页。
② [葡]徐萨斯著:《历史上的澳门》,黄鸿钊、李保平译,澳门基金会2000年版,第113~114页。
③ 《明清时期澳门问题档案文献汇编》(第6卷),人民出版社1999年版,第289页。
④ 《澳门议事亭来函抄本》,葡萄牙国立档案馆庋藏。
⑤ [葡]萨赖瓦著:《往昔之声——名城澳门史实汇集》,澳门文化司署1987年版,第58~61页。
⑥ [葡]徐萨斯著:《历史上的澳门》,黄鸿钊、李保平译,澳门基金会2000年版,第113页。
⑦ [葡]萨赖瓦著:《往昔之声——名城澳门史实汇集》,澳门文化司署1987年版,第58~61页。

暗中行贿的方式私下摆平危机。澳督对于议事会私下行贿中方之事不知其详,澳门同知对议事会未与澳督通气之事也不知其情[①],唯有议事会左右其手而心知肚明。

禁令解除之后,这场原本后果严重的危机也就化解掉了。但无论如何,导致两名华人死亡的责任是要追究的,于是张汝霖于7月31日再次来到澳门办理案件,与澳督等人约定流放凶犯于地满(即帝汶)。因为此前香山官员已向广东高层禀告此案,至此须得先向广东方面汇报处理结果。于是,张汝霖在此作了一番避重就轻的问责,依照澳葡方面所言而给案件定性为偶然事故,所谓"凶犯"并未犯有故杀之罪,但依其过失须罚银抵罪,并将其逐出澳门,发配帝汶。这在事后成书的《澳门记略》中有如是记载:

"因鸣鼓集讯,夷法确有见闻者,即天主所不宥。是日,称目睹者三人,耳闻者三十三人。若些无如何,乃缚送二犯。当已弃尸,而失重罪,准诸夷法,永戍地满,且声若些罪于小西洋。"[②]

事情发展至此,一宗性质严重的"故杀"被篡改为"一时失性杀人",罪不可赦的处理被变通为"恳求大府赦免二人",可能以命抵命的刑罚改成了"令安哆呢及亚吗嚧各向死者亲属缴纳20两,供作法事之用"。[③]至于发配凶犯于帝汶,后世葡国史学者不知其详,以为这是两广总督将此案情况上报给了皇帝,皇帝"大感欣慰"而认为放逐罪犯是一种"适当的赎罪办法"。[④] 殊不知案件随后一路上禀,到乾隆帝那里被看出了破绽。

(二)后期交涉:申饬与迁就

在澳门同知与澳葡政府之间的交涉已有结果,接下来就是按清代司法审判程序上报情况。因事关命案,且为华洋重大命案,此后的事态发展便出乎双方的预料。在后期交涉中,澳门葡人最终以木已成舟的方式实行对抗。这一较量的成

---

① 《明清时期澳门问题档案文献汇编》(第6卷),人民出版社1999年版,第289页。

② 同上。

③ "赦免安哆呢及亚吗嚧札谕",载《澳门档案》(第2卷第2期),1930年2月,第97页。金国平考证认为,此处原文 fora de sentido 即所谓"失性",亦可译作"失去理智";所谓"小榄太爷",则指小榄巡检。参见金国平著:《西力东渐——中葡早期接触追昔》,澳门基金会2000年版,第92页。

④ [葡]徐萨斯著:《历史上的澳门》,黄鸿钊、李保平译,澳门基金会2000年版,第113~115页。

功,使澳门葡人在试图扩展自治权的道路上又有迈进。

张汝霖将此案处理结果汇报广东巡抚岳浚之后,岳浚再上奏朝廷。而此事在乾隆皇帝这里出现意想不到的曲折:皇帝意识到此案处理内有玄机,一面申饬地方官员,一面责成重新审理。然而,在随后的交涉过程中,凶犯被澳门葡人包庇而得放纵,鉴于木已成舟,朝廷也只能查究相关官员的责任了。据广东巡抚岳浚奏称,此时凶犯已经招供、该案审理完结:

"先据该同知禀报,臣与督臣策楞随饬严查,务获正凶缚送究拟,该夷目夷兵等始犹抵赖不承,迨后臣与督臣复又严檄饬行,谆切晓谕,宣布皇恩,示以国法,又令该同知张汝霖亲往挨查,该夷目不能狡饰,随将亚吗嚧、安哆呢及事主、邻证、凶器,并简亚二遗下布鞋一双,一并送出。该同知逐加严究,供出行窃被获殴死弃尸各实情,悉无遁讳,其追出遗鞋,亦经尸亲、店主认明无错。兹据该同知审明前情,由府司核拟具详到臣,臣复细核,供招已无疑义。"①

在岳浚看来,如何依照清律而又不违背情理进行处置,是颇感为难的。由于一开始就认定死者是夜无故入人家,依照《大清律例》规定,"夜无故入人家,已就拘执而擅杀者,杖一百、徒三年。又弃尸水中者,杖一百、流三千里",因此这两名死者"于二更时分潜入夷人家内,计图行窃,已就拘执,复因骂詈,擅行殴毙,而又同谋弃尸海中,夷性凶残,理应严加惩治",但在适用法律时须酌量考虑这一比照因素的。于是,这一命案的处置结果,就按其情罪"法止杖流,亚吗嚧、安哆呢除拘执擅杀杖徒轻罪不议外,均应照弃尸水中例,各杖一百、流三千里。案内干连笞杖各犯,照例分别发落"。然而,这一量刑已经作出,如何处刑又成问题。面对两条人命,岳浚所作的定罪与量刑,尤其是执行流放帝汶的"刑罚",都让乾隆皇帝深为不满。

是年十月初三,乾隆皇帝下旨,谕令"彼杀死我一民,彼即当偿还一命",认为岳浚办理错误,应被申饬。首先是由张廷玉等人转达,次年又由广州将军锡特库转达这一申饬。十一月十二日,大学士张廷玉、协办大学士傅恒转告乾隆对广东巡抚岳浚的申饬。这次申饬还见诸另一记载。次年正月二十日(3月8日),锡特库上奏朝廷,转告朝廷对岳浚办事不妥的申饬,且有警告称其"太过软弱,其优柔

① 《明清时期澳门问题档案文献汇编》(第1卷),人民出版社1999年版,第238~240页。

寡断之习,尚未改正"。这两次申饬使岳浚意识到问题的严重性。因为皇帝的申饬指出了此案处理过程中的种种问题,即不仅在审理的环节上"所据仅夷犯一面之词",更在适用法律上严重不妥,绝不能仅照内地律例,尤其难以容忍的是处刑环节,因为能否真正制裁人犯,朝廷根本无从得知,因此该案必须另行究拟。

鉴于案情惊动了朝廷,广东方面为保自身仕途也必须重办,于是在随后的一个月内,张汝霖被要求"传谕夷目交犯"①,不得不硬着头皮应承,传令澳葡政府准备重审该案。到十二月十六日,事情发生的变故已是张汝霖无力回天的了——因为澳葡方面称需要趁风开船流放犯人到地满,已经把犯人押送开船出去了。这在澳葡方面看来当然是一场交涉上的胜利:

"若些在议事会摇摆不定时抢走了凶手,使葡萄牙人保全了脸面。否则,他们将眼睁睁地看着葡萄牙士兵在自己管辖的地方被中国官员判处死刑,然后死在中国人的绞台上。若些放逐凶手是在自己的权力范围内按照司法命令办事的。"②

但对中方官员而言,事情就绝不美妙。收到澳葡方面的消息后,张汝霖赶紧行文"勒限追凶",但一切都已来不及。发生如此变故,也出乎岳浚等官员的意料。他在"不胜骇异"之余,也深知此事非同小可,于是一面向朝廷自责,一面表示严查下属张汝霖的责任。随后,朝廷决定改派两广总督硕色接手办理该案。③

硕色接任后核查案件事实,知道木已成舟而为时太晚。次年正月十三日(1749年3月1日),锡特库再次传达上谕对岳浚的申饬。正月二十日,锡特库上奏朝廷,转告乾隆十月初三对岳浚的申饬,并提及另一涉外案件之审理情况。二月初一,岳浚奏折,表示知错,奏报此时该案既成事实,请参处失职官员,并查处自己的失职,以为办理不善之戒。④ 二月初三,接办此案的督臣硕色上奏朝廷,由于事态已非他们所能控制,来不及派人追回凶手,只能提出几点无可奈何的建议。首先,追究凶犯责任已无法跟进,只能听任对方逍遥。因帝汶重洋遥隔,非内地兵役所能前往查拏。今虽现在严饬追捕,但外洋风信向有常期,每年必秋冬北风始可扬帆前往,待至次年南风竞起方可返棹,往返一次必须两年,断非刻期所能提

① 《明清时期澳门问题档案文献汇编》(第1卷),人民出版社1999年版,第242页。

② [葡]徐萨斯著:《历史上的澳门》,黄鸿钊、李保平译,澳门基金会2000年版,第113~115页。

③ 《明清时期澳门问题档案文献汇编》(第1卷),人民出版社1999年版,第242页。

④ 同上,第242页。

到。为避免将部驳案件久悬，遂请照前详，先行题覆。其次，必须引以为戒，晓谕擅自行事的澳葡，弹劾责任人张汝霖。他一面严切行文晓谕番夷务遵天朝纪律，将亚吗嚧等追回，恭候谕旨遵行，一面将覆审供情，臣会同抚臣岳浚具疏题覆，并将不行防范阻止，擅听夷目发遣之同知张汝霖附疏题参，听候部议。最后，建议平定澳门葡人的民情民心，严查澳葡方面相关人等的责任，妥善处理后续事宜：

"臣仍行文该国王严饬夷目，约束番夷，毋许擅与民人争斗滋事。倘再有干犯，定行从重治罪，并令将擅行发遣之夷目喽嚟哆议处惩治，则夷案可以早结，阖澳番众相安，感沐皇仁于靡既矣。"①

（三）涉案官员：贬谪与弹劾

该案至此虽然告一段落，但案件所涉及的政治影响及于后来。这宗命案在澳门葡人与地方官员的共谋下草草了结，终因事态扩展到朝廷，使该案不可能悄无声息地结束。命案的后续情况也同样是复杂的。一方面是治理澳门的政治人物发生变动，中方有张汝霖被贬官、岳浚被申饬；葡方有若些被弹劾、拘押回国接受审判。另一方面是导致治理澳门有了新举措，集中表现在《澳夷善后事宜条议》的出台。

张汝霖的被降职，在于处理该案有诈贿行为。长期以来，关于张是否有受贿行为，学界是有争论的。然从中葡各种文献看，此事当可确证。就前述葡文文献可见，张在此案交涉前期，是脱不了索贿嫌疑的；而从随后设法替两名葡人凶犯开脱惩罚的情况看，这一嫌疑应非毫无根据。因此，博克塞（C. R. Boxer）教授据葡文资料称，张汝霖在这场命案中没有坚持追索凶手，是受了澳门议事会的贿赂。②中国也有学者认为这种说法是可信的，因为"清代官吏贪风之盛冠于历代，广东官吏又以贪墨闻名全国，澳葡当局又惯于用贿赂收买广东官吏。这是张汝霖平生一大污点"③。而据张汝霖《澳门记略》卷首序言："念予手之拮据，寻已事之高抬贵手，篇中尤三致意焉，抑亦将藉为吾补过之书而已。"说明他实际上是将议订《澳夷善后事宜条议》和著述《澳门记略》作为"补过"的行动。

① 《明清时期澳门问题档案文献汇编》（第1卷），人民出版社1999年版，第245页。
② ［瑞典］龙思泰著：《早期澳门史》，吴义雄等译，东方出版社1997年版，第105～106页。
③ 章文钦著：《澳门历史文化》，中华书局1999年版，第273页。

因此，与该案有直接关联的两位当事人，在各自的著述中涉及该事时各有取舍。暴煜撰《香山县志》录存张汝霖奉旨查封“唐人庙”及起草《澳夷善后事宜条议》的奏疏，但对此宗更重大的华洋命案无任何涉及；张汝霖《澳门记略》全文转引两广总督策愣关于晏些嚧案的奏疏，并将其与暴煜详筹善后事宜的《澳夷善后事宜条议》照录，对此案又闭口不谈，据此有分析认为这“有意的取舍十分说明问题”。[①]

其实，不仅张汝霖著书可能为“补过”，其下属暴煜在《香山县志》中不谈此事也让人起疑，可能因当初作为涉案之下属而有牵连。无论如何，根据中葡双方关于案件原档的比照，考证张汝霖之诈贿是成立的，不过朝廷及广东方面并不知情。据两广总督岳浚奏称“又令该同知张汝霖亲往挨查”，“至该同知张汝霖系承办此案之员，任听夷人发遣，玩忽疏脱，更难宽恕”，又据张汝霖以“谬泥前例”遭参处、“贬官一等”的事实，可以断言的是，假如诈贿之事暴露于朝野，以当时乾隆帝查肃吏治、整顿腐败的做法，绝不会轻饶此人；而事情如果真是那样，则《澳门记略》也不会有张汝霖之著述在内。

至于澳门葡人社会内部，惊动朝廷并下发重查的结果，虽然不会直接涉及澳葡议事会或澳督，但间接催化了议事会与澳督的矛盾，最终结果便是澳督若些被议事会一纸弹劾给撤掉了。因为若些经过此事更加蛮横，他以为是自己的强悍带来了中方的妥协，丝毫不把议事会为此付出的牺牲放在眼里。于是，当初凑资行贿的澳葡富商们在罗沙（其时是非常显赫的富商）带领下，与议事会策动声讨澳督的计划。一纸弹劾传到了葡印总督那里之后，若些因为没有执行“顺从华人”的指令[②]，造成澳葡与中方以及澳门社会内部矛盾，被罢免了总督职务。葡印总督还特别派出一名果阿高等法官庇利那，前往澳门查核葡商及议事会对澳督的指控。若些因其顽固和强悍态度，终于断送了自己的仕途：1750 年被游街示众后，再押送至果阿接受葡国法律的审判。

当然，若些不仅惹恼了澳门议事会和澳葡商人，其擅自放纵凶犯的做法也让中方官员不满。硕色在上奏朝廷时就逐一开列其种种“恶行”，声称此前的澳督一贯顺从朝廷意旨，澳葡社会民心稳定，但等这位澳督上任，澳门情况竟然遽变

---

① 金国平著：《西力东渐——中葡早期接触追昔》，澳门基金会 2000 年版，第 103 页。

② 费成康著：《澳门：葡萄牙人逐步占领的历史回顾》，上海社会科学院出版社 2004 年版，第 105 页以下。

如斯：

“近年差来兵头，名曰安哆呢若些喲唎，其人少年刚愎，平日纵容番众逞顽，以致上年有夷犯哑吗嚧等殴死民人李廷富、简亚二等两命之事。且澳门向有海关税馆，一切商货起卸税馆之前，夷奴黑鬼往往潜行偷窃。上年九月间，商人于税馆前建设木栅防闲，该兵头复纵容夷人私偷拆毁，当经臣岳浚于署总督任内访闻严查，饬行澳门同知究追惩创，该夷方始惧罪，修复完整，仍照窃盗律责处发落在案。”①

硕色所奏情况在葡文史料中亦有反映。致力于美化殖民行径的葡国史学者徐萨斯就以褒扬的态度记载若些的行迹，支持若些为扩展澳门葡人的权力而暗中派人私自拆毁海关行台的做法，申辩“他在海关房屋问题上的做法也是完全正确的。无论如何，这是因为葡萄牙享有充分主权的土地受到了侵犯”②，这当然是在颠倒历史。有鉴于此，硕色向朝廷信誓旦旦的表态，称“当即会饬澳门同知前赴该地，传谕夷众，晓以天朝恩威，示以容留祸福，嗣后如再不驯滋事，则国法断不姑容”。③

若些被弹劾后，葡国国王另派一名澳督赴任澳门。关于若些被押解受审、新任澳督赴任，硕色的奏折有所提及。乾隆十四年(1749 年)七月，广州将军锡特库等奏报广东地方雨水粮价时，亦向朝廷报告了澳门境内替换澳督的事情。④ 此事葡文记载更详。据当年 12 月 16 日葡印总督阿洛尔那侯爵(Marques de Alorna)致函国王唐·若昂五世(D. João V)，其中详细记载了澳门商人和议事会如何弹劾若些，葡印总督如何派出法官庇利那调查若些的罪行，以及举荐美露出任新总督等内容。在葡印总督看来，若些之所以被人弹劾，并非单纯因为此案处理有私心不妥，毕竟他是为远东葡人的族群利益而行事，但这种行事态度及后果对整个澳门却是非常严重的，问题核心就在于它背离了当时澳门葡人赖以寄居中国的“生存之道”：

“通过澳门议事亭，该教区主教大人及其他人士函件的副本，我向陛下汇报去

① 《明清时期澳门问题档案文献汇编》(第 1 卷)，人民出版社 1999 年版，第 246 页。

② [葡]徐萨斯著：《历史上的澳门》，黄鸿钊、李保平译，澳门基金会 2000 年版，第 115 页。

③ 《明清时期澳门问题档案文献汇编》(第 1 卷)，人民出版社 1999 年版，第 247 页。

④ 同上，第 248 页。

年澳门因总督若些的冒失举动两次所经历的危险。他刚愎自用，未采取任何措施，亦未执行陛下的有关政策，即顺从华人，致使他们无机会在我们头上发泄怒火或动武。原因是若发生此种情况，无法救援；对澳门进行封锁与否取决于华人的意愿。只要禁运食物，便可将澳门居民置于死地。"①

该份文件还反映了当时澳门葡人与中国政府之间的力量对比关系。澳门葡人理应顺从中国政府，尤其忌讳挑起事端、搅坏关系，而若些偏偏在海关事件及这宗命案的处理上表现不智，使一贯需要谨慎处理与中方之关系的议事会陷入被动，也给澳门本地的华人尤其是葡商险些带来灭顶之灾——禁令封锁关闸意味着澳门陷入"死城"，如果再严重一点则是居澳葡人统统被中华帝国逐出领土。而此时的葡萄牙早已失去了当年大航海时代纵横四海的勇毅和能力，失去哪怕仅仅只是弹丸之地的澳门都不可承受，因为那将意味着从此失去与中国交往的平台，也失去借此为跳板而与东南亚乃至环太平洋地区的海外贸易基地。

因此，葡印总督致函国王时特别强调如下几点：第一，鉴于澳督若些的鲁莽做法，全澳居民要求他立即解决此事，人数达两万之多的澳门华人向他上书，他必须顺应澳门葡人的集体诉求，以示他并不赞同若些那样的鲁莽行为，避免发生任何无可救药或无法及时救援的不测风云。第二，他向葡国国王陈述了澳门葡人必须对中国政府"恭顺"的真实原因，鉴于当时葡萄牙的海外殖民势力日益萎缩，而日益复杂的国际时局也让澳门葡人内心隐忧，唯有向中方表示恭顺才有可能避免澳门被他国觊觎。他还特别提到当时国际局势的复杂化，对葡萄牙在远东地区的既得利益必将构成严重的威胁：

"我曾切实担忧法国人及英国人（对我们嫉妒要死，因为我们是唯一在那里定居的欧洲人）将华人挑起对付我们，利用此机会将我们加以驱逐。如果他们此牌打赢的话，一旦他们进入澳门这唯一的港口，基督教徒将受到当朝皇帝及其官员的残酷迫害。"②

---

① 1749 年 12 月 16 日《阿洛尔那侯爵致国王函》，葡萄牙国立档案馆庋藏 Ministério do Reino, Maço 602, Caixa 705, Capilha 6。此件在葡萄牙海外历史档案馆存有一抄件 MACAU, cx 5, doc. n°28。

② 1749 年 12 月 16 日《阿洛尔那侯爵致国王函》。

葡印总督的这份信函还指出，葡国王室选任澳督治理澳门，用意在确保其能谨慎行事，妥善处理澳门葡人与中国政府的关系。至于此次撤销若些的职务，改派美露新任总督，理由则在于此人以海军少将军衔服役期间声誉颇好，在品格要求方面是适合接任这一要职的；而且此人对葡萄牙在东方拓展殖民地有所历练，对于澳门华人与澳门葡人的关系及澳门社会也有所了解。他还向葡国国王表示，此次押解若些进行审判，改派美露出任澳督，也会让中国政府重新感受到澳葡方面的"恭顺"，从而淡化中方对于澳葡方面近期表现的疏离和戒备。只要新派的澳督不再有"不智之举，将水搅浑"，则澳门葡人与中国中方的关系"不会落至决裂的地步"。[①]

至于若些的下场，根据葡文资料记载，显然还不如被他庇护而逍遥法外的两名凶犯。因为他先是被罢官、逮捕，还在果阿派来调查责任的"项目员的卫队押解下游街示众。起初他被关在东望洋要塞，后来又被押往果阿"。[②] 对此，中方官员稍后也知道了情况，并如实向朝廷进行汇报。[③] 事情至此看来像是完结。这宗震动朝廷的华洋命案，结果就是该追究直接责任的两名凶手逍遥法外，死者家属不过是收到了区区 20 两银子作为安葬和抚恤的费用，徇私枉法的澳门同知和强悍行事的澳督若些却相继丢掉原有的乌纱帽。但让澳葡方面想不到的事情还有：一份专门针对澳门治理的更为严格的地方法规，从此像紧箍咒一样套在澳门葡人的头上。

（四）《澳夷善后事宜条议》的出台

如前所述，张汝霖因处置该案极为不妥而落职。但他在去任之前，与香山知县暴煜共同议订了十二条"善后事宜条议"。在庇利那押送若些之前，张汝霖、暴煜与庇利那就"善后事宜条议"磋商。这份后来被定名为《澳夷善后事宜条议》的地方法规，是由张汝霖负责起草的，防止类似事件发生，加强中国对澳门的管理。庇利那被迫接受后，经广东大吏核准，这十二条议以中葡两种文字刻于石碑上。澳葡不敢公然对抗，只得软磨硬泡，最终使碑文刻石从闹市移往衙门前[④]，葡文版立于议事亭，中文版立于香山县丞衙门。

由于该条议对澳葡的日常活动进行了严密限制，使他们受到前所未有的约

---

① 1749 年 12 月 16 日《阿洛尔那侯爵致国王函》。

② ［葡］徐萨斯著：《历史上的澳门》，黄鸿钊、李保平译，澳门基金会 2000 年版，第 113 ~ 115 页。

③ 《明清时期澳门问题档案文献汇编》（第 1 卷），人民出版社 1999 年版，第 252 页。

④ ［葡］徐萨斯著：《历史上的澳门》，黄鸿钊、李保平译，澳门基金会 2000 年版，第 154 ~ 156 页。

束，澳葡遂以它并非皇帝谕旨，而是地方官吏订立，于是派人去果阿和里斯本，要求对方派人来华交涉。让他们失望的是，此时果阿方面正忙于战事而无暇理喻；万里迢迢去里斯本交涉也没有结果。找不到靠山支撑的澳门葡人，在没有实力对抗中国官府的情况下，基于葡印总督之前关于缓和关系的训诫，就只有非常勉强地答应遵守该条议。①

值得注意的是，该条议的中、葡文本内容不尽一致。澳葡在议事亭碑刻中文版法规之外，另行翻译了一套葡文版，而内容有一定的差别。例如，葡文版删除了禁止招收华人入教的内容（中文版之第12款），其他条款也在翻译中做文字表述上的手脚，例如第4款的私行改动。② 当然，由于中文是当时澳门社会必须承认的官方语言，且清政府完全有实力和遏制手段可使澳门葡人就范，所以中文版法规是具有效力的标准文本。

《澳夷善后事宜条议》之出台，再次强调了清政府对澳门的司法管辖权③。例如，第4款、第6款、第9款关于在澳华人犯罪由中国官员追究，表明对华人司法管辖权属于中国；第5款对澳葡犯罪如何审判的规定十分明确，除了重申葡人犯命盗罪应斩绞者按1744年规定外，还明确了澳门葡人军流徙罪人犯"止将夷犯解交承审衙门，在澳就近讯供，交夷目分别羁禁收保，听候律议，详奉批回，督同夷目发落"，杖笞人犯"檄行该夷目讯供，呈复该管衙门核明罪名，饬令夷目照拟发落"；第12款关于澳葡违反中国法也必须追究，表明澳葡及其官员同样受中国政府的司法管辖；等等。

总之，这12款以汉葡文字颁布、令澳门中葡居民共同遵守的地方性法律规范，作为"终明清两代最为全面具体的规定"④，宣告了清政府加强管辖后中葡冲突的结局是澳葡不能对抗只能服从⑤，基本确定了清政府对澳门主权的行使政策，对中国加强澳门管辖有积极意义。在后世学者看来，由于中葡交涉没有法律

① 费成康著：《澳门：葡萄牙人逐步占领的历史回顾》，上海社会科学院出版社2004年版，第109～114页。

② 关于中文与葡文条议的具体比较及分析，参见黄鸿钊著：《澳门史》，福建人民出版社1999年版，第157～159页。

③ 《明清时期澳门问题档案文献汇编》（第6卷），人民出版社1999年版，第291～293页。

④ 吴志良著：《生存之道——论澳门政治制度与政治发展》，澳门成人教育学会1998年版，第62页。

⑤ 费成康著：《澳门：葡萄牙人逐步占领的历史回顾》，上海社会科学院出版社2004年版，第109～114页。

依据，遇事容易造成僵局，所以在处理澳督若些事件后拟定的这份条例，是早期澳门最完备的成文治安条例，成为完善澳门司法制度的重要举措。[①] 这些规定直到鸦片战争一直未作更改，虽然在执行处罚上对葡人作了让步，但坚持了中国政府对澳门葡萄牙人犯的定罪、复审、监督执行处罚的权力，保持了中国司法权的完整。[②]

五、命案折射的吏治、律例与司法权

（一）“补过”隐衷：贿赂与吏治

对于这宗澳门法律史上颇有疑义的命案，如果从当时中葡之间的力量对比关系，从澳门所处的历史时期，以及从清代中期法律自身的发展状况来看，或许仍值得我们继续分析。

在该案的诸多研究中，探讨较多而争论不休的一个问题是张汝霖的“补过”隐衷。从披露的相关档案文件看，张汝霖受贿的事实是基本成立的。[③] 此问题从侧面反映了清代中期澳门治理期间更趋腐败的吏治问题。至乾隆时期，地方吏治问题仍然形势严峻，广东一带尤其如此。当时在与英商等交涉时，中方官员索贿纳贿十分普遍，稍后发生的英商洪任辉控粤海关监督“陋规”一事之所暴露者[④]，不过是“冰山一角”而已。

其实问题还可以扩展：是否仅有张汝霖一人在该案交涉过程中涉嫌“诈贿”？在前述各种研究中，大都认为张有受贿嫌疑，而未言及其他人等。但正如金国平所言，从事件的具体交涉与结果看，张汝霖之下属香山县令暴煜不排除参与或知情之嫌，上司广东巡抚岳浚也有参与甚至主导之嫌。此事其实反映出乾隆朝官场腐败盘根错节的状况。张汝霖的被贬谪，不排除代顶头上司岳浚受过的“替罪”

① 黄鸿钊著：《澳门史》，福建人民出版社1999年版，第155～159页。

② 王昭明：“鸦片战争前后澳门地位的变化”，载《近代史研究》1986年第3期。

③ 例如，章文钦认为张汝霖受贿成立，参见章文钦著：《澳门历史文化》，中华书局1999年版，第273页。金国平考证认为，张汝霖不仅仅是简单的受贿，而是更严重的诈贿，详见金国平著：《西力东渐——中葡早期接触追昔》，澳门基金会2000年版，第103页。但也有部分学者持保留态度，如汤开建认为张汝霖没有受贿，并就其是否向上司谎报案情、是否向澳门葡人议事会索贿受贿、处理该案结果是否允当、被罢免官职是否委屈等问题分别予以考证，参见汤开建著：《明清士大夫与澳门》，澳门基金会1998年版，第226～230页。

④ 关于英商洪任辉控粤海关监督之相关史料，参见《明清时期澳门问题档案文献汇编》（第1卷），人民出版社1999年版，第209号、第210号、第212号、第214号、第216号文件，第313～336页。

因素。关于这一问题,另有学者吴志良引用英国澳门史学家博克塞(C. Boxer)的观点,认为张汝霖之所以被罢官,可能是因为他过分介入澳门总督文东尼与议事会的纷争,从而招致广东当局的不满。[①] 但这一推测并无明显证据支持。至于张汝霖的著书立说,自陈"将藉为吾补过之书",其所谓"补过"之隐衷所折射的,也不过是身为士大夫而难保节操的复杂而隐讳的文化心理。

(二)错上加错:律例的适用与执行

在该案的法律适用和具体运作过程中,浮现的问题同样值得进一步分析。这里需要了解各级地方官员上奏朝廷中屡次提及的"查律载"之"律"。从该案所涉法律看,其一是《大清律例》"夜无故入人家"条。此时清律已经修订完毕,所以张、岳认为应依照律例办事;其二是《大清律例》"弃尸水中"条;其三是《大清律例》"二罪俱发以重论"条。[②] 依据清律之字面规定,在犯有"擅自拘执而杀之"、"弃尸于水"的二罪时,理应从重而处之。

按中文记载的说法,如果二人夜闯番宅,非偷即盗,依据"凡夜无故入家者,主家登时杀死者,勿论"之律,主家完全可以正当防卫,将其击毙致死。既无须承担额外法律责任,则无"弃其尸"之必要。然而,如前所述,档案数据确凿地证明致死二人的巡逻葡人并非"主家",只是巡逻士兵,则根本不在《大清律例》的适用范围之内。

由于华洋案件(命案尤其如此)关系到清政府的司法管辖权,关系到大国尊严的问题,处理不可不慎重。这一点,乾隆皇帝是看得很清楚的。在朝廷看来,同样是犯有"夜无故入人家"而"擅拘杀之"之罪,华人与夷人是不能相提并论的。

姑且不论被害华人是否属于夜盗,即使被害人是夜盗者,主人当时拘执而擅杀华人的行为,看上去符合"夜无故入人家"律,但主体不同,华夷有别。因此,主人若是内地民人,杀而无罪;主人是澳门葡人,则不能简单沿用内地律例,理应拿送官府,而非擅自格杀,否则加重作故意杀人罪处理。何况该案两名葡人士兵还不是该房主人,而是巡夜兵丁,更无权依照此条作自我辩护。所以朝廷认为,应"彼杀死我一民,彼即当偿还一命"。[③] 然而,从法律适用上看,由于张汝霖处理该案不是"移重就轻",而是从根本上篡改案情,将葡人巡役殴打华人致死案篡改作

---

① 吴志良著:《生存之道——论澳门政治制度与政治发展》,澳门成人教育学会1998年版,第63页。

② 《大清律例》(点校本),法律出版社1999年版,第413页、第409页、第115页。

③ 《明清时期澳门问题档案文献汇编》(第1卷),人民出版社1999年版,第241页。

"夜无故入家";表面遵照律例以刑为据,实则故意放纵,使元凶摆脱"一命一抵"的刑律追究。经过张汝霖如此"变通",凶手最多"问拟杖流"。如此重大的问题竟不以刑律问断,才会有乾隆帝接两广总督岳浚奏章后的"降旨责让"。

从办案程序上看,张汝霖也在办案时限上有违清律规定。据金国平分析指出,该案发于1748年6月8日晚,经历交涉与对抗,僵持58天后,于7月27日以理事官卢伊斯·科埃略向等候在关闸的张汝霖手中献上30块金锭为案终。依据清律规定:"凡审限,直省寻常命案限六阅月,盗劫及情重命案、钦部事件并抢夺掘坟一切杂案俱定限四阅月",以及"其限四月者,州县两月解府州,府州二十日解司,司二十日解督抚,督抚二十日咨题"①,该案应属"情重命案",应在四月内结案,先在两月内将凶犯解府。可他在案发后58天查无尸体的情况下受贿终案,而两广总督岳浚的"咨题"日期则迟至10月21日(八月二十九日)。在此层面上,有分析者断言广东各级官员"均有不同程度的欺君之罪"。② 在朝廷看来,凶犯理应以命相抵,结果不过流放,此举已属错误;而交给澳门葡人去执行,更是错上加错。因为无从得知对方是否真正执行:"发回夷地,照彼国之法安插,其是否如此办理,何由得知?"③如果对方敷衍,则清朝法律威严就无法保存,统治者的尊严也将无法继续维护。事实上,若些是否"缚送二犯"而"永戍地满",张汝霖与香山县令都没有亲眼目睹。

(三)华洋冲突与司法权问题

不仅如此,该案还反映了当时中葡之间日趋紧张的冲突关系,并成为澳葡在澳门法变迁中别有用心拓展自治空间的一大契机。

从有关的奏折和文献可见,自乾隆八年(1743年)华洋命案发生之后,清政府不断加强对澳门的治理情况。与此同时,居澳葡人也试图对抗,并加大了对抗的力度,这表现在对抗方式的日趋激烈和复杂化。

日趋紧张的冲突关系,集中体现为澳葡当局对清政府行使澳门管辖权的对抗。当时治理澳门的总督若些表现十分强横,屡屡引起广东地方政府的不满,其中最严重的一次冲突便是若些一手制造的海关行台事件。在社会生活与文化观念领域,冲突同样表现激烈,其时尤以印光任、张汝霖配合朝廷禁止天主教活动、

① 赵尔巽著:《清史稿·刑法志》(点校本),中华书局1976年版,第4214页。

② 金国平著:《西力东渐——中葡早期接触追昔》,澳门基金会2000年版,第106页。

③ 《明清时期澳门问题档案文献汇编》(第1卷),人民出版社1999年版,第241页。

查封“唐人庙”为典型。[①]

这些冲突及相关事件,都使清政府意识到治理澳门须加强力度。自 1744 年以来在澳门设立地保,即为这一强化管辖权的例证;而这又进一步激化了澳门葡人的对抗心理。李、简命案的发生,就其本身而言,最初不过是澳门社会生活领域中引起的冲突。但随着事态的升级,该案不再停留于普通的司法审理,而演化为中葡之间复杂的权力较量。

如果结合随后那份《澳夷善后事宜条议》的产生,那么我们还会看到这种较量所展示的,其实是两种法律、制度与文化之间的冲突。这种冲突从普通的刑事案件上升并贯穿于政治领域,从一则个案的处理扩展到一项制度的巩固与重整。就此而言,该案不失为澳门法发展的一大契机。

事实上,该案还折射了当时清政府治理澳门的政治心态与文化心理。之所以该案所作变通招致皇帝的批评,从更为深层次的文化心态上看,是因为葡人的殖民化野心与清政府的大国尊严感发生冲突。

乾隆中期是清王朝继续发展的黄金时期,以天朝大国自居的帝国尊严不可冒犯,澳门葡人理应恭顺守法、仰望天恩。这一点,从当时清政府的地方官员直至皇帝的官方往来文件中,随处可见字里行间对澳门葡人的贬称,诸如“澳门鬼子”、“夷犯”、“夷人”等字词,都体现出清政府在“华夷有别”问题上的自我优越感。乾隆皇帝就一再强调,葡人来到澳门,本应小心守法,恭顺处世,不能强横。而澳门葡人将中方来文中的“夷”字一律译作 cristãos(基督徒)[②],亦体现其貌似恭顺下一种图存处世的圆滑。

但澳门已成葡人聚居之地,他们来此已有年岁,野心日渐增长,试图永久盘踞,时有对抗之举。因此,当清政府发现澳门葡人竟敢自行派出兵丁巡夜,抓捕可疑人等,送至澳葡当局,而非首先送至香山地方官员时,加强对澳门的治理力度,也就成为必然选择。

这一心态,在乾隆十四年(1749 年)正月广州将军的奏折中有更微妙的体现:安南国人伤害内地兵丁之案,居然是“安南国王”将其罪犯“送”至内地由督抚审

---

① 关于查封“唐人庙”之事,据《两广总督策楞等奏明查封澳门进教寺不许内地民人入教折》(乾隆十一年十二月二十一日)可见其详,参见《明清时期澳门问题档案文献汇编》(第 1 卷),人民出版社 1999 年版,第 225 ~ 227 页。

② 金国平著:《西力东渐——中葡早期接触追昔》,澳门基金会 2000 年版,原文注释 22。

理,"审讯时,内地官员坐上位,其随员坐地上,一同审讯",而结果是"地方安谧"①。安南国王对清政府的服从态度,与澳门葡人对清政府的桀骜,形成鲜明对比。皇帝在同一份奏折中看到这两则中外民人命案的处理情况,其大国优越感更加反衬出大国尊严的受挫感,对于地方政府与有关官员的种种软弱行为,自然更难以容忍。

正因如此,任何没有贬抑澳门葡人政治与法律地位的做法,都必将引起朝廷的不满。在朝廷看来,华洋交涉命案不能以跟内地民人同等处理的方式来进行法律适用,而必须强化对方的特殊身份。这种强化又因对方的态度强硬,主观恶性太大,进一步促使皇帝希望从严处置,而不能像岳浚那般"办事过于软弱",更不能像张汝霖那样纵容迁就澳门葡人。所以乾隆皇帝才一再认为岳办事"偏软",给予申饬,希望能像硕色那样,对澳门葡人态度强硬一些,并最终委派硕色处理。②

据此可见,澳门逐步发展为葡人在远东至为重要的居留地后,因华洋杂处,纠纷迭出,司法权问题一再成为中葡之间交涉的焦点。中国政府视澳门为天朝地界,拥有完整的司法权,而一些被"自治权"幻象障眼的殖民主义者是绝不甘于此的:

"(葡萄牙人)视澳门为其殖民地,设官自治,自不愿受中国的干涉,然又无力公然抗拒。因之遇有人命重案,时常出以金钱运用,希冀暗中解决,如尸亲不再控诉,即算了案,否则仍需逮捕凶犯,移交中国官厅,解赴广州处决。"③

而在该案的交涉与处置中,葡人通过各种方式来腐蚀和侵夺司法权,不仅为澳门葡人带来"希望",使他们从此可以在类似问题的处理中以对抗方式获得"保护",而且也在事实上一步步动摇着清政府对澳门全权行使管辖的底线。就此而言,"中国终审权之失,葡国治外法权之得,历经了一缓慢过程,但18世纪中叶张汝霖诈贿案所起到的负面作用是引发其质变的一付高效催化剂"④。由是观之,这一场肇端于华洋命案的司法领域的交涉与较量,在澳门治理格局的嬗变过程中

① 《明清时期澳门问题档案文献汇编》(第1卷),人民出版社1999年版,第240页。
② 同上。
③ 郭廷以著:《近代中国史》(第1册),台北商务印书馆1979年版,第524页。
④ 金国平著:《西力东渐——中葡早期接触追昔》,澳门基金会2000年版,第107页。

确乎起到了当初谁也无法预料的破坏作用。

总之，上述发生在乾隆初年的两宗华洋命案，虽案件起因及事态进展不一，却都起因于中葡关系在澳门华洋共处中的社会冲突，都在司法交涉过程中交织着复杂而隐蔽的权力较量，也同样震动朝廷而导致治理澳门新措施的出台，背后潜伏的是澳葡政府在对抗清政府主导治理时极力拓展有限自治空间的得寸进尺，而案件结果则在事实上印证了他们作出的努力获得了不容小觑的突破。至于其间折射的关乎华洋共处之地司法管辖及治理格局的种种状况，在由治理格局问题蜕变为主权归属问题的所谓“澳门主权问题”之嬗变过程中更值得后世深思。囿于篇幅，此不赘言。

第五章 《华人风俗习惯法典》:近代殖民管治下的文化妥协*

关于1909年澳门《华人风俗习惯法典》,学界长期较少研究。迄今所见的研究成果中,有著述仅对该法之渊源、内容与特征略作简介①,亦有著述试图进行法文化的考察②,但前者之内容过于粗略,后者之考证及分析亦存在问题。笔者的相关著述对此曾一笔带过③,现有必要再将其置于澳门民事法制发展变迁之内,并从近代殖民管治的政治背景出发,重新探究这部法典之出台始末、制定原因及主要内容,借此透视近代澳门在殖民管治下的法律权威与法治体系关系的异质性和地方性。

---

* 本章内容原为应邀参加2013年10月10日中国法律史学会主办、杭州师范大学承办的"中华传统法智慧与百年移植法制本土化改良"国际学术研讨会暨中国法律史学会2013年年会之会议论文,收入本书时有修订。本文部分资料及观点得益于与周挺、吴晨骏两位同学的交流,谨此致谢。

① 吴志良著:《澳门政制》,中国友谊出版公司1996年版,第41页以下。

② 黎晓平、汪清阳著:《望洋法雨:全球化与澳门民商法的变迁》,社会科学文献出版社2013年版,第38~55页。

③ 何志辉著:《近代澳门司法:制度与实践》,中国民主法制出版社2012年版,第101~102页。

一、出台始末:从保留适用到代为立法

(一)研究背景与意义

自澳门开埠至鸦片战争前,中华法系之律例体系在此长期适用,不仅深深扎根于澳门华人社会,亦在一定范围内对澳门土生葡人的生活世界产生影响。由此形成的早期澳门法制发展格局,便是中华法系的主导治理与澳葡内部的有限自治。此种华洋共处分治格局虽迭经曲折而不绝,在印证着中国政府对澳门拥有的全部主权。这一铁的事实是一切殖民主义者无论如何置辩也颠扑不破的。

然自鸦片战争以来,因列强环视下的国际时局促成葡萄牙对华政策的趁便调整,近代澳门社会逐步在形式上被纳入葡萄牙政府的殖民管治之下,维系了300余年的共处分治状态遂因之告终。待1887年清政府与葡萄牙签署《中葡和好通商条约》之后,葡萄牙因缘际会获得了梦寐以求的所谓"永居管理"资格,进而据此将事实上的殖民管治演绎为近代国际公法意义上的殖民管治。澳门虽然并非像日据台湾或英占香港那样沦为"殖民地",但大清律例体系也一如港台两地置于殖民统治的境遇,从此基本被澳葡政府强行排拒于澳门司法之外,取而代之者是万里之遥的欧洲法典编纂运动影响下的葡萄牙近代成文法律体系。

中华法系在近代澳门被排拒的过程,一方面是葡萄牙近代法典法体系的逐步延伸与法律适用过程,另一方面则是从澳葡政府下设华政衙门到1894年葡国司法统一改革下的澳门法区法院的司法建制过程。[①] 不过,澳门社会毕竟始终以华人占绝对多数,来自中国律例及法典的民事法制成分,也长期在此扎根并深刻影响着澳门华人社会,成为澳门民事关系及司法实践的最重要的法律依据。正因为有着根深蒂固的宗法文化传统,其对强行延伸适用于此的葡萄牙殖民法制的文化抵制尤为剧烈,在关涉人身关系的民事法制领域(主要包括婚姻、家庭与继承制度)逐步形成极为特殊的文化缓冲与兼容状态。

此种状态维系到辛亥革命前夕,《大清律例》虽在形式上被葡萄牙及澳葡政府排拒适用,但在实践中这种排拒于人身关系的民事法制领域并未全面奏效,以至于葡萄牙政府不得不作出妥协并颁行法令,以示对中国律例中的民事法制及传统民事习惯之效力的认可和兼容。作为这一认可的制度承诺,则是1909年澳门《华人风俗习惯法典》的制定和颁行。这部法典极为鲜明地体现出传统宗法文化

---

① 何志辉著:《近代澳门司法:制度与实践》,中国民主法制出版社2012年版,第73~108页。

的坚韧，由此形成的与葡萄牙殖民管治下之国家正式法的文化对抗，使对方不得不在形式上予以法典化的认可，并通过实质上的保留适用，借此来缓和殖民管治因匮乏历史正义与国际法理而时刻紧绷的威权危机。宗法文化对抗法典理性下的风俗习惯之法典化，据此成为近代澳门法制发展中的一道独特风景。

（二）出台始末：从保留适用到代为立法

鉴于澳门社会长期以华人为主，华洋共处的格局保留着华南历史文化与风俗习惯传统，于1869年延伸适用的《葡萄牙民法典》在此难以真正楔入人们的社会生活。在家庭制度、人身关系和财产关系等方面，华洋之间的文化隔阂使制度上的隔膜更趋明显。意识到华洋之间的文化隔阂与中葡之间的制度隔膜，葡萄牙政府在将《葡萄牙民法典》延伸适用于澳门之际，亦于1869年11月18日颁行一项法令，对民法典中不适合中国风俗习惯的规范部分作了相应保留。①

根据该法令第8条第1款第B项规定，“在澳门，华务检察官权限内案件所涉及的华人风俗习惯”允许保留。② 此处所指的“华人”是就法律层面而言，既包括非葡籍的澳门华人，也包括在种族和文化上原属华人的葡籍人士。这条法令颁布后，澳葡政府下属的华政衙门之华务检察长负责的华人民事案件明显增加。对葡萄牙政府而言，这条法令既具有开明性质，究其实也是不得不然。不过，作为大陆法系国家的葡萄牙，崇尚基于理性主义的法典法文化，对于这套与法典精神相异的华人风俗习惯，实际是抱持疑惧态度的。将风俗习惯法典化，遂成为19世纪末20世纪初葡萄牙为澳门“立法”的任务之一。

1909年6月17日，历经40年对华人风俗习惯的“兼容”，葡萄牙海军暨海外事务部颁行了一部与欧洲法典编纂完全异质的《华人风俗习惯法典》。③ 法典于

---

① ［葡］施白蒂著：《澳门编年史：19世纪》，姚京明译，澳门基金会2000年版，第176～177页；［葡］叶士朋著：《澳门法制史概论》，周艳平、张永春译，澳门基金会1996年版，第56页。需要指出的是，有部分著作将其误作“1879年11月18日”，如米健等著：《澳门法律》，中国友谊出版公司1996年版，第26页。有部分研究不察其详，以讹传讹而沿袭出错，如黎晓平、汪清阳著：《望洋法雨：全球化与澳门民商法的变迁》，社会科学文献出版社2013年版，第39页。

② ［葡］叶士朋著：《澳门法制史概论》，周艳平、张永春译，澳门基金会1996年版，第49～54页。

③ 1909年澳门《华人风俗习惯法典》译文，参见黄汉强、吴志良主编：《澳门总览》（第2版），澳门基金会1996年版，第67～69页。该法典虽为“澳门省总督具奏”，唯因资料所限，目前难考其真正执笔者。有分析认为，从法典之表述风格、利益取向、意识形态等方面看，执笔者可能是熟悉葡国法律的澳门华商。参见黎晓平、汪清阳著：《望洋法雨：全球化与澳门民商法的变迁》，社会科学文献出版社2013年版，第54～55页。

1909 年 9 月 2 日正式生效,把澳门华人在民事领域的风俗习惯以法律的形式固定下来,作为《葡萄牙民法典》在澳门地区的特别补充法。这部契合澳门华人社会法律需求的风俗习惯法典共 33 条,以当时广东和广西地区流行的风俗习惯为蓝本,对澳门华人的婚姻家庭、继承和相关民事问题作出较详细的规定,对不适合华人风俗习惯的部分民事法律规范作了相应保留。就内容而言,该法典主要规定实体私法规范,此外还规定了冲突规范,处理一般法律冲突和人际法律冲突,以及它与《葡萄牙民法典》和其他法例之间的冲突。例如,该法典第 21 条规定"遗嘱须依葡萄牙法例订立",第 30 条还允许当事人协议选择《葡萄牙民法典》以及其他法例或者排除对该法典的适用。

二、制定原因:情感、文化与经验的启迪

《华人风俗习惯法典》的制定,是葡萄牙政府基于澳门华人社会实际状况而作出的制度妥协,借此试图通过适度范围的文化兼容,促成葡萄牙民事法制在异质性的文化土壤的扎根。究其成因,主要在于澳门华人社会的民族情感不可调和,华南地区的宗法文化根深蒂固,而香港地区港英当局适度采行《大清律例》的做法则为此提供了直接的镜鉴。

(一)民族情感之因素

澳门虽长期华洋共处,但毕竟是"王土"所在、"王法"所及之地。直到亚马留政府执政之前,占人口绝对多数的澳门华人,对于明清中国政府有着强烈的政治认同,从未想过会被纳入葡萄牙政府的殖民管治之下。虽然澳督亚马留凭借武力强悍推行殖民举措,包括驱逐中国官员、钉闭中国海关、征收华人赋税等,而清政府及广东地方官员对此未有及时回应,导致 1849 年刺杀亚马留的政治事件,为葡萄牙趁势通过外交讹诈攫取治权提供了口实,但澳门华人对澳葡政府的殖民管治从未真正认同。

此后,清政府虽已默许澳督亚马留生前所作的殖民管治措施,但直至 1887 年《中葡和好通商条约》缔结之前,葡萄牙对澳门的殖民管治是无据可循的,在近代国际公法上更缺乏基本法理。因此,澳葡政府对澳门华人社会的治理,通常只能转道利用社会中介力量来进行。实际上,澳督比加多就曾提出一个构想,把华人的保甲制度纳入葡澳政府的管理体系。[①] 这一思路虽未被采行,由此演绎出来的

① 陈文源:"近代华政衙门的组织结构与职能演变",载《华南师范大学学报》2011 年第 1 期。

华政衙门,即前期的华务检察官署及后期的华人专有法庭,则成为治理澳门华人事务的常规办事机构。即便如此,华政衙门处理的华人事务及案件还是非常少,绝大多数华人都依靠宗族势力或社团力量解决纠纷。

这种民族情感表现在法制方面,使得葡萄牙虽然通过颁行法令的方式,将其法典、法律及法令源源不断延伸至澳门适用,但这些异质性的制度始终像油浮在水面。由于这些法律赖以适用的文化土壤不同,契合欧洲资本主义自由竞争时代和个人主义精神的内容,在澳门这样一个于近代急遽蜕变为"赌城"的微型社会,所遭遇的便不仅是精神层面彼此产生隔膜,更在制度层面频频发生龃龉。因此,澳葡政府虽然取得对澳门华人民事纠纷的管辖权,但澳门华人内部真正诉诸澳葡政府并遵循司法途径的案件微乎其微。绝大多数的民间纠纷,或者以私了方式解决,或者借助宗族势力解决,或者借助社团力量解决。尤其是19世纪后期社团制度日趋发展[①],原有的宗族逐步演变为宗亲社团,而各种同业公会及行会、商会机构也往往兼有调解或仲裁功能,民事及商事纠纷通常在此环节予以消化。

不独华人社会基于民族情感对葡萄牙法制的延伸表示排拒态度,甚至一些在澳居留的葡人尤其是澳门土生葡人,也对这套形式主义化的葡国成文法制未有多少亲近之感。在法律职业被高度垄断和技术化的情况下,这些不谙法律的澳门葡人遇到纠纷而涉讼之际,也只能通过支付高昂的成本去依赖职业法律人士。正因为近代葡国法制是19世纪欧洲范围成文法编纂运动的产物,这套法典法本身无论对葡萄牙本土居民还是海外居民,无疑都是具有近代气息的,因而显得陌生的制度体系和话语体系。因此,相当一部分澳门葡人对这套葡国制度的理解程度和接纳态度,不仅不能跟在葡萄牙国内的一般民众相比,甚至还不如绝大多数澳门华人对大清律例的理解和接纳。

于是,澳葡政府在适用葡萄牙延伸过来的法律制度时,不仅需要考虑澳门华人社会基于民族情感所作出的排拒态度,还必须谨慎对待澳门葡人社会在此方面的隔膜状况,而针对前者作出及时回应尤其显得重要。这种回应要么是通过国家暴力机器继续强制推行殖民法制,要么是通过委婉兼容的方式使排拒态度逐渐软化,从而最终实现葡萄牙法制在澳门的统一适用。在此方面,20世纪初期的葡国法律家,大多持后一种态度。例如,曾任葡萄牙殖民大臣的法学教授玛索菲,深受

① 关于19世纪后期澳门社团的发展,详见娄胜华著:《转型时期澳门社团研究——多元社会中法团主义体制解析》,广东人民出版社2004年版。

康德思想学说的影响,认为成文立法的作用有限,法律应以符合适用对象的文化背景为本:

"对殖民地的土著人而言,其习俗就是最好的立法,因为最能适应他们的实际情况。土著人不喜欢我们的法规,而我们也无任何必要将之强加于人,除非是为追求一种不切实际的法律统一,或捍卫我们制度的绝对价值。"①

这种观点在当时的葡萄牙具有代表性,亦颇为契合政府对海外属地的管理需求。在澳门华人社会究竟如何面对《葡萄牙民法典》及相关问题上,葡萄牙政府明智地选择了后一种方式。

(二)宗法文化之因素

澳门华人社会基于民族情感的排拒态度,依托于在此根深蒂固的传统宗法文化。如果没有后者,则这种排拒态度难以持久。正是宗法文化力量的存在,使排拒葡萄牙法制、转而适用宗法文化基础上的律例及礼制成为可能。

自19世纪初期《法国民法典》在欧洲范围广泛发生影响以来,葡萄牙立法者对甚嚣尘上的理性主义同样持乐观态度。但其后不久在德意志诸邦发生"法典编纂"之争,论争一方代表萨维尼等人提出的"法是民族精神之体现"等观点,也在一定范围内引发欧洲有识之士的重视。在萨维尼看来,法是一个民族"共同信念和具有内在必然性的共同意识,而不是因偶然的和专断的缘故而产生的观念",深深地植根于一个民族的历史之中,首先产生于习俗和人民的信仰,其次乃假手于法学,因而完全是沉潜于内、默无言声而孜孜矻矻的伟力,而非法律制定者的专断意志所孕就的,这种力量便是一个民族所特有的禀赋和取向,此即萨维尼之所谓的"民族精神"。② 萨维尼关于法是民族精神的相关论说,道破了异质文化难以在他乡如愿生长的真谛。在澳门华人社会,宗法文化便是萨维尼所言的内在地、默默地起作用的力量,使异质的葡国成文法在此遭遇架空。

在中国传统文化源流中,宗法文化源远流长,存于周代,变于两宋,新于明清。从周代形成的宗法制度,在中国绵延数千年,深刻影响着中国古代社会。周代宗

① [葡]叶士朋著:《澳门法制史概论》,周艳平、张永春译,澳门基金会1996年版,第49页。

② [德]萨维尼著:《论立法与法学的当代使命》,许章润译,中国法制出版社2001年版,第25~30页。

法制度与分封相结合后，以天子为大宗，诸侯为小宗，使古代华夏形成以血缘和姻亲构成的家国一体的政治文化形态。虽然周代宗法制度到后来已非原貌，但其吸收儒家思想后，经过两宋时期与儒家思想结合的改造，从原来上层宗法成功转变为庶民社会宗法制度，深入到广大乡村世界①，至明清时期成为乡土中国的标志性文化，其中关于父权、夫权及族权的思想绵延尤具社会影响。宗法文化不仅是一套伦理法则，亦在中国古代演化为地方治理的社会中介。以明代而论，其时官方对乡村进行管理的基层组织，既包括维系赋税的里甲制度，也包括维护治安的保甲制度，但保甲里长往往被宗族长老所替代，这些组织或被宗族势力所弱化，或径直与之重叠。② 国家政权因维护基层秩序之需，也对宗族势力予以扶植，包括对自选族长之合法地位的认可，对族长处理宗族内部事务权力的认可，使地方宗法维护获得相当的权威性。③

追根溯源，澳门宗法文化渊源于华南地区。华南地区宗法文化的繁兴，不仅表现在出于团结宗族力量而形成的收族现象和同姓联宗祭祖现象，亦表现在各地普遍兴建宗族祠堂和修编家谱。④ 在华南地区，宗法文化之兴盛得益于两个方面：其一，因汉族与少数民族杂居现象普遍，官方为维系汉族文化的纯正地位，极力通过推广儒家思想，包括实行“以家达乡”的儒化工程，使家族之家训与乡里之乡约互相配合，使家族伦理和乡村教化紧密联结，借此更好地实现汉族正统化和教化少数民族。从朝廷到地方强化宗族文化的结果，使宗法文化原本弱于中原地带的华南地区反而更盛行。⑤ 其二，明清时期虽有多次海禁，广东沿海地区却在例外，“重农抑商”被“轻本重末”的观念所逐步取代；而清朝土地兼并日趋严重所

---

① 张小也著：《官、民与法：明清国家与基层社会》，中华书局2007年版，第71页。

② 同上，第72页。

③ 例如，明洪武初年颁布《大明令》，在婚姻、继承方面给予族长权利，例如规定“凡妇人夫亡，无子守志者，合承夫分，须凭族长，择昭穆相当之人继嗣。其改嫁者，夫家财产及原有妆奁，并前夫之家为主。”明隆庆初年，陈氏宗族所订《族法家规》得到祁门县政府的批准。相关研究参见刘广安：“论明清的家法族规”，载《中国法学》1988年第1期。

④ 叶汉明：“明代中后期岭南的地方社会的家族文化”，载《历史研究》2000年第3期。

⑤ 对此可资佐证的文献，是张渠于雍正年间宦粤时所作而于乾隆初成书的《粤东闻见录》：“粤多聚族而居，宗祠、祭田家家有之。如大族则祠凡数十所；小姓亦有数所……大族祭田数百亩，小姓亦数十亩……吾乡乃邦畿之地，以卿大夫而有宗祠者尚寥寥无几，其尊祖睦族之道，反不如瘴海蛮乡，是可慨也。”参见张渠著：《粤东闻见录》，广东高等教育出版社1990年版。

导致的自耕农纷纷破产,在客观上促成人们外出经商或充当雇工的流民潮。① 这些变化非但没有冲击宗法文化的根基,反而因应时势渗入到新兴的商贸文化之中。② 正因个人与家族荣辱与共,个人身份地位亦取决于家族社会地位,提高宗族社会地位方能实现个人价值。注入以上诸因素的华南地区宗法文化,即使漂洋过海于海外地区,仍往往是宗亲会多于同乡会,其内部团结的密度使当地文化也难以楔入。③

澳门地处华南沿海,在文化属性上从属岭南文化,宗族文化与华南地区一脉相承。往来商贸及扎根澳门的华人多系粤闽人士,华南地区宗法文化在此生根发芽,且随着宗族势力发展而逐步纠结成团。在殖民管治之前,澳门华人与葡人虽有接触往来,但大多不过是常态的商品贸易,在日常生活世界则各行其道、互不侵扰。自殖民管治以来,澳葡政府面对内部致密结构的华人宗族势力,也不得不屡屡作出必要而及时的妥协,或以其他方式试图使之转为治理华人的社会中介力量。立足于此,通过编纂法典的方式对华南地区宗法文化进行认可,便是《华人风俗习惯法典》应运而生的社会基础。

(三)香港经验之因素

鸦片战争以来,因香港割让和开埠发展,澳门作为国际商贸港口的地位受到打击,但港英政府在治理香港华人社会方面的经验却值得澳葡政府重视。

1841 年 1 月,英国侵略者武力占领香港后,并未立即在此移植英国法,而是宣布保留适用清朝法制。1841 年 2 月 1 日,英国驻华商务总监义律和英国驻远东舰队支队司令伯麦联名发布《义律公告》(*Captain Elliot' s Proclamation*),宣称"官厅执政治民,概依中国法律风俗习惯办理,但废除各种拷刑,并准各乡耆老秉承英国官吏意旨管辖乡民,仍候国主裁夺"④。1843 年 4 月 5 日,英国颁行《英皇制诰》

① 据道光时期《瑞金县志》记载,瑞金县种烟和制烟业中所聚集的雇工,来自闽、粤地区的达到数万人。参见卞利著:《国家与社会冲突与整合——论明清民事法律规范的调整与农村基层社会的稳定》,中国政法大学出版社 2008 年版,第 30 ~ 32 页。

② 例如,南海太原霍氏晚节公把"酿酒之法"写入"家箴",告诫子孙世代遵守。后来,这一家族又将有关手工业和商业的注意事项,如关于所谓"工有百艺之当做"、"商有百物之当货"等具体规定写进家训,以规范子孙的行为。参见叶显恩:"明清珠三角土地制度、宗族与商业化",载《中华文学研究所报》1997 年第 6 期。

③ 叶显恩:"明清珠三角土地制度、宗族与商业化",载《中华文学研究所报》1997 年第 6 期。

④ 《香港与中国:历史文献资料汇编》,香港广角镜出版社 1981 年版,第 166 页。

(*Letters Patent*)和《皇室训令》(*Royal Instructions*)①,成为在香港建立殖民统治的宪法性文件,标志着英国法在香港移植的起步。根据这两份文件,英国宣布香港成为“英国属土”,从此受英王管辖,并宣布在香港设立立法局和行政局,分别作为总督的立法咨询机构和行政咨询机构。自此开始,《大清律例》成为香港华人家庭与继承等方面的制度依据,其效力甚至延伸至清朝灭亡后的60余年,至1971年港英政府以《婚姻法》取代其中关于家庭方面的条款,中国旧式法制的适用才告终结。

所谓“义律公告”开启了近代香港二元法制的独特模式②,对于葡澳政府之治理澳门华人社会具有借鉴意义。虽然葡萄牙作为大陆法系奉行成文法制的统一适用,不像港英政府是以《大清律例》的适度认可作为在港推行英国普通法和衡平法的砝码,但在成文法制长期遭遇澳门华人社会架空的窘境中,通过适度妥协乃至不惜替澳门华人社会“立法”越来越有必要。因此,迟至1909年颁行的《华人风俗习惯法典》,是葡萄牙对港英政府60余年推行以华(法)治华(人)策略的最终认可。不同的是,港英政府一开始即以“义律公告”方式公开承认《大清律例》在华人社会的适用,澳葡政府则必须依托于葡萄牙为澳门制定的特殊法典对澳门华人社会进行殖民管治。

三、内容与特点:法典形式下的宗法文化

综览《华人风俗习惯法典》之规定,可见该法是对中国传统宗法文化的法典化。法典开篇即指出,“鉴于需要将澳门华人在家庭和继承方面的一些风俗习惯提高到法律权利义务层次”,意味着它调整的重心在于家庭与继承制度,而这正是宗法文化的核心内容。需要指出的是,被葡萄牙政府视为“风俗习惯”的这些内容,大多已被纳入传统的律例体系之中,并不都是排斥在国家法之外的风俗习惯。葡萄牙对澳门进行殖民管治以来,将葡萄牙延伸进来的法制视为正式法源,将华人社会遵循的中国律例视为“风俗习惯”,意在明确葡国法制在澳门社会的正当性与唯一性,显见其蓄意为之的殖民心态,而非单纯的文化误读。就具体内容而言,该法典所谓的风俗习惯,主要包括如下内容:

---

① 《香港法例》(*Laws of Hong Kong*),1986年,附录第1卷。

② 苏亦工著:《中法西用:中国传统法律及习惯在香港》,社会科学文献出版社2002年版,第61~77页。

(一)婚姻关系

在中国传统宗法文化中,儒家思想所强调的父为子纲、夫为妻纲,均与宗法文化的家长制一脉相承。法典对此均有相关规定,表现在婚姻关系上则是突出夫权,彰显"男尊女卑"观念,赋予男性的权利远远大于女性。

夫权地位首先体现在离婚制度上。例如,法典规定,丈夫可以下列任何一理由,向法院提出离异和分开财产:妻子婚后35年仍无生育;严重虐待或中伤;麻风病;搬弄是非;小偷小摸;醋性十足。① 这正是中国古代礼制"妇有七出"的法律化,是以维护男尊女卑的等级制家庭关系为依归的。不仅如此,作为宗法婚姻的附带品,法典还完全剥夺了离婚后妻子对子女养育的权利。

夫权的另一体现是纳妾制度。法典规定,丈夫在婚内和离婚后都可以纳妾。② 纳妾源于宗法制度,宗旨在于维系香火传承。《礼记·婚仪》载:"婚姻者合二性之好,上以事宗庙,下以继后世"。"继后世"意味着婚姻承载宗族延续的使命,纳妾遂成血缘延承的一种选择。明代为社会稳定而限制纳妾③,规定平民须因无子方可纳妾,违者杖四十。但这类限制至清代大大放宽,以致稍有钱财者纷纷纳妾。广东一带风气尤甚,清徐柯《清稗类抄》称:"粤人好蓄妾,仅免饥寒者即置一妾,以备驱使"。正因华南地区纳妾成风④,澳门华人社会也普遍盛行。在无从遏制的情况下,葡萄牙政府干脆对此予以法律上的确权处理。

至于财产分割以及离婚后子女抚养问题上,根据法典相关规定,妻子与丈夫的权利也明显不对等。⑤

(二)家庭关系

法典在家庭关系上,同样明确了父权与夫权的地位。值得注意的是,法典对于家庭关系的拟制有较为详细的规定,此即立嗣制度。

法典对无子立嗣作出规定。所谓立嗣(俗称立后),是指自身未能生育儿子而立他人之子为自己的宗祧继承人,嗣子和养子同为收养之子。法典规定,华人无男嗣时应当立一养子⑥;养子应当从近亲属中挑选,尤以丈夫兄弟和最亲近辈

---

① 《华人风俗习惯法典》第8条。

② 《华人风俗习惯法典》第10条。

③ 李明:"明代纳妾制度剖析",载《乐山师范学院学报》2008年第7期。

④ 刘正刚、刘强:"清代粤人好蓄妾现象初探",载《中国社会经济研究》2007年第1期。

⑤ 《华人风俗习惯法典》第3条、第4条。

⑥ 《华人风俗习惯法典》第13条。

分者的次子优先考虑①;养子过继后即离开亲生父母家,并在继父母家享有和亲生子同样的权利②,这些权利具有一切民事和宗教效力。

至于立嗣之子的身份,法典作出如下规范:首先,须以同姓同宗立嗣。为防外姓乱宗,维护宗族利益,历代法律严禁立异姓为嗣。③ 明清时期稍有放宽,虽允许收养3岁以下异姓之子,但不得以无子遂立为嗣,从而阻却了异姓为后之路。如此一来,即使无子人家已收异姓养子,仍需另立同姓同宗嗣子以续香火,否则死后只要族人告官,仍须再立继子。④ 其次,须以昭穆相当为嗣。所谓昭穆即为辈分,立嗣子须在同宗诸侄辈之中选择。此乃儒家人伦之重点,不容混淆。

此外,法典还针对华南地区华人家庭为儿子立嗣的习惯,规定父母有为已逝的儿子立嗣子的权利。⑤ 明清时期,父在子亡应否替子立嗣,在官方与民间看法不一。一般认为,未成年未婚之子死亡不宜立嗣。但在民间社会,父辈为早夭者立嗣的做法十分普遍。华南地区尤其重视宗族关系及宗法传承,此类做法屡见不鲜,官府对此充耳不闻。因此,葡萄牙政府也立足华南地区实际,对为亡子立嗣的问题予以确认和规范。

(三)继承制度

在继承制度方面,法典同样彰显出传统宗法文化的基本观念。首先,法典依循传统宗法伦理,通过规定继承权只归儿子⑥,排除了已婚女性家族成员的继承权。之所以如此处理,是因女性与男性之"宗"不同。诚如学者分析所言:"其'宗'的所属分成自然性与社会性两个方面。从自然性的意义上来看,女性仍属于父亲的宗,并且这种关系从出生直到死亡终生不变。另一方面,从社会性的意义上来讲,女性由于婚姻而取得夫宗的地位,由于女性在社会性的意义上被排除在父宗之外,因此她不能承继来自父宗的财产。"⑦不过,关于未婚女性家族成员,该条第2款给予了有限的保障,规定未婚女性可获得其他儿子遗产的1/4作为嫁妆。

---

① 《华人风俗习惯法典》第14条。

② 《华人风俗习惯法典》第17条。

③ 例如,《唐律·户婚律》规定:即养异姓男者,徒一年;与者,笞五十。

④ 关于宗祧继承及中国传统礼制文化,参见丁凌华著:《中国丧服制度史》,上海人民出版社2000年版。

⑤ 《华人风俗习惯法典》第19条。

⑥ 《华人风俗习惯法典》第22条。

⑦ [日]滋贺秀三著:《中国家族法原理》,张建国、李力译,法律出版社2003年版,第20页。

其次,法典在继承顺序上充分体现了长幼有序和宗祧继承的观念。依据法典规定,长子和代表人在财产继承上所获财产是其他人的两倍①,从而在财产继承的数量方面维护了长子特权。不过,中国传统宗法制度强调嫡庶之分,所谓立嫡以长不以贤,立子以贵不以长。法典在此方面虽有规定长幼之分,却未规定嫡庶之辨。不仅如此,法典还赋予妻妾所生儿女的平等权利②,因此即使是庶长子也有权利获得特权。这一观念是与宗法文化相悖的,也使传统文化强调的嫡庶差异发生改变,表明近代欧洲男女平等思潮的文化影响力。

最后,依据法典规定,长子和代表人不仅在财产继承上获得特权,还可以获得身份继承及公产管理的权利。在传统宗法文化中,继承不仅涉及财产的移转,还有身份(如爵位)的承续。前者可以扩及所有的儿子及其他晚辈,但后者只能由长子或代表人承续,此即所谓宗祧继承。宗祧原意是宗庙,引申为祭祀的权利。中国人对祭祀是非常看重的,古人云:"国之大事,在祀与戎"。对祭祀身份的继承,即是对先人身份的继承。宗祧应由嫡长子继承,但如果嫡长子不肖,则应由其他贤能之子担当。因此,法典规定身份继承者既有长子,也包括父亲选定的任一代表人。至于公产管理和在宗教民事上的代表权,则是宗祧继承在宗族制上的延续。在华南地区尤其是广东一带,宗族共有族产现象十分普遍,族产主要用于建祠修墓、纂谱联宗、办学考试,迎神赛会、兴办公益事业、赈济族人贫困等。族产既能为家族成员谋福利,也可成为家长行使宗族权利的经济支持。因此,拥有公产管理是一项基于身份继承而派生的财产权利,同样获得了法典的确认。

综览上述基本内容,可见该法典贯穿中国传统宗法伦理,将礼教纲常纳入华人社会的婚姻家庭与继承关系,是对传统律例体系所涉民事规范的法典化技术处理。不过,该法典并非全然迁就宗法伦理,在某些方面也添附了近代西方民事法制的成分。例如,依据法典规定:华人依照中国宗教仪式总结的婚姻,与本国律例所承认的天主教婚姻和民事婚姻具有完全同等效力。③ 传统华人婚姻缔结方式,首次在法律层面得到了葡萄牙政府的承认。

还要指出的是,法典借助近代西方理性主义观念,也对传统宗法文化作出了一定程度的改造。其时,华南地区尤其是广东沿海风气比内地开化,在洋务运动

① 《华人风俗习惯法典》第 22 条。
② 《华人风俗习惯法典》第 11 条。
③ 《华人风俗习惯法典》第 2 条。

及清末立宪之际频频引领潮流，源自西方的男女平等观念促成女性权利意识的觉醒，对以父权及夫权为核心的宗法伦理构成了冲击。因此，法典在某些地方赋予女性一定的权利。例如，法典规定，妻子有一定的财产支配权力，即对于私己财产的自主管理。① 私己财产主要包括结婚时陪嫁的财产和婚前购置的首饰，离婚时可以带走。在某些情况下，还允许夫妻对于财产所属进行商讨。又如，法典虽规定男子有权纳妾，但妻妾具有平等的权利。例如，规定正室和旁室在家长权利和儿女继承上地位平等。② 这在一定程度上体现出宗法文化的现代转向。

此外，法典奉行华人属人法的原则，即如果澳门华人并非两广地区人士，其风俗习惯与华南地区不同，亦可通过任何法律允许的途径进行证明，其风俗习惯获得同等尊重。

四、世易俗移：法典的撤销及其影响

辛亥革命以来，随着封建帝制的推翻和民国政府的建立，中国国民思想观念开始向现代急遽转型，尤其是男女平等观念的广泛传播，契合大清律例的旧式风俗习惯也在移风易俗。因此，《华人风俗习惯法典》颁行不久就遭遇历史性危机，在婚姻家庭和继承等方面都必须因应时代的发展。

不过，由于其时中国国内政局不稳，从北洋政府到南京国民政府都无暇他顾澳门，葡萄牙政府则趁势加紧对澳门社会进一步的殖民化，加之澳门华人社会的保守阶层和既得利益者安于现状，其时中国内地被废止的旧式婚姻家庭及继承法制，在澳门社会仍被《华人风俗习惯法典》所确权和延续。

1917 年 11 月 29 日，为配合这套针对华人社会的规范适用，葡萄牙还通过第 3637 号法令，颁行《澳门华人专有法庭章程》，以便借此处理华人社会的民事、商事（破产除外）和轻微的刑事案件。1920 年 9 月 27 日，该章程通过《第 311 号训令》作出修改。不过，华人专有法庭并未存续很长的时间，至 1927 年 10 月 20 日即被取缔③。

“二战”前夕，随着葡萄牙国内形势与国际局势的变化，葡萄牙政府开始酝酿包括本土及海外属地的法制改革。受此影响，澳门政府于 1933 年委任一个小组，

① 《华人风俗习惯法典》第 3 条第 2 款第 1 项、第 2 项。
② 《华人风俗习惯法典》第 11 条、第 27 条。
③ 何志辉著：《近代澳门司法：制度与实践》，中国民主法制出版社 2012 年版，第 149 ~ 153 页。

着手研究修订该法典。1948 年 7 月 24 日,葡萄牙政府颁布《第 36987 号法令》①,正式撤销依 1909 年 6 月 17 日法令颁行的《华人风俗习惯法典》。

第 36987 号法令总共 5 条,是葡萄牙政府针对澳门的华人事务和土生葡人而颁行实施的一个特别国际冲突法。该法令第 1 条规定,依 1905 年 11 月 3 日法令规定为葡萄牙国籍的澳门出生人士,须遵守葡萄牙民事法律。第 2 条规定,澳门出生的非葡萄牙籍华人以及其他华籍人士,在家庭和继承法方面遵守中国民事法律。这两条即是典型的总括式单边冲突规范:前者表明澳门出生的葡籍人士在民事领域内的活动依葡萄牙法,后者表明澳门华人在家庭与继承法方面受中国民事法律规范的支配,使原本适用于澳门华人的特殊规范得以继续延续,并可追随有可能发生变化的中国民事法律,从而较之以往由葡萄牙专门为澳门拟订《华人风俗习惯法典》之类规范更为方便而灵活。② 但要指出的是,《华人风俗习惯法典》的撤销,并不代表华人风俗习惯尤其是传统宗法文化在澳门的消亡。就葡萄牙殖民管治时期而论,澳门华人社会的诉讼案件一直数量稀少,这是因为绝大部分的民事纠纷都已在民间解决,所依据的规则也正是这样一些风俗习惯及民间规则,它们具有难以抹杀的传统宗法文化色彩;而在这些纠纷的解决过程中,通常也是德高望重的宗族长辈或华人权威充当着裁判的角色。

需要指出的是,这部法典被撤销后仍有文化影响力的存续,亦从另一方面印证了所谓"法律作为民族精神"的存在,印证了生生不息的传统法律文明在现代社会仍有着随时可复苏的蛰伏,它们不会因为异质性的法律文明不予正式认可而主动退隐。至于其间仍然交织的传统与现代、宗法与法律、伦理威权与法治权威的斗争或纠葛,以及由此折射的以宗法文化为核心的中国传统法律智慧对葡萄牙殖民法制之逾淮成枳的修复或矫正过程,亦仍然值得学界予以探索和深思。

---

① 黄汉强、吴志良主编:《澳门总览》(第 2 版),澳门基金会 1996 年版,第 67 ~ 69 页。

② 蓝天主编:《一国两制法律问题研究》(澳门卷),法律出版社 1999 年版,第 14 页。

第六章 《澳门基本法》:“一国两制”构想及其宪制性保障*

众所周知,所谓“一国两制”(One Country Two Systems)是指“一个国家,两种制度”,即在一个国家的前提下,在中国主体部分坚持社会主义的同时,容许在发展背景特殊的局部地区和局部范围内保留原有的资本主义,以利于在大的范围内壮大和发展社会主义;或者说,在中华人民共和国境内大陆实行社会主义制度,在香港与澳门地区实行原有的资本主义制度五十年或更长历史时期不变。作为规范“一国两制”方针的《中华人民共和国澳门特别行政区基本法》(以下简称《澳门基本法》),则是中国政府在澳门特别行政区实施“一国两制”的宪法性法律,对其贯彻落实“澳人治澳”与“高度自治”原则具有重大的法律意义。这部宪制性法律的起草有着广阔而复杂的历史背景,是中、葡两国围绕澳门问题历时多年交涉,最终达成和平解决历史遗留问题协议,并由此开始实行“一国两制”构想的制度化和法制化的积极尝试。

---

* 本章内容原载《岳麓法学评论》(2013 年卷),感谢湖南大学法学院肖洪泳博士的约稿及审阅,收入本书时有修订。

一、"一国两制":创造性构想的形成

(一)创造性构想的形成

回溯现代澳门史,可知"一国两制"构想萌芽于新中国成立初期对香港、澳门实行"长期打算,充分利用"的基本政策。中华人民共和国成立后,中央人民政府鉴于当时复杂的国际和国内形势,根据澳门和香港的历史和特殊地位,毅然作出"长期打算,充分利用"的决策,同时公开表明香港、澳门是中国领土,不承认外国强加给中国的一切不平等条约,并将在适当时候通过和平谈判解决这一历史遗留问题的严正立场。这是在一个国家的前提下并存两种社会制度思想的萌芽。回顾毛泽东、周恩来等新中国成立以来第一代领导人关于解决港澳问题的决策①,我们不难看到这是一个"显示政治智慧的重要决策"②,看到社会主义新中国在当时特定的国际国内形势下,以和平外交方式积极尝试解决历史遗留问题的用心所在,为这一深谋远虑的政治构想提供了极为难得的历史镜鉴。

"一国两制"构想起步于十一届三中全会以来中国政府对和平统一祖国大业的基本方针。1978 年党的十一届三中全会是新中国成立以来又一转折点,它全面纠正"文化大革命"以来"左"的错误,恢复实事求是的思想路线,坚持从实际出发,制定和调整各方面工作的政策,包括解决台港澳问题的政策,并提出实现祖国统一的历史任务。正是在和平统一的基本方针里,如何从实际出发解决台湾问题,再次推动了人们对"一个国家,两种制度"构想的积极探索。

在值得两岸人民铭记的 1979 年 1 月 1 日,时任全国人大常务委员会发表《告台湾同胞书》③,首次宣布和平统一祖国的方针:"在解决统一问题时,尊重台湾的现状和台湾各界人士的意见,采取合情合理的政策和办法,不使台湾人民蒙受损失。"随后,邓小平提出"只要台湾回归祖国,我们将尊重那里的现实和现行制度",并将完成祖国统一的大业提到具体日程上来④。在此问题上,他所反复强调

---

① 杨亲华、余科杰:"毛泽东、周恩来关于解决香港问题的决策",载《毛泽东思想论坛》1997 年第 3 期。

② 杨允中著:《"一国两制":实践在澳门》,澳门基本法推广协会 2002 年版,第 221 页。

③ "告台湾同胞书",载《人民日报》1979 年 1 月 1 日。

④ 刘强伦、汪太理著:《邓小平卓越智慧》,当代中国出版社 2001 年版,第 234 页。

的“总的要求就是一条”，即必须且只能是“一个中国”，而不是“两个中国”。[1]

围绕“一个中国”展开统一祖国大业，成为20世纪80年代中国对台港澳问题的主导思路。1981年9月30日，时任全国人大委员长叶剑英发表著名讲话，建议举行中国共产党和中国国民党两党对等谈判，共同完成祖国统一大业，提出“国家实现统一后，台湾可作为特别行政区，享有高度自治权，并可保留军队，中央政府不干预台湾地方事务”；“台湾现行社会、经济制度不变，生活方式不变，同外国的经济、文化关系不变。私人财产、房屋、土地、企业所有权、合法继承权和外国投资不受侵犯”；“台湾当局和各界代表人士，可担任全国性政治机构的领导职务，参与国家管理”[2]，由此全面阐明关于台湾回归祖国、实现和平统一的九条方针政策。

回顾这篇具有里程碑意义的讲话，我们不难看到其间蕴藏着“一国两制”构想最初形态的政治智慧。正如邓小平1982年接见海外朋友时说，这九条方针实际上就是“一个国家，两种制度”，并重申“两制”是允许的，“他们不要破坏大陆的制度，我们也不要破坏他那个制度”。[3] 正是在这里，中国政府第一次明确提出“特别行政区”这一术语，并谈及对未来特别行政区的政策。虽然这份文献针对的是台湾统一问题，同时也明确表述了后来被定为“一国两制”构想的基本精神，实际上已具备“一国两制”构想的基本架构[4]。

“一国两制”构想的成型，也深深得益于解决香港问题的政治实践。在20世纪70年代末，当中国政府在探索如何解决台湾问题时，由于香港新界租期即将届满，英国方面不断试探中国政府对香港问题的立场和态度。在中国政府看来，解决香港问题已是时机。1979年3月29日，邓小平在北京会见来访的香港总督麦理浩(Sir Murray McLehose)时透露，中国政府将于1997年收回香港，视香港为一“特别行政区”，到时不管香港问题怎么解决，其特殊地位将得到保证；并表示在20世纪和下一个世纪相当长的时间内，香港可以保留资本主义制度，全世界的投资者都不必担心。香港问题的解决自此开始，亦反映出邓小平在最终解决台湾问

---

① 中共中央文献研究室编：《邓小平思想年谱(1975～1997)》，中央文献出版社1998年版，第107～109页。

② 叶剑英：“关于台湾回归祖国、实现和平统一的方针政策”，载《人民日报》1981年10月1日。

③ 刘强伦、汪太理著：《邓小平卓越智慧》，当代中国出版社2001年版，第235页。

④ 澳门发展策略研究中心编：《“一国两制”在澳门实施的专题研究》，澳门发展策略研究中心1999年版，第3页。

题尚需时日的情势下,毅然决然先行解决港澳历史遗留问题的政治谋略①,初具规模的“一国两制”构想已日渐成熟。

1982年9月24日,邓小平会见英国首相撒切尔夫人(M. Thatcher)时,提出可以用“一个国家,两种制度”的方案来解决历史遗留的“香港问题”②,全面阐述并正式确认了“一国两制”的提法。1982年12月4日,第五届全国人民代表大会第五次会议正式通过《中华人民共和国宪法》,其中第31条规定“国家在必要时得设立特别行政区。在特别行政区内实行的制度按照具体情况由全国人民代表大会以法律规定”,使“一国两制”构想终于从政治理念转向制度实践,进而获得了最具保障性的宪法依据。至1984年5月,第六届全国人民代表大会第二次会议通过《政府工作报告》,正式把“一国两制”方针定型为中国政府为实现祖国和平统一大业而实行的一项基本国策。同年6月,邓小平在会见香港工商界访京团和香港知名人士钟士元等人时指出:

> “我们的政策是实行‘一个国家,两种制度’,具体说,就是在中华人民共和国内,十亿人口的大陆实行社会主义制度,香港、台湾实行资本主义制度。”③

与之相应,“一国两制”的构想正式跻身国际政治观察的视野,受到国际社会舆论的关注。从实现国家统一的战略上看,它的确是20世纪世界战略史上从未攀登过的高峰。例如,英国前首相撒切尔夫人认为,历史上遗留下来的无法解决的问题,通过“一国两制”对未来富有想象力的做法得到解决,国际生活中的分歧能够通过保持有关社会的自治和特性得到解决。④ 美国一些高级专家则认为这一构想具有战略意义,其作用与意义可称为“超级战略”或一项“战略方程式”,宗旨一是为了求证三个未知数,即中国特色的社会主义、苏联模式的社会主义和美、日、西欧的资本主义制度谁优谁劣;二是为达到两大战略目标,即由“一国两制”转化为“一国一制”和由“一球两制”向“一球一制”作示范式推进。这无疑是一个

① 杨允中著:《“一国两制”:实践在澳门》,澳门基本法推广协会2002年版,第238页。
② 《邓小平文选》(第3卷),人民出版社1993年版,第49页。
③ 同上,第103页。
④ 《人民日报》1984年12月4日。

"高瞻远瞩的设想"①,亦为未来的政治哲学开一"新纪元"。② 对中国而言,"一国两制"构想经逐步深入的宣传推广,成为人们对和平统一祖国大业的基本共识,最终纳入中国宪法则意味着这一问题成为宪制性问题:台湾、香港与澳门回归祖国的问题,从此不仅是一项政治学意义上的历史使命,也成为未来中国宪政建设的题中之意。

至此,"一个国家,两种制度"的创造性构想,便成为以"一个中国"为前提,国家的主体坚持社会主义制度,香港、澳门、台湾保持原有的资本主义制度长期不变,按照这个原则来推进祖国和平统一大业之完成的政治实践,并在随后解决香港回归的实践过程中赢得举世瞩目的成功,成为澳门回归祖国和建设特别行政区最为切实可行的宝贵示范。

(二)作为政治智慧的构想

"一国两制"的科学内涵,是由"一个国家"和"两种制度"有机组合而成。这首先意味着其前提和基础是"一国",否则根本谈不上"和平统一、一国两制"。解决国家的统一和主权问题,是"一国两制"的首要任务。国家的领土不容分裂,主权不可分割,只能由中央政府行使。在解决港澳台问题的过程中,在实施"一国两制"的过程中,都必然要碰到,进而又必须处理好这一主权问题,即"一国"问题。同时应注意的是,必须在"一国"的前提下,保证"两制"的和平共处。国家的主体是在拥有13亿人口的内地实行的社会主义制度,而在港澳回归后,根据《中华人民共和国宪法》第31条和香港与澳门两部基本法的有关规定,分别设立两个特别行政区。特别行政区是中华人民共和国的一个地方行政区域,直接受中央人民政府管辖。两者的关系是中央与地方的关系,具有垂直隶属性质,制定并颁布特别行政区基本法的权力由最高国家权力机关——全国人民代表大会来行使。特别行政区由当地人组成,维持原有的资本主义制度和生活方式五十年不变,现行的法律基本不变,凡与这两个基本法不相抵触的法律均予保留;除外交和国防事务由中央政府管理外,享有高度自治权,拥有十分广泛的行政管理权、立法权、独立司法权和终审权。

由此可见,所谓"两制"是在各方面包括社会经济、政治、法律、教育制度等领域都具有不同性质、地位和作用的两种制度。这两种根本不同的制度实行于不同

---

① 《人民日报》1984年12月7日。

② 梁厚甫:"谈一个国家,两种制度",载《明报》1984年6月15日。

地区,但由于港澳人口与面积均不能跟大陆相比,其经济绝不可能占主导地位,因而不可能改变中国的社会主义性质;相反,这是作为社会主义经济发展的补充,有利于社会主义生产力的发展。同时,由于存在许多共性或趋同因素,如居民同属中华民族,语言文化传统一致,有共同的经济与社会发展目标,因此在大陆实行社会主义制度,在港澳特别行政区保持原有资本主义制度,完全是可行的。

在世界政治思想史上,“一国两制”构想是一场革命性和时代性的宪政实验。对中国政治发展而言,它又是一个既有理论创新又有科学内涵的综合体系。它的基本出发点是尊重历史、尊重现实,以利于中国的现代化建设和中华民族的繁荣昌盛,体现中国各族同胞和平统一祖国的共同愿望。

从理论渊源看,这个伟大构想不仅彰显了邓小平作为改革开放“总设计师”的雄才大略,更是新中国成立以来三代国家领导人集体政治智慧的集中体现;不仅蕴含着近代以来无数先贤对祖国统一的赤诚渴盼,更闪耀出中华文明包容并蓄、求同存异的理性光芒。[①] 正是在此意义上,这一构想不愧是中国传统政治智慧与现代政治理念相融合的“智慧结晶”。[②] 对澳门而言,这一构想不仅是邓小平理论的重要组成部分,更是中国政府以和平方式顺利解决历史遗留问题的指导方针,是制定特别行政区基本法和确保特区稳定繁荣发展的理论基础,其形成、完善与定型化经历了漫长的过程。

自20世纪80年代初中葡双方就澳门问题达成共识以来,“一国两制”构想与澳门回归及其未来的政治实践,成为举国上下乃至国际社会共同关注的一大焦点。澳门继香港回归之后回归祖国,不仅标志着世界殖民主义在中国和整个东方的彻底结束,也标志着中国人自主全面行使国家主权的伟大时代已正式开启。澳门成为实施“一国两制”构想的第二站,其意义不仅在于开拓澳门自身政治经济与文化的新格局,还对最终完成祖国统一大业起着不可估量的政治影响。事实的确如此,这一构想从政治理论走向政治实践,带给澳门的是澳人治澳与高度自治的发展契机,为澳门经济的发展与繁荣提供了条件,为澳门社会的和谐与进步奠定了基础。如今回首澳门回归十余年的政治实践,有目共睹的巨大成就打造出国际瞩目的“腾飞的澳门”,便是这一构想之正确性和可行性的最有力明证。

---

① 杨允中:“‘一国两制’理论渊源探析”,载《澳门研究》2003年总第17期。

② 杨允中著:《“一国两制”:实践在澳门》,澳门基本法推广协会2002年版,第212页。

二、《澳门基本法》:起草背景与制定过程

(一)《澳门基本法》的起草背景

澳门问题和平解决的突破口,始于1979年中葡两国正式建交。两国政府就澳门主权问题达成谅解,双方同意在适当时候通过两国政府间的谈判,解决澳门归还中国的问题。

从1986年6月至1987年3月间,中葡两国就澳门前途问题进行了多轮谈判,最终达成《中葡联合声明》。1987年3月26日,双方在北京人民大会堂举行草签仪式,中国外交部副部长周南和葡萄牙驻联合国大使鲁伊·梅迪纳(Rui Medina)分别代表两国签字。4月13日,双方在北京人民大会堂举行正式签字仪式,时任国务院总理赵紫阳与葡萄牙总理席尔瓦(Cavaco Silva,又译施华高)分别代表两国政府郑重签字,协定该声明与附件自互换批准书之日起生效。[①] 1988年1月15日,中葡两国政府代表在北京钓鱼台国宾馆十八号楼举行换文仪式。中国外交部副部长周南和葡萄牙共和国驻华大使瓦莱里奥(Amhassadoy Valerio),分别代表两国政府,互换声明及其附件的批准书,并共同签署互换批准书的证书,《中葡联合声明》即日生效。为解决澳门政权交接相关事宜,便于进行联络、磋商及交换情况,"中葡联合联络小组"亦在该日成立。

《中葡联合声明》向全世界庄严宣布:澳门地区(包括澳门半岛、氹仔岛和路环岛,以下简称澳门)是中国领土,中华人民共和国政府将于1999年12月20日对澳门恢复行使主权。自联合声明生效之日起至1999年12月19日止的过渡期内,葡萄牙共和国政府负责澳门的行政管理,并将继续促进澳门的经济发展和保持其社会稳定,中华人民共和国政府对此将给予合作。

中国政府同时声明,中华人民共和国根据"一个国家、两种制度"的方针,对澳门执行如下基本政策:根据《中华人民共和国宪法》第31条的规定,中华人民共和国对澳门恢复行使主权时,设立中华人民共和国澳门特别行政区;澳门特别行政区直辖于中华人民共和国中央人民政府,除外交和国防事务属中央人民政府管理外,享有高度的自治权;澳门特别行政区享有行政管理权、立法权、独立的司法

---

① 华荔著:《澳门法律本地化历程》,澳门基金会2000年版,第1页。

权和终审权;澳门现行的社会、经济制度不变,生活方式不变,法律基本不变。①

《中葡联合声明》的正式签署和生效,意味着澳门从此成为“一国两制”构想的实验区,标志着葡萄牙向结束管治澳门的目标迈进,也标志着中国向恢复对澳门行使主权的目标与“澳人治澳”的新局面进发。澳门自此进入回归祖国的过渡期,澳门社会也随之掀起规模浩大的法律本地化、中文官方化与公务员本地化之“三化”运动。

为确保平稳过渡、顺利交接,原1976年《澳门组织章程》(第1/76号法律)在过渡期内必须负起相应的历史使命,即对澳门政治、经济、文化等社会生活各方面的演进,须同《中葡联合声明》的规定相衔接,由此为该章程在1990年的大幅度修改提供了指导方向。与此同时,基于中国政府提出的“一国两制”方针,《澳门基本法》的制定也迅速提上了这一时期最显要的工作日程。

(二)《澳门基本法》的制定过程

1988年4月13日,即《中葡联合声明》签署一周年之际,第七届全国人民代表大会第一次会议通过决定,成立“中华人民共和国澳门特别行政区基本法起草委员会”(以下简称基本法起草委员会),向全国人大及其常委会负责,起草《澳门基本法》。同年9月5日,第七届全国人大常委会通过共48人的基本法起草委员会名单。②

基本法的起草工作离不开“澳门特别行政区基本法咨询委员会”(以下简称基本法咨询委员会)的密切合作。根据基本法起草委员会1988年10月25日举行的第一次全体会议决议,决定委托在澳门的22位委员发起组成一个民间有广泛代表性的咨询委员会,听取并反馈澳门各界人士的意见,以配合《澳门基本法》的起草工作,但与起草委员会的任务和性质不同,彼此没有隶属关系。

基本法咨询委员会的筹建工作历时半年。1988年11月,基本法起草委员会在澳门的22位委员组成“咨询委员会发起人会议”,推选由5人组成的“咨询委员会章程起草小组”,在参照香港基本法咨询委员会章程和听取澳门各界人士意见的基础上,草拟出《澳门基本法咨询委员会章程》初稿。在1989年发起人第三次会议上,该章程经多次修改后正式通过,同时推选由5人组成的咨询委员会成员

① 《中葡联合声明》(1987年4月13日)第1条、第2条第1~2款,《附件一:中华人民共和国政府对澳门的基本政策的具体说明》第一节至第三节。

② 《中华人民共和国澳门特别行政区基本法起草委员会委员名单》,载李鹏翥、杨允中主编:《澳门基本法文献集》,澳门日报出版社1993年版,第213~216页。

名单筹划小组,建议按"八界别、三渠道"产生咨询委员会成员①,并对成员名额与八界别人选比例提出若干具体建议。在第六次发起人会议上,成立由8位起草委员会组成的咨询委员会临时召集小组,负责筹备咨询委员会成立大会和指导筹备工作的移交等事宜,并主持咨询委员会成立大会的第一次预备会议,讨论并修订通过"咨询委员会常务委员产生办法"。随后的第二次、第三次预备会议选举产生了咨询委员会常务委员,常务委员依照章程又选举产生了咨询委员会主任委员、副主任委员和秘书长。1989年5月28日,由澳门各界别90位代表性人士组成的"澳门基本法咨询委员会"②,正式宣告成立。

基本法咨询委员会为《澳门基本法》的制定作出了重要贡献。③ 一方面,该委员会在法律起草过程中,将澳门各界人士对起草基本法的意见和建议及时反映、送交基本法起草委员会,将基本法起草委员会草拟的条文、意见及时转达给咨询委员会委员,听取咨询委员的意见,从而起到良好的联系和沟通作用;另一方面,该委员会每年组织交流团到北京向基本法起草委员会反映意见、交流情况,还分批邀请内地起草委员到澳门进行咨询和调查研究,直接听取澳门各界人士的意见,了解澳门的实际情况,并以多种人们喜闻乐见的形式大力推广基本法,促进广大居民对基本法的关注,为起草工作作了大量的宣传和准备工作。

自1988年10月基本法起草委员会召开第一次全体会议,至1993年3月第八届全国人大第一次会议通过,《澳门基本法》的制定历时4年零6个月,具体又分为如下四个阶段:④

第一阶段是准备阶段,大体是从1988年10月到1989年11月,起草委员会主要从事起草《澳门基本法》的各项准备工作,包括讨论《澳门基本法》起草工作的大体规划和步骤、起草委员会的工作方法和工作规则,通过了《中华人民共和国澳门特别行政区基本法结构(草案)》,为起草具体条文奠定良好的基础。为起草好基本法,起草委员会第二次全体会议决定成立一个澳门基本法结构草案起草小

① 所谓"八界别、三渠道",前者是指将澳门各界社团和人士按功能性质分为八个界别;后者是指通过三种渠道,即(1)社团推荐、发起人邀请;(2)个人自荐、发起人邀请;(3)发起人商定邀请。

② 《中华人民共和国澳门特别行政区基本法咨询委员会委员名单》,载李鹏翥、杨允中主编:《澳门基本法文献集》,澳门日报出版社1993年版,第217~224页。

③ 张健、李鹏翥、萧玉林主编:《澳门与澳门基本法》,澳门日报出版社1998年版,第157~159页。

④ 同上,第145~147页。

组,具体负责起草工作,起草委员会第三次全体会议通过了澳门基本法结构草案。根据起草委员会工作规则和澳门基本法结构草案,设立五个专题小组,即中央与澳门特别行政区关系专题小组、居民的基本权利和义务专题小组、政治体制专题小组、经济专题小组、文化与社会事务专题小组,分头负责具体起草法律条文。同时还成立了澳门基本法咨询委员会,这是一个由澳门各方面人士组成的民间团体,主要在澳门各界人士和起草委员会之间起重要的联系和桥梁作用。

第二阶段是形成征求意见稿阶段,大体是从 1989 年 12 月到 1991 年 7 月,即从《澳门基本法》起草委员会各专题小组开始工作到澳门基本法征求意见稿公布阶段。各专题小组成立后,开始制订工作计划,应咨询委员会的邀请到澳门开展调查研究,与澳门各界人士进行座谈,听取各界人士对起草基本法的意见和建议,各专题小组还在澳门进行参观访问。在调查研究后即开始起草条文,经过起草委员会第四、五、六、七次全体会议的讨论和修改,在第七次全体会议上通过了关于公布澳门基本法征求意见稿和开展征询工作的决定,决定从 1991 年 7 月中旬到 11 月中旬的 4 个月,在澳门和内地广泛征询各界人士的意见。

第三阶段是形成基本法草案阶段,大体是从 1991 年 8 月到 1992 年 3 月,即从《澳门基本法》征求意见稿到基本法草案的完成。在澳门基本法征求意见稿公布后的 4 个月,咨询委员会进行了大量的推广基本法和收集意见的工作,印发基本法征求意见稿中文本 3 万本、葡文本 4000 本,咨询委员会的五个专题小组举行了 17 次座谈会,咨询委员会邀请部分内地委员到澳门进行为期 9 天的访问,听取澳门各界人士对基本法征求意见稿的修改建议,共举行座谈会 19 次,与会者近 1000 人次。在咨询期内,咨询委员会共收到意见 1734 条。基本法起草委员会还在内地听取了各界人士对基本法征求意见稿的意见。起草委员会五个专题小组根据收集的意见,对条文作了 100 多处修改。1992 年 3 月,起草委员会第八次全体会议对《澳门基本法》(草案)的序言、条文、附件等逐件逐条地进行了无记名投票表决,都获得 2/3 以上多数票通过。同时,起草委员会决定将这一基本法草案提交全国人大常委会审议公布,再次在内地和澳门征求各界人士意见。

第四阶段是从基本法草案到基本法通过阶段,大体是从 1992 年 3 月到 1993 年 3 月。《澳门基本法》草案公布后,部分内地起草委员到澳门征求各界人士的意见,召开座谈会 13 次,出席座谈会近 1000 人。在四个半月的征求意见后,根据这些征求得到的意见,各小组又对条文进行了修改。1993 年 1 月,澳门基本法起草委员会第九次全体会议在通过了 18 个修改提案后,通过了《澳门基本法》(草案),并提请全国人大常委会审议;全国人大常委会审议后,又提请全国人大审议。

历经基本法起草委员会先后召开9次全体会议、3次主任扩大会议、72次专题小组会议、3次区旗区徽会议,以及多次到澳门直接听取澳门各界的意见、建议和要求之后,1993年3月31日,第八届全国人民代表大会第一次会议终于正式通过了《澳门基本法》。

三、《澳门基本法》:文本结构与宪制定位

(一)《澳门基本法》之文本结构

1993年3月31日,第八届全国人民代表大会第一次会议正式审议并顺利通过《澳门基本法》。同日,国家主席江泽民签署主席令第三号,公布了《澳门基本法》及其三个附件,包括澳门特别行政区区旗、区徽图案,并决定自1999年12月20日起正式实施。

《澳门基本法》由序言、正文和三个附件组成。第一部分为序言,主要是用来说明立法的依据和宗旨,包括澳门基本法制定的历史背景、在澳门实行的方针政策和基本法制定的法律依据。序言虽不像正文条款那样具有规范性,但同样是有法律效力的。

第二部分为正文,下设总则、中央和澳门特别行政区的关系、居民的基本权利和义务、政治体制、经济、文化和社会事务、对外事务、本法的解释和修改以及附则九章,共145条,依次是:第一章总则,从政治、经济、法律等方面对澳门特别行政区实行的制度和政策作了概括的规定,对"一国两制"方针的主要轮廓与内容作了勾画。第二章中央与澳门特别行政区的关系,规定了澳门特别行政区在我国的法律地位,中央与澳门特别行政区的职权的具体划分,主要对行政管理权、立法权、独立的司法权和终审权作了规定。第三章居民的基本权利和义务,主要是依照中葡联合声明附件一的第五部分写的,也参考了葡萄牙宪法和两个国际人权公约的有关内容。第四章政治体制,规定了澳门特别行政区的行政、立法、司法机关的法律地位,产生、职权及它们之间的相互关系。第五章经济,规定了经济方面的基本原则和政策。考虑到香港基本法关于经济这一章分节过细,条文写得太细,澳门基本法结构草案的经济这一章,没有采取分节的办法。第六章文化与社会事务,规定了关于文化与社会事务方面的基本原则与政策。第七章对外事务,是在外交事务属于中央人民政府管理的原则下,对澳门特别行政区政府处理有关对外事务的范围作了明确的规定,也是中央授权澳门特别行政区依照基本法自行处理

的有关对外事务。第八章基本法的解释和修改,规定了基本法的解释权与修改权属于谁、谁有权提出修改基本法的议案,以及与解释权相联系的自治权问题。第九章附则,规定澳门原有法律的采用、原有的证件、契约的效力问题。

第三部分为附件,分别为《澳门特别行政区行政长官的产生办法》、《澳门特别行政区立法会的产生办法》和《在澳门特别行政区实施的全国性法律》,具有同等的法律效力。

从整体结构与行文布局看,《澳门基本法》文本具有鲜明的超前性、创新性、保障性、务实性、实践性、权威性。尤其可贵的是,它的许多条文都尽可能对回归后50年内的发展需要预留足够的空间。这部宪制性法律的出台,标志着澳门开始进入后过渡期。在后过渡期,通过中葡双方的合作,澳门的法律本地化加快了步伐,并取得显著的成绩。正是在此意义上,作为一部具有巨大示范意义和前瞻价值的基本法,它同样可谓是国际制宪史上一个“空前的伟大纪录”。①

(二)宪制定位:高度自治的特别行政区

根据《澳门基本法》规定,澳门特别行政区的制度和政策,包括社会、经济制度,有关保障居民的基本权利和自由的制度,行政管理、立法和司法方面的制度,以及有关政策,必须以《澳门基本法》的规定为依据。澳门特别行政区的任何法律、法令、行政法规和其他规范性文件,都不得与此相抵触。②

《澳门基本法》是澳门特别行政区的根本大法,是解决澳门问题的总章程,具有权威性和约束力。与《澳门组织章程》不同,虽然二者均为澳门不同时期的宪法性法律,但性质却截然不同,这尤其体现在自治权、立法与司法诸领域。

与1990年《澳门组织章程》赋予澳门“公权法人”资格不同,该章程强调在不抵触葡萄牙宪法与本章的原则以及尊重两者所定的权利、自由和保障的情况下,澳门享有行政、经济、财政及立法的自治权。《澳门基本法》则规定澳门特别行政区是根据《中华人民共和国宪法》第31条规定建立起来的特别行政区,是中华人民共和国不可分离的部分,中华人民共和国人民代表大会授权澳门特别行政区依基本法实行高度自治。

据此授权,这种高度自治具体表现在如下方面:其一,特别行政区享有行政管理权、立法权、独立的司法权和终审权,是一种完整行政权、立法权、独立的司法权

① 杨允中著:《“一国两制”:实践在澳门》,澳门基本法推广协会2002年版,第268页。

② 《澳门基本法》第11条。

和终审权。其二,澳门特别行政区依法保障澳门居民和其他人员的权利和自由,这是澳门特别行政区实行澳人治澳、高度自治的重要保障。其三,澳门特别行政区拥有财政独立权,其财政收入全部由澳门特别行政区自行支配,不上缴中央人民政府。中央人民政府不在澳门特别行政区征税。这样规定,为澳门特别行政区提供财政上的高度自治保障。其四,澳门特别行政区不实行社会主义的制度和政策,保持原有资本主义制度和生活方式50年不变,这是澳门特别行政区实行高度自治不可缺少的条件。其五,澳门特别行政区的法律、法令、行政法规和其他规范性文件,除同基本法相抵触或经澳门特别行政区的立法机关或其他有关机关依照法定程序作了修改者外,予以保留,这是高度自治的法律保障。

四、特区政制构架:行政主导的新型体制

《澳门基本法》使澳门回归后的立法会与行政权关系呈现新局面,但仍体现为行政主导模式,是一种别具特色的行政长官制度,一种行政主导型政权分工制度。[①] 这可以从如下两方面看待:

(一)从权力配置看特区新型行政主导体制

根据《澳门基本法》规定,行政长官在当地通过选举或协商产生,由中央人民政府任命,代表澳门特别行政区,对中央人民政府和澳门特别行政区负责[②],享有如下职权:领导澳门特别行政区政府;负责执行本法和依照本法适用于澳门特别行政区的其他法律;签署立法会通过的法案,公布法律;提名并报请中央人民政府任命主要官员;制定行政法规并颁布执行;委任部分立法会议员;任免行政会委员;决定政府政策,发布行政命令;任免各级法院院长、法官和检察官;提名并报请中央人民政府任命及免除检察长;执行中央人民政府就本法规定的有关事务发出的指令;代表澳门特别行政区政府处理中央授权的对外事务和其他事务;依法赦免或减轻刑事罪犯的刑罚;解散立法会。[③]

根据《澳门基本法》规定,立法会是澳门特别行政区的立法机关,议员由选举及委任产生[④],享有如下职权:依照本法规定和法定程序制定、修改、暂停实施和

---

① 杨允中著:《"一国两制":实践在澳门》,澳门基本法推广协会2002年版,第304~319页。

② 《澳门基本法》第45条。

③ 《澳门基本法》第50条、第52条。

④ 《澳门基本法》第67条。

废除法律;审核、通过政府提出的财政预算案;审议政府提出的预算执行情况报告;根据政府提案决定税收,批准由政府承担的债务;听取行政长官的施政报告并进行辩论;就公共利益问题进行辩论;接受澳门居民申诉并作出处理;对行政长官提出弹劾案,报请中央人民政府决定。[①] 在立法权的分工上,《澳门基本法》赋予立法会和行政长官各自的立法职能。立法会是特别行政区唯一的立法机关,有权就特别行政区的政治、经济、文化等领域中的各项重要事务制定法律,行使的是狭义的立法职能。行政长官作为特别行政区行政机关的最高首脑,有权就特别行政区行政管理方面的事务制定行政法规,行使的是广义的立法职能。

对比二者,由于《澳门基本法》赋予行政长官非常大的权力,诸如委任部分立法会议员、任免全部行政会委员、任免各级主要官员、法官、检察官,以致可直接解散立法会,可见《澳门基本法》在顺应澳门现行政治与社会实际时,并没有完全抛弃此前已有传统的行政主导模式。

(二)从制衡关系看这种新型行政主导

在立法权与行政权的制衡关系上,《澳门基本法》并未增强立法会的制衡力量。立法会所获权力并无实质性增长,仅在政府财政预算的监督权方面有所增加;相反,议员所享的自由提案权还将受到一定程度的限制。虽然立法会议员有权依照法定程序单独或联名提出不涉及公共收支、政治体制或政府运作的议案,但由于凡涉及政府政策的议案,在提出前必须得到行政长官的书面同意[②],而所谓“政府政策”涉及面广,行政长官可以此为由阻止议员递交议案,进一步加强对立法会的牵制。此外,立法会虽有弹劾行政长官的权力,但依照规定,“如立法会全体议员三分之一联合动议,指控行政长官有严重违法或渎职行为而不辞职,经立法会通过决议,可委托终审法院院长负责组成独立的调查委员会进行调查。调查委员会如认为有足够证据构成上述指控,立法会以全体议员三分之二多数通过,可提出弹劾案,报请中央人民政府决定”[③],而事实上立法会部分议员由行政长官委任,要获得他们支持通过弹劾案的可能性不大,即使通过弹劾案而罢免行政长官之权属中央人民政府,也与立法会无关。

相比之下,行政对立法的制衡则有所增强。如果对比《澳门基本法》与《澳门

① 《澳门基本法》第 71 条。
② 《澳门基本法》第 75 条。
③ 《澳门基本法》第 71 条第 7 款。

组织章程》的相关规定，还将发现，行政长官除了把立法权归还立法会之外，其行政权力比此前的澳门总督更大。这尤其体现在制约立法会方面，有权直接解散立法会而不仅仅是建议解散，有权限制立法议员的提案权，等等。由是观之，澳葡时代发展成型的行政主导，经过立法者的创造性转化之后，成为《澳门基本法》中被保留并继续发扬的澳门政治体制的一大特色。据此，这种行政主导体制又可直接概括为行政长官制。

然而，如同人类社会所有政治制度都不可能尽善尽美，早在《澳门基本法》问世不久，就有研究者通过比较分析，认为这种模式一方面可带来高效率的管治，有利于澳门社会发展与政治稳定，另一方面也容易在权力失衡的情况下，导致行政权的滥用，甚至可能出现独裁管治的局面。[①] 如今我们虽然没有在澳门政治实践中感知其消极一面，但随着时代发展和各种新情况和新问题的出现，还是有必要预作绸缪，以更趋完善的政治制度迎接新时期的时代挑战。

在此，围绕行政长官制而展开的行政长官与中央的新型关系，行政长官与行政会、行政机关的关系，行政长官与立法机关的关系，以及行政长官与司法机关的关系，都成为澳门特别行政区行政长官制继续发展所需认真对待和深入研究的问题[②]，并通过进一步的学理研究，以促成制度上的相应完善。这也给当前乃至今后关于《澳门基本法》的发展留下了广阔空间[③]，其间存在的诸多话题值得学界同仁尤其是宪政研究者继续探讨。

---

① 余振编著：《澳门政治与公共政策初探》，澳门基金会1994年版，第107页。

② 肖蔚云主编：《论澳门特别行政区行政长官制》，澳门科技大学出版中心2005年版。

③ 关于澳门基本法之研究进展及基础理论问题，详见骆伟建、王禹主编：《澳门人文社会科学研究文选·基本法卷》，社会科学文献出版社2009年版，“序言”。

第七章　配合与监督：行政主导体制下的立法会与政府*

众所周知，1976年正式成立的澳门立法会，依托于同年《澳门组织章程》构建的政治架构。该架构是对以往历次组织章程的积极修订，也是对葡萄牙自1974年“四·二五革命”以来告别殖民管治、走向民主政治的积极呼应。① 作为亨廷顿描述的世界民主化浪潮“第三波”的排头兵②，葡萄牙这次民主革命的民主化精神及理念，也由该国国内扩及当时所具的所有海外殖民地及事实上进行殖民管治的地区。澳门立法会的应运而生，因之而在世界范围民主化浪潮中打上了鲜明的时代烙印，是澳门政治在本地化基础上同步民主化的起点标志。

---

* 本章内容原为应邀参加2012年12月15日中国人民大学法学院、香港城市大学法律学院举办的“港澳基本法实施中的问题”学术研讨会之会议论文，部分资料及观点得益于澳门大学法学院刘倩博士，收入本书时有修订。

① 关于1974年葡萄牙“四·二五革命”与澳门政治发展的介绍，参见吴志良著：《生存之道——论澳门政治制度与政治发展》，澳门成人教育学会1998年版，第290～293页。关于这场革命及其对澳门政治的影响，参见何志辉著：《从殖民宪制到高度自治——澳门二百年来宪制演进述评》，澳门理工学院一国两制研究中心2009年版，第91～136页。

② 哈佛大学教授亨廷顿认为“第三波”的起点及代表国家就是葡萄牙、西班牙及其他欧洲国家，由此而扩及亚非拉第三世界其他国家。参见[美]塞缪尔·亨廷顿著：《第三波——20世纪后期民主化浪潮》，刘军宁译，上海三联书店1998年版，第1章。

一、行政主导体制下的澳门立法会

根据《澳门组织章程》的相关规定，澳督拥有除法律规定保留给葡国主权机关外的全部行政权，并可行使共享性、局限性和专属性立法权。立法会亦拥有具创制、认可、修改、废改法律规范的权利。不过，立法会通过的法律须在澳督颁布后才生效，澳督制定的法律也可能被立法会拒绝追认。澳督与立法会分享立法权，在经立法会许可或当立法会解散时，澳督更享有全部立法权。这意味着转向过渡期的澳门政治体系仍是以澳督为权力核心的行政主导，但这种主导性终于开始受制于与之平级的权力机构，从而标志着澳葡殖民管治逐步向本地化的民主政治目标靠近。

当然，对于澳葡时代立法会在澳门政治民主化进程中的作用，不能寄予超乎其历史局限的过高评价。这一方面是因为《澳门组织章程》本身的制度设置严重限制了立法会的功能行使，另一方面则因为澳门社会（尤其是人口占绝对多数的华人社会）长期匮乏民主政治的文化传统，再加上立法会自身的构成及运作方式也存在种种政治经验上的不足或缺憾，此外还有特定的时局因素及其他方面的影响，都使得立法会直至回归前夕实现转型之前的社会影响力打了不少折扣。

澳门回归祖国之后，澳葡时代的立法会平稳过渡而成新型的特区立法会。特区立法会的架构和运作，意味着澳门回归以来政治民主化步入历史新台阶。对此不妨借助民主政治的视角，分别从以下方面加以检视：

其一，就权力位置而言，特区立法会的存在使特区权力体系运作更趋民主性。检验一套权力机构能否更具民主性，可以从它在宪法或宪制性法律上的位置、布局及权限来判断。根据《澳门基本法》及相关法律的规定，特区立法会作为特区权力机关之一，是依法设立和行使特区立法权的立法机关。① 这些规定标示着特区立法会在法律地位和权力性质上都已不同于以往澳葡殖民管治时期的立法会。至于职权范围上，特区立法会更有高度自治的专属立法权、财政税收方面及其他方面的种种职权②，其范围之广、权限之重，都是以往澳葡殖民管治时代的立法会根本不可想象和望其项背的。

其二，就立法体制而言，特区立法会使特区立法更趋民主化。在回归之前，由

---

① 《澳门基本法》第67条。

② 《澳门基本法》第71条。

于澳督与立法会分享本地立法权,且立法会的立法权动辄受葡萄牙方面掣肘,由此形成葡国立法机关与澳门本地立法者(立法会和澳督)共同立法的“双层双轨”,屡屡成为澳督与立法会发生矛盾的制度根源。[①] 回归之后的特区立法体制,虽然中央政府为其制定基本法,并使某些全国性法律在此生效适用,从而继续保持“双层”特色,但根据《澳门基本法》关于立法权的专属规定[②],即唯有立法会才享有本地的全部立法权(包括制定、修改、暂停实施和废止法律在内),不与特区其他机构及行政长官分享,它所制定的规范性文件才是特区法律体系中狭义的“法律”,据此可见特区立法体制已从“双层双轨”转向“双层单轨”。[③]

立法体制上的转变具有多重意义,不仅涉及特区法制本身的建设,也关乎特区政治民主化的前景。因为它以基本法的形式剥离了以往由澳督瓜分的立法权属,使行政长官和立法会的政治角色更为明晰,也使二者的政治关系更趋合理,从而避免以往双轨立法带来的事项纠缠与权属模糊。从政治合法性上看,这一转变不仅符合澳门法律地位的变化,也符合《中葡联合声明》附件一的有关内容;不仅符合一般法理关于行政立法不得超越立法机关立法的宪制精神,也符合特区行政主导体制集中彰显行政权主导地位的政制安排。

二、立法会对政府行政权的配合

(一)民主政治中的立法会与政府关系

从民主政治的角度看,立法会本身的存在及其发展,是澳门本地政治民主化的见证。由此进一步考察立法会与政府的关系,仍将看到它对特区政治民主化的积极意义之所在。而如何设置立法会与政府的关系,关乎行政主导体制自身的合理性及可持续发展性。在现代政治发展中,政府所负的基本职责和所具的主要权限,都是围绕行政权及其管治能力而展开的。

由于管治能力牵涉政府对于经济、社会、政治、文化、教育等方面事务的引导、

---

① 作为最明显的例子——1984 年澳督与立法会的政治斗争,就是围绕相关立法而展开的,相关分析参见李炳时著:《澳门总督与立法会》,澳门基金会 1994 年版,第 45 ~ 81 页。

② 《澳门基本法》第 67 条。

③ 关于澳门特区立法体制究竟是“双层双轨”还是“双层单轨”,学界争论和分歧的焦点在于如何判定行政长官所具有的制定行政法规权以及行政法规究竟是否属于“法律”。持前者的代表人物有萧蔚云、王叔文、许崇德等学者;持后者的主要代表是骆伟建、赵国强教授。杨允中先生认为,持后一看法者显然是把立法权概念扩大化了。对学界相关论争的归纳和整理,参见杨允中著:《论“一国两制”澳门实践模式》,澳门理工学院一国两制研究中心 2009 年版,第 191 ~ 193 页。

规制和管理,必然在许多内容、环节和程序上触及立法机关和司法机关。就澳门特区未来政治发展而言,这意味着在考虑进一步提升政府管治能力时,如何处理政府与立法会和司法机关的关系将是一大关键。而在行政、立法与司法三者的关系中,与管治能力最密切的是行政与立法的关系。①

这里不妨比较观察香港特区的相关情况。依据《香港基本法》关于行政与立法关系的规定,可见香港行政主导体制主要表现在如下方面:

首先是立法部门的创议权被削弱,即议员不得提出涉及公共开支、政治体制或政府运作的法律草案,法案未有行政长官书面同意也不能涉及政府政策,因此行政长官可以一人之力阻止议员提交法案。其次是分组点票制度及行政长官的否决权,即政府提出的法案只需全体议员过半数通过,议员提出的法案、议案或对政府法案的修订案却须地区直选及功能组别两组议员同时通过;即使议员提出、或对政府法案之修订案最后通过,行政长官如认为其不符合香港特别行政区的整体利益,可在三个月内将法案发回立法会重议。最后是行政长官的解散权,即立法会如不通过政府提交的法案或财政预算案,行政长官可以解散立法会(一届任期最多解散一次);立法会虽然也能弹劾行政长官,但不能直接使其下台。② 据此从制度设计看,意在突出行政长官的主导地位和行政权的主导性。

不过,在所谓"立法会有票无权,政府有权无票"的局面中,香港特区政府权力即使被制度设计极力凸显,实践中也并未形成真正的强势。

据香港学界分析,政府与立法会之间关系至少有四种可能:其一是最强势政府,即行政长官得到立法会占大多数的政党或政治联盟的大力和稳固的支持;其二是最弱势政府,即在立法会出现了反对行政长官的占大多数的政党或政治联盟;其三是中度弱势政府,即行政长官能和立法会中大多数议员维持合作的关系,并组成松散的执政联盟,而立法会中有占大多数的政党或政治联盟,愿与特首合作,在个别政策中协商、讨价还价,分享政治权力;其四是中度强势政府,即立法会中并没有任何占大多数的政党或政治联盟,而只有不同小型政党和独立议员,政府须在个别政策上进行游说,争取到多数议员支持。

当然,这四种情况在不同国家或地区均有体现。据此分类,香港特区政府在

---

① 邹平学:"澳门特区管治体制和管治效能的若干问题初探",载刘兆兴主编:《比较法在中国·2009 年卷》,社会科学文献出版社 2009 年版,第 147 页。

② 关于香港立法会与行政长官的关系,参见傅思明著:《香港特别行政区行政主导政治体制》,中国民主法制出版社 2010 年版,第 151 ~ 184 页。

2003 年"七一游行"之前,可算是第三类,或者介乎第三类和第四类之间;此后随着"泛民主派"日趋壮大,日渐流于第二类(即最弱势政府)。① 作为印证,《香港政制发展专责小组第二号报告》第 3.27 段也指出:"行政与立法机关每每只能互相制衡,但不能做到充分互相配合的情况,加上在现行制度下,行政长官在立法会中没有固定的支持,以致对行政主导及施政效率造成不良影响。"这种状况一方面体现立法会对香港政治民主化的扩展作用,另一方面也暴露政府管治能力的危机和行政主导体制的困窘。

从更为宽广的视野看,在世界各国普遍推行的宪政实践中,如何完善立法与行政的关系,向来被纳入增进民主治理的思考进路和议事日程。鉴于立法与行政的关系是制定法律和执行法律的关系,行政机关执行立法机关制定的法律,遂成为现代民主的一个基本原则。以此检视澳门特区政治体制及其实践,可见一方面立法会的民主化趋势令人欣慰(尤其是议员选举程序、代表性、参与面、政治影响等方面),另一方面也应重新检视立法会在行政长官制以及特区政府施政过程中的地位和角色。

(二)通过均衡参与原则完善配合关系

为使行政主导体制得以更为良性地运作,使均衡参与原则更好地付诸实践,有必要关注立法会在行政主导体制中的角色定位:

其一,正确认识立法会通过均衡参与对行政权的介入。立法会通过均衡参与原则,在政府施政的诸环节中,对行政权运作的介入,并非单纯的制约,更非所谓不合作的对抗。依据基本法赋予的职权,立法会履行立法机关的职能和议员的职责,在对行政权予以更充分的监督制约时,亦能促使公共政策更充分地反映各个方面的诉求,更充分地体现市民大众的利益,进而更好地保障行政主导在澳门的有效实施。

其二,进一步提升立法机关作为民意代表机关的影响力。立法会对于政府制定公共政策,理应充分反映各方面的诉求和利益。按照《澳门基本法》规定,政府公共政策的制定和执行,需向立法会负责②,其具体内容主要是:政府必须遵守法律,执行立法会通过并已生效的法律;定期向立法会作施政报告;答复立法会议员

① 陈弘毅:"行政主导概念的由来",载《明报》2004 年 4 月 23 日。

② 《澳门基本法》第 65 条。

的质询。依据基本法规定，立法会议员有权提出议案、有权对政府工作提出质询。[①] 这些规定，均体现了立法会作为民意代表机关的职权所在。今后所需努力的基本方向，则是如何立足于此，使之在澳门行政主导体制运作过程中充分发挥作用，更具对政府施政的影响力。

其三，通过均衡参与真正落实立法会的基本职权。依据《澳门基本法》规定，立法会有权审议政府提出的法案、议案；审核、通过政府提出的财政预算案；审议政府提出的预算执行情况报告；根据政府提案决定税收，批准由政府承担的债务；听取行政长官的施政报告并进行辩论；就公共利益问题进行辩论；接受澳门居民申诉并作出处理[②]。在继续坚持并完善行政主导体制时，如何将其全面落实，是行政主导体制运作过程中必须审慎考虑的。

三、立法会对政府行政权的监督

(一)对行政权监督的民主化意义

从现代政治一般原理看，检讨立法与行政的关系是否理性，可从权力相互制衡的角度评判体制自身的民主化程度。在当今世界各国的宪制安排中，行政机关普遍成为执行法律、管理行政事务的机关，立法会则普遍行使专属立法权和监督权，立法机构所享的基本职权往往同时包括立法权与对行政的监督权。

就澳门特区行政主导体制而言，通过立法机关对行政权实行监督，也遵循着各国宪制普遍通行的分权逻辑。《澳门基本法》首先规定特区立法会是澳门特区的立法机关[③]，随后围绕立法会权力具体进行规定[④]，其中即有明确立法会对于行政长官及政府施政有权进行监督的内容。据此可见，基本法已对立法会在特区权力架构中的性质及权限均有明确的界定。

实行立法会对行政权的监督，是澳门政治体制改革的历史必然。保障行政主导体制的有效实施，需要从整体上平衡立法权与行政权之间的关系，这就不可避免地涉及澳门行政法制尤其是公共行政管理体制方面的改革。在此方面，不妨对比观察澳门在回归前后的政制变化，由此加深认识何以需要进行改革以及改革所

---

① 《澳门基本法》第 75 条、第 76 条。
② 《澳门基本法》第 71 条。
③ 《澳门基本法》第 67 条。
④ 《澳门基本法》第 71 条。

指的大致方向。

在回归之前,澳门公共行政制度起步于1976年《澳门组织章程》的颁行。最初沿袭葡萄牙行政法律制度,至20世纪80年代前期基本成型。[①] 至于公职法律制度,延至20世纪80年代末期建立,主要标志是三部法律的出台,即《澳门公共行政机关的领导及主管人员通则》(12月21日第85/89/M号法令)、《澳门公共行政职程的一般及特别制度》(12月21日第86/89/M号法令)和《澳门公共行政工作人员通则》(12月21日第87/89/M号法令)。在回归之后,根据《澳门基本法》规定,澳门原有法律基本予以保留,即澳门原有的公共行政法律制度,除同基本法"相抵触或经澳门特别行政区的立法机关或其他有关机关依照法定程序作出修改者外"亦可保留。[②]

然而,随着特区社会的急遽发展,原有被保留的部分制度已经落伍,难以适应公共行政和法律改革的深化推进,亦难以响应公务人员的普遍诉求。正因如此,特区政府一直注意审时度势,因应社会发展变化,适时推进行政改革。例如,2003年落实公务人员纳税制度,2005年实施工作绩效评核制度并设立"评核奖励制度",2007年1月1日起实施《公务人员公积金制度》,修订《一般职程制度》及《特别职程制度》,并完成《领导及主管人员通则》修订草案等事宜。尤其值得注意的是,根据澳门特区2007~2009年度公共行政改革路线图,特区政府在优先考虑市民利益、确保整体社会和政府稳定运作的前提下,采取"由上而下、以点带面"的策略。这次改革的思路及目标,包括加强公务人员培训,引入"服务承诺",推行"市民满意度评估计划",提供"一站式"服务,调整行政架构,推动电子政务,规范人员招聘,简化行政程序,理顺各部门职能,展开公职体制改革等。在特区政府与社会各界的通力合作下,此领域的改革取得了很大成效。

如果具体检视文本,在相对澳葡时代立法会广泛得多的职权中,立法会对于行政长官及特区政府的监督权,将是尤其值得注意而意义格外凸显的一大亮点。

根据《澳门基本法》的相关规定,立法会对行政长官和行政机关的制约和监督作用,至少体现在如下条款:行政机关对立法会负责[③];立法会有拒绝通过政府提出的财政预算,或者行政长官认为关系到特别行政区整体利益的法案的权

---

① 蓝天主编:《"一国两制"法律问题研究》(澳门卷),法律出版社1999年版,第685页。

② 《澳门基本法》第8条。

③ 《澳门基本法》第65条。

力[①];立法会有使行政长官辞职的权力[②];立法会有弹劾行政长官的权力,对政府的财政预算案审核、通过权,预算执行情况报告的审议权,根据政府提案决定税收权,政府承担债务的批准权,听取行政长官的施政报告并进行辩论权,就公共利益问题进行辩论权,接受澳门居民申诉并作出处理权,传召和要求有关人士作证和提供证据权[③];议员的议案提出权[④];以及议员对政府工作的质询权等。[⑤]

如今回顾基本法起草者当年的立法意图,不难体会他们在探索"一国两制"构想下权力构架如何理性化和民主化的良苦用心。这在行政长官历次施政报告中也得到了一再确认[⑥],指出坚持行政主导体制必应坚持并强化立法会的监督职能。

(二)仍应完善立法会对行政权的监督

《澳门基本法》赋予立法会以充分的监督权,是从特区政治体制的整体角度进行设计的。在今后继续坚持与不断完善行政主导体制时,仍应从细节与局部不断完善立法会对行政权的监督内容、方式及程序。这主要是基于如下方面的考虑:

其一,这是基于现代宪制对分权原理的理性认识。如前所述,推行以行政为主导的行政主导体制,绝非听凭行政权毫无节制的一权独大,因此需要通过宏观设置的权力分配机制予以矫正。对澳门特区政治发展而言,设法加强立法机关对行政权的制衡,至少要矫正行政权膨胀到偏离体制正轨的趋势,即是对此分权原理的付诸实践。就此而言,特区立法会对行政权的监督,确乎是特区行政主导体制得以健康运行、特区政治民主化得以推进的制度保障。

其二,这是对《澳门基本法》立法原意的延伸。据萧蔚云教授介绍,在起草《澳门基本法》的过程中,当时有的意见认为行政长官不能享有太大的权力。对此,基本法起草委员会政治体制专题小组曾经讨论过一个原则性意见,即行政长官要有实权,但又要受到监督和制约,没有任何制约和监督的权力,不利于或将损

---

① 《澳门基本法》第71条第2项、第3项。

② 《澳门基本法》第54条。

③ 《澳门基本法》第71条。

④ 《澳门基本法》第75条。

⑤ 《澳门基本法》第76条。

⑥ 例如,行政长官2009年施政报告就提出,政府应依照基本法的规定,接受立法会的监督。参见杨允中主编:《何厚铧行政长官施政报告汇编(2000~2009)》,澳门理工学院一国两制研究中心2009年版。

害特区的工作和经济发展。[①] 据此意见最终定稿的基本法,遂在设置行政与立法相互关系的条款时,着意从制度上安排立法会对行政权的制约监督机制,设置相当一批监督性条款,以充分体现行政主导体制和保障其顺利实施。

其三,立法机关对行政机关的监督,实质是经选举产生的民意代表机关对作为执行法律的行政事务管理机关的权力监督。由于行政官员与议员的民意基础不同,在当代民主行政的大趋势下,必须加强政府决策、政府施政的民意基础。基于此,行政长官亦已清醒地认识到,唯有通过加强立法会对行政权的监督,才能从更为宽广而前瞻的视角,以整体利益、长远利益和法治精神为共同价值,透过积极的协商民主方式,追求最为合理的共赢结果。

其四,深化特区行政改革,亦需立法会的积极督促与配合。根据《澳门基本法》规定:凡不涉及公共收支、政治体制或政府运作的议案,可由立法会议员个别或联名提出。凡涉及政府政策的议案,在提出前必须得到行政长官的书面同意。[②] 据此可见,上述议案、法案涉及政府运作须由特区政府向立法会提出,在议案和法案提出以前,特区政府亦应经过深入的研究、广泛的讨论和咨询,吸纳民意;在向立法会提出议案和法案后,立法会议员须按照基本法的规定和有关法律的规定,充分审议这些议案、法案,督促、配合行政机关顺利完成有关目标。

当然,这里要指出的是,从制度设计看,立法会有权行使对行政长官及特区政府的诸种权力尤其是监督权,均是从政府宏观体制的层面设计的。因此,目前立法会对行政权的监督机制所强调的行政机关须对立法会"负责",并不是类似于政府下级机构向上级机构的法律责任,而是一种政治体制安排的政治责任。

四、立法会与政府关系的民主化方向

为保障行政主导体制的有效运行,《澳门基本法》建构了一套行政与立法相互配合、相互制约、司法独立的运行机制,但首先强调的便是立法会对行政权的配合。这是澳门特区行政主导体制的基本特色,在民主政治文化不如香港发达的情况下更具有发展空间。但其间浮现或隐藏的问题,也必须从民主化视角加以认真的审视。

其一,立法会与政府的现有关系需要再加检讨。如前所述,《澳门基本法》明

---

① 萧蔚云著:《论澳门基本法》,北京大学出版社 2003 年版,第 78 页。

② 《澳门基本法》第 75 条。

确规定特区政府必须遵守法律,对澳门特别行政区立法会负责:执行立法会通过并已生效的法律;定期向立法会作施政报告;答复立法会议员的质询[①]。但在行政主导体制的具体运作中,行政权在与立法权的分权制衡关系上长期处于强势。这种强势一方面依赖于行政长官所享的诸多职权,另一方面也源于立法会在特区权力架构中面对行政长官及政府权力的职能虚化。这里还有一个值得检视的比较观察与思考进路问题。与香港必须强化政府行政权以摆脱行政主导困境的思路不同,澳门特区更应关注的便是在行政长官行使权力时,如何充分发挥立法会的职能,尤其是通过更具实质意义的民主方式,在诸如制定法律、财政预算等方面,避免行政长官借助这种制度安排而蜕化变质为集权与专断。

其二,应当留意若干制度在构想与运作之间架空。在特区政府依法施政的过程中,行政长官虽然应当事先通过行政会协调行政与立法的关系,同时着重行政与立法的配合,但在实践中往往无须行政长官费心,政府施政即可获得立法会多数议员的自然支持。例如,根据《澳门基本法》和相关附件规定,立法会举行会议的法定人数为不少于全体议员的1/2;立法会的法案、议案由全体议员过半数通过[②];基本法修改议案、行政长官和立法会产生办法,经全体议员2/3多数通过[③]。以第三届立法会结构而论,有直选议员12人、间选议员10人、委任议员7人,政府提出的法案、议案如需过半数通过,需要15名议员赞成,否决至少需要15个议席;如按2/3多数通过,需要20名议员赞成,否决至少需要10个议席。按理这一设计的民主性已有充分体现,但由于实践中功能界议席分配一直是传统爱国社团和工商界占优势,爱国爱澳亲政府的议员超过2/3,民主派在立法会中往往只能基本维持2个议席,因而政府施政很少受到议员否决,容易得到立法会的配合。这一状况,同样是香港特区政治生活中很难见到,甚至是难以想象的。[④]

其三,应当防范配合关系在实践中可能出现的异化。从《澳门基本法》对立法会与政府关系的制度设计看,立法对行政的配合不能是无原则的一味附和。然而,就目前立法会的政治实践看,在宏观政策上附和较多而辩论较少。据对一年

---

① 《澳门基本法》第65条。

② 《澳门基本法》第77条。

③ 《澳门基本法》第144条。

④ 陈丽君:"港澳政制改革及其前景比较分析",载杨允中、饶戈平主编:《基本法:构建和谐社会的根本保障》,澳门基本法推广协会2006年版,第130~132页。

一度的政府施政报告辩答会的观察,①就澳门整体利益和长远发展的宏观层面,以及就澳门整体发展的政策方面,立法会提出的意见和进行的辩论较少。这一情形实际上是一种异化,已开始偏离立法会制度设计的民主化初衷。另一方面,澳门特区立法会对行政权的配合,有时亦可能出现主次不分。立法会有时就个案性的问题辩论时间较长,在某些重大的议题上却辩论不够,或者干脆就被搁置讨论。有时,某些事关重大的政策、制度和法律法规,会在未尽完善的情况下通过,有时却又是理应及时通过而未能顺利通过,从而对政府的施政效率产生一定程度的负面影响。如是种种异化现象虽非主流,但仍值得警醒。

总之,澳门立法会之成立与发展,是 1976 年以来澳门政治从殖民宪制走向地区自治的历史见证。回归后过渡为澳门特区的立法会继续秉承其政治使命,并在"一国两制"的实践中发挥其对政府行政权之配合与监督的双重作用。在继续坚持并完善行政主导体制时,如何更好地加强立法会对政府施政的配合,仍然是值得深入探讨的一个重要问题,牵涉到行政主导体制在今后可否进一步民主化。从更深层的意义看,它还涉及澳门特区社会如何在"一国两制"的既定方针下实现更为良好的和谐发展。至于立法会对行政长官及政府的监督,则还须更多地体现在对政府工作的具体监督。较之宏观监督方式,唯有深入微观层面,才能以更具针对性的方式,矫正行政权在运作中可能出现的歧异,及时纠正政府工作中可能出现的偏差,进而保证法律和方针政策的正确执行。本章在此所做的初步探讨,不过是暂且挑明其紧迫性和重要性而已,期待学界对此及相关问题有更深入的探讨。

---

① "澳门立法会表现欠佳",载 http://www.macaumonthly.net/index.asp。

第八章　从法区法院到终审法院：围绕审判权的司法改制*

澳门自允准葡萄牙人入居以来，因缘华洋共处的特殊环境及时代背景，逐步形成了与之相应的司法治理格局。但直至1894年葡萄牙将澳门设为葡国司法体系中的一个法区，并据当时的海外司法统一改革而成立澳门法区法院，独立的审判权及终审权在制度构想层面仍是遥不可及的。基于1974年4月25日葡萄牙爆发“鲜花革命”的影响，被葡萄牙长期殖民管治的澳门地区政治也随之生变。① 1976年出台并获葡萄牙民主政府认可的《澳门组织章程》，宣告了澳门从殖民管治状态开始转向葡管中国领土之下的地区自治时期，②进而对澳门现代司法体系的建构产生至关重要的影响。

一、纠葛丛生：早期澳门司法管辖问题

如前所述，直至鸦片战争爆发时，早期澳门的治理秩序以华洋共处分治为主要特征，在司法制度方面亦呈现

---

* 本章内容原为应邀参加2013年3月30日澳门基本法推广协会举办的“纪念澳门基本法颁布20周年”学术研讨会之会议论文，收入本书时有修订。

① 吴志良著：《生存之道——论澳门政治制度与政治发展》，澳门成人教育学会1998年版，第291～294页。

② 何志辉著：《从殖民宪制到高度自治——澳门二百年来宪制演进述评》，澳门理工学院一国两制研究中心2009年版，第91～136页。

出与众不同的多元化。但要指出的是,这种"分治"是中国官府长期进行主导治理,澳葡内部实行有限自治。表现在司法层面,这一时期的中国官府和澳葡政府,都未发展出近代意义上相对独立的审判权,更不可能有所谓现代意义上的终审权。而之所以未能发育出独立的审判权和终审权,在明清时期中国官府与澳葡政府两方各有不同的制度因由。

就中方而言,被纳入明清州县地方政府体系的早期澳门,同样没有逾越此种被学界所言的"行政兼理司法"之法统。例如,在澳门境内发生华人之间、华人与葡人及其他居住于此的外国人之间,甚至在相当长时期还包括葡人与其他外国人之间的案件,作为直接管辖澳门的香山知县有权进行管辖和审理;如需递解转呈至省府、刑部乃至最终由皇帝亲自过问,其司法过程的性质仍可用"全能型司法"一语以蔽之。①

就澳葡而言,早期在司法领域的有限自治,是指仅限于管辖澳葡之间而无涉华人的内部性质的案件;虽然清代中期(以1783年葡国王室颁行《王室制诰》为分野)以来,通过种种华洋案件引致的司法交涉逐步进行僭越,其审判权的非独立性也是受制于澳葡内部权力架构的安排。在相当长时期,由于澳葡内部既有本地成立的自治机构议事会在分享部分司法权,也有派自葡国王室并代表其利益的王室法官在履行司法专职,甚至澳督也会基于军事职能及在澳门进行治理的特殊地位而僭取一部分司法权,因此在原本有限的澳葡内部,无论是司法管辖还是审判方面都存在分权不清的纠葛,有时甚至衍化或激化为更趋复杂的权力斗争。②

延至1846~1849年,竭力效忠葡国王室的澳督亚马留,以强悍的姿态全面推行殖民管治,将共处分治的传统格局破坏殆尽。虽然这种管治状态在此后的时期匮乏合法性,更不可能具有任何历史的正当性,但由于清政府在迭经鸦片战争以来的外交巨变之冲击后,随着原有的朝贡体系瓦解而转向近代西方国际话语下的条约体系,③葡方及时调整其外交政策——尤其是对华(澳门)政策。随后的中葡

---

① 学界对于明清澳门涉外案件的研究日趋增多,近期主要著作可参见刘景莲著:《明清澳门涉外案件司法审判制度研究(1553~1848)》,广东人民出版社2007年版;何志辉著:《明清澳门的司法变迁》,澳门学者同盟2009年版;王巨新、王欣著:《明清澳门涉外法律研究》,社会科学文献出版社2010年版;等等。

② 关于明清澳葡内部围绕司法管辖权的纠葛及斗争,详见何志辉著:《明清澳门的司法变迁》,澳门学者同盟2009年版,第47~52页。

③ 对近代中国外交巨变之背景及性质的分析,参见[美]梁伯华著:《近代中国外交的巨变——外交制度与中外关系变化的研究》,香港商务印书馆1990年版。

双方有过多次近代国际法意义上的双边谈判，且最终通过光绪十三年（1887年）缔结《中葡和好通商条约》确立的“永居管理”条款，使葡方对澳门的殖民管治自此具有了所谓国际条约法性质的依据。①

在此背景之下，澳葡政府迅速排除掉中国官府对于澳门境内民刑案件的司法管辖权，并尝试构建与这个华洋共处的社会格局相适应的一元化司法体系，其难点则是如何把占人口比例绝对多数的澳门华人纳入澳葡政府之治下。澳葡政府由此进行的司法改革，自此沿着审判机构的相对独立化的方向而展开，亦在客观上为审判权的独立性奠定了组织基础。经由1852年及1862年《理事官署章程》规范而成的理事官署，对当时的华人事务逐步进行司法管辖；在1865年改造为“华政衙门”之后，后续推进的改革措施使这个主理而非兼理司法的机构日趋成熟。②

直至1894年葡萄牙颁行《新海外省司法管理章程》并进行统一化趋势的司法改革之际，新成立的澳门法区法院将针对澳葡内部的原有审判机构和针对澳门华人的华政衙门合并一处，这才使近代西方意义上的独立审判权获得了寄生之所，并借助葡萄牙法律体系在澳门的全面延伸而开始付诸实践。

步入20世纪后的澳门司法制度之发展，仍像以往甚至比以往更明显地受制于澳葡政治体制的结构调整。直至1976年颁行的《澳门组织章程》宣告殖民管治体系行将终结之前，澳门法区法院虽然开始拥有并实践其相对独立的审判权，却一直仅仅具有普通管辖性质的第一审资格。实际上，在20世纪初期陆续出现的澳门行政法院、审计法院，以及长期有名无实的澳门军事法院，也不过是在各自几经变易的制度发展过程中，于专享的管辖权内行使各自相对独立的审判权。鉴于此，其时的澳门法院是隶属于葡萄牙里斯本高等法院的海外地区法院③，仍未衍化为现代意义和完整意义上的审判独立机制，与现代意义上的终审权更有不可逾越的距离。

---

① 关于该项条约的出台背景及法理分析，参见谭志强著：《澳门主权问题始末（1553～1993）》，台北永业出版社1994年版；费成康著：《澳门：葡萄牙人逐步占领的历史回顾》，上海社会科学院出版社2004年版，第198～201页；黄庆华著：《中葡关系史》，黄山书社2006年版，第816～824页；黎晓平、何志辉著：《澳门法制史研究》，澳门21世纪科技研究中心2008年版，第317页。相关论文亦可参见[葡]萨安东：“一八八七年《葡中和好通商条约》中有关葡萄牙在澳门主权议题诠释问题”，载《澳门法律学刊》1996年第2期；柳华文：“1887年《中葡和好通商条约》国际法简析”，载《澳门研究》1999年总第10期。

② 何志辉著：《近代澳门司法：制度与实践》，中国民主法制出版社2012年版，第73～93页。

③ 里斯本高等法院是葡萄牙三大高等法院之一，是葡萄牙共和国最高法院直辖下的机构。

二、《司法组织纲要法》:司法改革新蓝图

(一)纲要法之出台背景

1976年《澳门组织章程》最初呼应了其时《葡萄牙共和国宪法》关于司法权的定位。因为后者在第205条第1款把法院规定为主权机关之一,且有权以人民的名义掌理司法,于是,该章程在第3条第1款规定葡萄牙共和国的主权机关除法院外,在澳门当地以总督为代表。这意味着司法权在国家权力体系中获得了完整的独立性。随后,该章程在1990年的修订中补充规定"澳门法院是独立的,只受法律约束",更加明确了以独立审判权为重心(但尚未扩及终审权)的司法权在澳门地区权力体系中的地位。

正是在这一章程对于澳门法院之司法权的重新定位的基础上,亦为顺应自1987年《中葡联合声明》关于澳门回归与政权平稳过渡的政治发展,旨在赋予并最终落实澳门地区司法自治的《澳门司法组织纲要法》(第112/91号法律)应运而生。反过来,这部宏观构建澳门司法体系新格局的纲要法,也在客观上成为推动过渡期"法律本地化"使命中的司法本地化进程的制度基础。

(二)构图的重心:独立审判权与上诉审制度

1991年8月,葡萄牙共和国议会通过《澳门司法组织纲要法》,容许澳门逐渐增加司法自主,以便在无断层的情况下,在葡萄牙共和国总统认为适宜时,给予澳门法院具有完全及专属的审判权。该法规定澳门设立高等法院作为新司法体系中的最高机关,审理对初级法院裁判的上诉案;同时设立检察院,作为在司法方面给予合作的自治机关,以独立方式行使其职能。依据该法第三章"高等法院"相关条款,澳门高等法院的权限、组织结构和运作情况构想如下:

1. 关于高等法院的组织

根据该法规定,高等法院为澳门法院等级中的最高机关,但不影响最高法院、最高行政法院及宪法法院就上诉事宜的权限。高等法院的权限,主要包括如下方面:一是一般审判权;二是审理行政、税务及海关事宜的权限;三是涉及总督及政务司行为的权限。

高等法院的组成包括:1名院长及6名法官,以全会或以分庭运作。分庭由3名法官组成;法院之全会由该法院所有法官组成,运作时法官人数不得少于5名。澳门总督得以工作量增加为理由,增添高等法院法官的人数。高等法院院长缺勤或回避时,由在该法院任职时间最长的法官代任。高等法院法官由未参与有关诉

讼程序的当地第一审法院法官，按任职时间长短顺次代任。① 这6名法官分别配置于两个法庭，每个法庭有3名法官。一个法庭只审理行政和税务案件，另一个法庭则审理其余案件。院长通常不参与审理案件，其任务主要在于协调法庭之间的工作。

2. 关于一般审判权

关于一般审判权，既可以全会方式运作，亦可以分庭方式运作。

若以全会运作时，其权限包括审判因行使职能而作出犯罪的立法会主席及反贪污暨反行政违法性高级专员；审判对高等法院法官或在该法院行使职能的检察院司法官因其职能而提起诉讼的案件；为审理上款所指司法官故意犯罪的诉讼程序作出准备，并对该案件予以审判；依据诉讼法律规定，统一高等法院的司法见解；审理其分庭之间管辖权的冲突；审判对于澳门司法委员会之决议而提起上诉的案件；审判对于其分庭以第一审级审判所作之合议庭裁判而提起上诉的案件；行使法律赋予的其他职责。最高法院全会及该法院刑事分庭全会，就上款未规定的事宜，对澳门地区之权限，经必要配合后仍予维持。

若以分庭运作时，其权限包括审判不属全会管辖的上诉案件；为审理第一审之法院司法官与检察院司法官，以及立法会议员的犯罪与轻微违反的诉讼程序作出准备，并对该案件予以审判；为审理高等法院之法院司法官与检察院司法官的过失犯罪与轻微违反的诉讼程序作出准备，并对该案件予以审判；审理各第一审法院之间管辖权的冲突；审理审判权的冲突；审判待决案件中的认诺、舍弃或和解，以及由该案件产生的附随事项；对刑事判决予以再审，命令撤销不协调的刑罚，以及于命令再审后中止刑罚的执行；就人身保护令事宜行使审判权；审查外国判决；对教会法庭作出的裁判给予执行认可；审判对第一审之法官与检察院司法官因其职能而提起诉讼的案件；审判对于行政及税务争讼而提起上诉的案件；以及行使法律赋予的其他职责。②

3. 关于审理行政、税务及海关事宜的权限

关于审理行政、税务及海关事宜的权限，同样包括全会及分庭方式。

若以全会运作时，有权限审理：对于合议庭裁判而提起上诉的案件，而该裁判

---

① 但在依据《澳门组织章程》相关规定作出使澳门法院具有完全及专属之审判权的命令前，澳门高等法院由院长及4名法官组成。

② 《澳门司法组织纲要法》（第112/91号法律）第14条。

系就同一法律依据，且在法律规范无实质修改的情况下，其体现的解决办法与本庭或其他分庭的合议庭裁判相异者；应否继续审理上项所指的上诉案件，但不影响该事宜之报告制作人的权力；以及以后的法律所赋予的事宜。全会就上款未规定之事宜，对澳门地区的权限经必要配合后仍予维持。

若以分庭运作时，有权限审理：对于行政法院之裁判而提起上诉的案件；对于立法会、其主席及主席团其他成员属行政事宜的行为而提起上诉的案件；对于澳门助理总检察长及反贪污暨反行政违法性高级专员属行政事宜的行为而提起上诉的案件；要求将规章的规定，或在行使行政职能时发出的其他规定，具有普遍约束力宣告其为违法的请求，但上述规定必须曾被任何法院在三个具体案件中判为违法，或该等规定的效力系无须作出任何适用规定的行政行为或审判行为而实时产生者；各行政当局之间权限的冲突，但该等行政当局必须在等级上或监督上不隶属同一机关；行政法院与行政当局之间管辖权的冲突；在待决程序内要求预行调查证据的请求；以后之法律所赋予的事宜。分庭大会就上款未规定的事宜，对澳门地区之权限经必要配合后仍予维持。①

关于总督及政务司的行为，则视情况而定。最高行政法院的行政争讼小组分庭或税捐争讼分庭，具有专属权限，以审议及审判对于澳门总督及政务司属行政、税务及海关事宜之行为而提起上诉的案件，但该等行为必须为得被提起司法申诉者。此处所指的上诉，应自公布之日、正式知悉行为或通知之日、执行开始之日或默示驳回行为形成期间终结之日起，计两个月内进行。任何上诉状，应在上款所指期间内提交予最高行政法院办事处或澳门高等法院有权限的部门；如提交予后者，则应由澳门高等法院移送至管辖法院②。

4. 关于特别创设的保护上诉

除上述制度外，该法还创设了“保护上诉”制度。即对于当地法院作出的裁判，得以违反《澳门组织章程》所保障的基本权利为依据，向高等法院之全会上诉。

依据该纲要法的规定，此上诉应直接作出，并只限对于违反上述所保障之权利的事宜而提起。在不影响上条规定的情况下，对于公权之行政行为或单纯事实行径，得以违反《澳门组织章程》所保障的基本权利为依据，向具有行政审判权的

① 《澳门司法组织纲要法》（第112/91号法律）第15条。
② 《澳门司法组织纲要法》（第112/91号法律）第16条。

法院上诉。①

据此可见，高等法院有权审理来自下级法院的上诉，包括普通管辖法院、刑事预审法院和行政法院的上诉。但有下列情况不能受理：一是对审计法院的上诉，因为审计法院关于独任制法官判决的上诉，由同一法院三名法官组成的合议庭审理；二是对违反基本权利的上诉，仍受葡萄牙最高法院、最高行政法院和宪法法院的制约；三是对于澳门总督及政务司在行政、税务和海关事宜的行为，其管辖权属于葡国最高行政法院诉讼分庭，澳门高等法院此时并无权管辖。② 高等法院可依各个案件所适用的法律程序，灵活选择不同的运作方式，审议事实问题及法律问题。普通案件由三名法官组成的合议庭作出判决，特殊案件则由全体法官组成全会作出判决。

当然，向葡萄牙最高行政法院提出的对总督和政务司行政行为的上诉，这种情况在现实中鲜有发生。至于就法律或法令的违宪性事项，向葡萄牙宪法法院提出的上诉，据 1980 年至 1990 年间统计的上诉资料，没有发现此类上诉。③ 至于该法创设的保护上诉情况，当本地法院的司法判决侵犯了依据《澳门组织章程》所享有的公民权利时，公民可直接向高等法院之全会提起上诉，使之成为一种最后诉求。④ 这种上诉不会削弱行政法院审理侵犯公民权利案件的权力，应视为对侵犯公民权利的补偿，是一种"在与外部法院的纽带消失时"对以往的向葡国宪法法院提起上诉的"部分替代"。⑤

三、《司法组织新规则》：司法本地化的指引

1992 年，作为司法组织纲要法之细则的《澳门司法组织新规则》颁行。该规则第五章进一步补充规定了澳门高等法院制度的构想，基本内容如下：

（一）高等法院之组织

其一，关于高等法院的组成。根据该法规定，高等法院包括两个专门分庭，其一为具一般审判权的分庭，另一为具行政、税务及海关审判权的分庭。⑥

---

① 《澳门司法组织纲要法》（第 112/91 号法律）第 17 条。

② 《澳门司法组织纲要法》（第 112/91 号法律）第 11 ~ 17 条。

③ 韦柏伦："司法组织本地化"，郭华成编译，载《澳门 1995》，澳门基金会 1995 年版，第 9 页。

④ 《澳门司法组织纲要法》（第 112/91 号法律）第 17 条第 1 款。

⑤ 韦柏伦："司法组织本地化"，郭华成编译，载《澳门 1995》，澳门基金会 1995 年版，第 10 页。

⑥ 《澳门司法组织新规则》（第 17/92/M 号法令）第 33 条。

其二，关于填补分庭内的职位。具体规定为：高等法院院长有权在衡量工作之需要、分派之衡平、法官之业务水平及其表示的意向后，每年分派法官于各分庭；如显示有需要确保分派工作的衡平，一分庭之法官得被另一分庭临时借用。上款所指的"临时借用"，得定为行使全部职能或只行使裁判书制作人或助理的职能。最高法院院长得批准不同分庭之法官的对调；裁判书制作人转至另一分庭时，如该制作人及其助理已获经检阅作审判的诉讼卷宗，其权限仍维持不变。①

其三，关于高等法院院长。高等法院院长任期 3 年。职务终止的院长，继续担任职务，直至代替该院长者就职为止。院长在本地区司法官中享有居先地位。②

院长的权限主要包括：代表澳门各法院及确保法院与其他当局的关系；领导法院、确保其正常运作及监管办专处；主持全会及评议会；订出平常会议的日期、时间及召集特别会议；确保程序的正常进行；确定在评议会中投反对票而落败者；在法律规定投票时投票，并在此情况下签署合议庭的裁判；如法官数目增加，则重新分发卷宗。

根据该法第 10 条之规定，院长还有权对卷宗作出订正，而该权限得授予高等法院的另一名法官。此外，院长还可行使本法规第 8 条、第 9 条及第 34 条所规定的权限，每年向澳门司法委员会递交一份关于机关状况的报告书，并行使法律对其所赋予的其余职能。③

（二）高等法院之运作

其一，关于高等法院会议。平常会议每周举行一次，特别会议则由院长决定而举行。如平常会议日为假日，则在随后第一个工作日举行，但院长有不同决定者除外。各法官依居先顺序，分别坐于院长的右方及左方。④

其二，关于分庭运作。当高等法院以分庭运作时，有权限审判的法官，为裁判书制作人所属分庭的法官。根据诉讼法律，其参与是依年资顺序为之。如在一分庭内，因其法官的出缺或回避，或因诉讼原因而未达至为查核诉讼卷宗及对案件作裁判所需的法官数目时，须邀请另一分庭的法官参与诉讼，并由前次对被协助

---

① 《澳门司法组织新规则》（第 17/92/M 号法令）第 34 条。
② 《澳门司法组织新规则》（第 17/92/M 号法令）第 37 条。
③ 《澳门司法组织新规则》（第 17/92/M 号法令）第 38 条。
④ 《澳门司法组织新规则》（第 17/92/M 号法令）第 35 条。

分庭的诉讼卷宗作检阅的法官之下一名法官开始,依年资顺序为之。①

其三,关于在高等法院内之回避。根据《葡萄牙民事诉讼法典》规定,对高等法院任何法官的回避而作出批示,得向评议会声明异议;该会在所涉及回避之法官的法定代任人参与下作出裁判。②

其四,关于高等法院内的分发。为分发之目的,高等法院卷宗依次分为11种:实体上的上诉;抗告;刑事诉讼上的上诉;对行政、税务及海关事宜之裁判的上诉;司法上诉;对规定为违法性之宣告的请求;冲突及对外国判决的再审;向全会的上诉;第一审法院审理的案件;单一审级法院审理的案件;以及其他诉讼。

其五,关于高等法院的审理权。高等法院审理事实问题及法律问题。在审理对合议庭所作终局裁判提起的上诉时,是单以载于卷宗内的文件、对疑问的答案及任何其他数据为依据,或与一般经验的规则配合审理之,《葡萄牙刑事诉讼法典》第665条及第666条不再在澳门生效。

其六,关于司法见解的统一及公布。根据规定,透过判例而使司法见解统一的高等法院合议庭的裁判,须在《澳门政府公报》上公布;而《葡萄牙民事诉讼法典》第769条第2款所列出的资料,应送交总督。如高等法院院长认为高等法院之其他合议庭的裁判为重要而应公布者,亦在《澳门政府公报》上公布。《葡萄牙民事诉讼法典》第764条、《葡萄牙刑事诉讼法典》第669条及第267/85号法令第16条(《行政法院诉讼法》),不再在澳门生效。

四、关键环节:高等法院的成立及其使命

(一)高等法院的成立

1993年3月,根据《澳门司法组织纲要法》的规定和授权③,以及澳门司法高等委员会的建议,澳门高等法院正式成立,并于4月投入运作。④ 澳督委任大法官李栢立(Farinha Ribeiras)为澳门高等法院院长,飞兆文(Amancio Ferreira)、施礼哲(João Rodrigues de Silva)、李明训(Simões Redinha)和白富华(Sebastião Póvoas)为高等法院的法官。经葡国总统颁布法令,1999年6月起,该院开始行使

① 《澳门司法组织新规则》(第17/92/M号法令)第36条。

② 《葡萄牙民事诉讼法典》第123条第2款。

③ 《澳门司法组织纲要法》(第112/91号法律)第20条第1款。

④ 华荔著:《澳门法律本地化历程》,澳门基金会2000年版,第54~55页。

终审权。

澳门高等法院是澳门的第二审和复审法院,也是澳门在回归前的法院等级中的最高机关,但不影响葡国最高法院、最高行政法院及宪法法院就上诉事宜的权限。① 其职权相当于葡国最高法院分庭的职权,实际上已广泛行使终审法院的权力。因此,高等法院的成立与运作,使澳门法区有了自身的上诉审法院,上诉案件不用再去里斯本高等法院。这不仅为澳门居民透过法律和司法途径保护自己的权益提供了方便,也缓和了澳门司法体制对葡萄牙的依赖,增强了本地司法的独立地位和司法架构的完整性。②

(二)过渡后期的司法任务

澳门高等法院的成立,标志着澳门不再是一个殖民宪制时代置于葡萄牙司法体系之中单纯的法区(comarca),而成为一个具有一定自治地位的法域(distrito judicial)。然而,过渡后期澳门司法制度仍有相当艰巨的本地化任务。

其一,关于司法终审权问题。新成立的澳门高等法院作为澳门法院系统中的最高机关,对许多事项均有终审权。但由于葡萄牙最高司法法院、最高行政法院、共和国审计法院与宪法法院在澳门仍有审判管辖权③,因此该法院仍不享有完整和排他的审判权。至于何时被赋予完整及专属的审判权,须由葡萄牙总统在听取国务委员会及政府的意见后作出决定④,这就使澳门地区何时获得完整的本地司法终审权成为过渡后期关注的一大焦点。

其二,关于司法人员问题。为加速司法本地化,《澳门司法组织纲要法》明确了司法官的任命程序和任职条件。如澳门高等法院院长及法官、助理总检察长、审计法院院长及法官,以及驻该法院的检察长,均由澳门司法高等委员会提名,再由澳督任命;第一审法院法官与驻该院的检察官、检察长,由澳门司法委员会提名,并由澳督任命;除定期委任属葡国编制的法官和检察官外,也可委任在澳门居住3年以上,且熟谙中文的法律专业学士学历的人士担任法官或检察官⑤;至于

① 《澳门司法组织纲要法》(第112/91号法律)第11条。

② 米万英:“司法本地化与司法自治”,载《澳门1996》,澳门基金会1996年版,第30页。

③ 《澳门司法组织纲要法》(第112/91号法律)第10条第6款、第14条第2款、第15条第4款、第16条第1款;以及《澳门组织章程》(第13/90/M号)第11条第1款e项、第20条第3款、第30条第1款a项。

④ 《澳门组织章程》(第13/90/M号)第72条。

⑤ 但在该法生效的最初3年内,在初审法庭不得超过法官检察官编制总数的1/3,在高等法院不得超过编制总数的1/7。

审计法院法官可由具有经济、财政或企业管理学士学位，且在政府或私人机构担任领导或管理职位3年或担任监事会成员3年者选任。①

尽管经历前期一系列准备工作，且这些规定已突破以往按科班法律系培训课程选拔法官和检察官的传统，但本地司法人才的紧缺仍是当时最为紧迫的任务之一。② 尤其是依据《澳门司法组织纲要法》以及1997年6月30日澳门政府公布的《重组第一审法院及检察院部门》（第28/97/M号法令），诸如高等法院法官任职资格须有15年之年资、合议庭庭长须由有10年司法经验之第一审法院院长兼任之类严格条件，使司法官队伍本地化的难度更为显著。

囿于上述制度约束，他们在第一审法院也难于短期内担任较高层职务，更别提担任高等法院的法官。而按《澳门基本法》之相应规定，即较高层的法官须由澳门永久居民中的中国公民担任，显然更难以挑选出合乎专业资格、年资与国籍要求的法官人选。这些问题，都是在澳门过渡后期的司法工作中不得不面临并须慎重考虑的。

（三）过渡后期澳门司法制度发展新问题

根据《澳门司法组织纲要法》及相关法律而确立的澳门新型司法体制，呈现出与以前不同的面貌：

其一，在司法机构方面，澳门司法机关由法院与检察院组成。法院由第一审法院、审计法院和高等法院组成。第一审法院包括三个职能不同、相互平行的法院，分别是普通管辖法院、刑事预审法院和行政法院。③

其二，在审级制度方面，形成由高等法院与第一审法院构成的两级三审制，即不仅在同一法院（澳门高等法院）内设两个审级，不服分庭判决时可向该院全会（plenário）提起上诉。④ 此外，还在自成体系专理财政审判权的澳门审计法院，分设预先监察庭和事后监察庭，第一审以独任庭方式运作，上诉审以合议庭方式运作。

从整体看，这套新型司法体制的建构，改写了澳门近代以来殖民宪制下的葡式司法发展史，并向高度自治的特别行政区司法体制转型，最终比较顺利地延续到澳门回归，成为特别行政区新型司法体制的基石。

---

① 《澳门司法组织纲要法》（第112/91号法律）第26～31条。

② 陈海帆：“澳门法律本地化的现状”，载《澳门1998》，澳门基金会1998年版，第42～43页。

③ 《澳门司法组织纲要法》（第112/91号法律）第5条、第6条第1款、第18条第1款、第23条。

④ 《澳门司法组织纲要法》（第112/91号法律）第14条第1款第f项。

然而，任何一个国家在司法改革的问题上，都很难做到一蹴而就。这类改革的复杂性在于，它不仅涉及司法权在宪制体系中与行政权和立法权如何重新配置，还涉及司法组织机构及其配套的一系列条件能否获得满足。对过渡期的澳门政治而言，这一问题显得尤其严峻。

如果以《澳门基本法》所确立的司法建设目标为参照，检验澳门后过渡期司法改革的成效，那么，以下问题是值得留意并予以检讨的。

其一，澳门法院尚未获得完全及专属之审判权，未能实现司法自治的目标。

如前所述，《澳门司法组织纲要法》的颁行与高等法院的成立，使澳门司法体制焕发新颜，它不再是葡萄牙的一个法区，在葡国司法体系中的地位已大大提升。但由于葡国最高法院、宪法法院与最高行政法院仍对澳门拥有审判管辖权，总督和政务司任职期间不受澳门法院管辖，何时赋予澳门法院"完全及专属的审判权"取决于葡萄牙总统，而对澳门高等法院院长和助理总检察长之任命与罢免有提议权的澳门司法高等委员会，却长期由葡籍人士掌控（譬如7名成员之中有4位来自葡国），这都使之与《澳门基本法》所要求的"司法自治"相距尚远。

司法自治应当包括享有完全而专属的审判权和终审权。但直至1999年6月1日前，澳门法院在如下领域不具有管辖权：

一是依据1991年《澳门司法组织纲要法》（第112/91号法律），当澳门政府因与澳门审计法院就查核或批阅事宜产生分歧，并因此提起上诉，对该上诉之审判权，归葡萄牙共和国审计法院①；对总督及政务司在行政、税务及海关事宜方面所作之行为提起司法争诉，归葡萄牙最高行政法院管辖②；对澳门司法高等委员会之决议的司法争诉，归葡萄牙最高法院管辖③，澳门法院无权管辖。

二是依据1992年《澳门司法组织新规则》（第17/92/M号法令），对行使政治职能时作出之行为，或对在行使该职能过程中产生之损害所负的责任④；以及对立法规范，或对在行使立法职能过程中产生之损害所负之责任⑤，澳门法院亦无权管辖。

三是依据1996年修订《澳门组织章程》（第23-A/96号法律），总督有权提

---

① 《澳门司法组织纲要法》（第112/91号法律）第10条第6款。
② 《澳门司法组织纲要法》（第112/91号法律）第16条第1款。
③ 《澳门司法组织纲要法》（第112/91号法律）第30条第2款。
④ 《澳门司法组织新规则》（第17/92/M号法令）第13条第1款第a项。
⑤ 《澳门司法组织新规则》（第17/92/M号法令）第13条第1款第b项。

请葡国宪法法院审议澳门立法会发出的任何规定有否违宪或违法[①],即违宪审查权归葡萄牙宪法法院;当总督或政务司在任职期间为民事或刑事诉讼的被告时,只能在里斯本法区提起诉讼(但该诉讼非属澳门而属另一法院管辖时不在此限)[②],澳门法院亦无权管辖。

在此之后,依据《葡萄牙宪法》第292条第1款和《澳门组织章程》第72条规定而发布的葡萄牙总统令(第118-A/99号),规定澳门法院自6月1日开始获授"完全及专属之审判权",却又附加一条但书:"但不影响《澳门组织章程》第11条第1款e项、第20条第3款、第30条第1款a项及第40条第3款之规定"。[③] 这就意味着澳门法院直至回归时止,仍没有针对违宪事项的抽象审查权,也没有对总督或政务司在任职期间应负民事或刑事责任的审判权。

其二,澳门检察院尚未形成统一而有影响的检察体制。

自1976年《澳门组织章程》大幅度修订后,澳门检察院的性质、组织与职权也发生较大转变,与澳门法院共同构成独具特色的澳门司法机关。

依照前述1992年《澳门司法官通则》(第55/92/M号法令),检察院司法官有助理总检察长、检察长和检察官三个等级,检察体制的运作模式是"公署式代表制"[④],具体包括:在高等法院和审计法院,由助理总检察长代表检察院,设立助理总检察长公署,由检察长协助之;在第一审法院合议庭,则由检察长代表检察院,设立检察长公署;其余场合由检察官代表检察院,设立检察官公署。但由于各级公署分散,附设在各个法院内部,不少澳门市民"只知道有检察官,却不知道有检察院"[⑤],此一状况表明澳门检察院尚未具备应有的社会影响力。

其三,澳门本地司法人才培养进展相对缓慢。

本地司法人才不仅包括本地司法官队伍,还包括提供法律服务的本地律师队伍。但就过渡后期澳门司法人才本地化状况而言,两方面工作进展都比较缓慢,难以胜任社会需求。

关于本地司法官的培养,亦即司法人才本地化,自1996年开始大举推行。在此之后,为缓解司法本地化进程与本地司法人才紧缺的局面,1997年7月7日,

① 《澳门组织章程》(第23-A/96号法律)第11条第1款第e项。

② 《澳门组织章程》(第23-A/96号法律)第20条第3款。

③ 《澳门政府公报》,1999年3月20日第20期,第一组副刊。

④ 《澳门司法官通则》(第55/92/M号法令)第13条、第16条第a项、第17条。

⑤ 米万英:"澳门司法制度:延续与变革",载《澳门2001》,澳门基金会2001年版,第60页。

《澳门政府公报》又刊登委任8名本地法律人士担任第一审法院法官和检察官官职的训令;1998年6月22日,再度刊登委任4名本地法官和8名本地检察官的训令。[①] 澳葡政府还在1998年设立司法官团培训中心,培养出11位本地司法官(土生葡人3位、华人8位);并通过澳门大学开设中葡法律课程,培养法律人才,拓展培养途径[②],不断推进司法人员的本地化。

但是,澳葡政府在"夕阳心态"影响下,对如何更快更好更多地培育本地司法人才比较消极,使整个进展相对比较缓慢,无法满足新型司法体制的需求,甚至连普通百姓也对此有所非议。

关于本地律师队伍建设,亦难以胜任社会需求。长期以来,澳门律师业被少数葡籍律师群体所垄断,截至1970年不过7人,至1991年前也仅50余人。至1991年5月6日颁行《澳门律师通则》(第31/91/M号法令)[③],废止葡萄牙法例约束澳门执业律师的有关条文,且规定澳门大学毕业的法学学士可登记为律师,可谓敞开大门扩展律师队伍。原私法人团体性质的澳门大律师协会,亦改为公法人团体性质的澳门律师公会。此后又有1992年《律师职业道德守则》和1995年《律师纪律守则》等规范相继颁行,使澳门律师制度得以逐步展开。

然而,情况并不令人乐观。据相关统计,1992年律师仅55人(其中包括葡国律师11人),1994年初逾60人,1998年才出现4位本地华人律师。显然,这样一支队伍难以胜任人们尤其是广大华人居民对法律服务骤增的需求。因此,澳门律师队伍仍须扩大规模,尤其应加强双语律师人才的培养。

其四,过渡性质的双语司法工作难以展开。

众所周知,澳门司法长期受制于葡萄牙司法体制,实践中绝大多数案件却都与华人有关。依照《澳门基本法》对特区未来司法的构想,过渡期的司法改革目标理应包括"中文官方化",尤其在初审法庭和上诉法庭中推行中葡双语司法。但由于懂双语的法官和检察官长期稀缺,而司法活动各个环节均对法律翻译有极大的依赖性,这不仅耗费大量时间成本和社会成本,更使司法实践中的当事人利益受损,不唯司法效率低下,亦难保障司法公正,亟待通过双语人才培养予以适时补救。

---

① 华荔著:《澳门法律本地化历程》,澳门基金会2000年版,第92页、第100页、第108页。

② 王志根、陈恒:"澳门的平稳过渡和'三大问题'",载《澳门1998》,澳门基金会1998年版,第49页。

③ 华荔著:《澳门法律本地化历程》,澳门基金会2000年版,第38~39页。

由于本地司法人员培养进程迟缓，双语司法人才十分紧缺，作为过渡措施的双语司法遂迟迟难以落实。事实上，司法实践中积重难返的语言隔阂，在不断地加剧人们对法律的心存疑虑，以致长期以来人们遇有纠纷宁肯诉诸教会、街坊或其他手段也不愿诉诸法院。这种畏避法律、远离法庭的消极心态，反过来又使司法本地化工作困难重重。鉴于过渡后期双语人才紧缺局面，人们甚至对澳门回归后的司法状况有所忧虑，担心特区政府是否迫于人力而继续大量聘请葡籍司法官，担心特区司法实践仍为仅懂葡语的人士所操持。

以上种种，均是过渡期澳门法律本地化运动中被各界广泛关注的问题。虽然澳门顺利回归祖国之后，这一切都随着特区司法体制的正式运作而成为历史陈迹，但如今回顾近代澳门司法制度及其实践的艰难曲折，尤其是从殖民宪制体系向本地化自治体系转型的复杂历程，其间，呈现的种种积弊和摸索的种种经验，仍然值得我们继续探讨。

五、终审法院：独立审判权及终审权的定型

（一）基本法的制度预设

1993 年 3 月 31 日，《澳门基本法》正式公布，澳门政治步入所谓“过渡后期”阶段。为使这套司法制度与《澳门基本法》关于特别行政区“司法自治”的规定相衔接，澳葡政府与社会各界都意识到必须推进司法本地化，加速对现行司法制度的改革。

《澳门基本法》关于特区司法制度的规定，包含以下内容：

其一，关于特区的司法权。基本法规定：澳门特别行政区享有独立的司法权与终审权；澳门特别行政区法院除继续保持澳门原有法律制度和原则对法院审判权所作的限制外，对澳门特别行政区所有的案件均有审判权；澳门特别行政区终审权属于澳门特别行政区终审法院。① 基本法还赋予澳门特别行政区以完整的司法权，其行使遵循司法独立的原则，法官的审判行为不受法律追究。②

其二，关于特区的司法机关。基本法规定：澳门特别行政区法院将设立三个审级，即初级法院、中级法院和终审法院；初级法院除享有普通管辖权的法院外，

---

① 《澳门基本法》第 2 条、第 19 条第 1 ~ 2 款、第 84 条第 2 款。

② 《澳门基本法》第 83 条、第 89 条第 1 ~ 2 款、第 90 条第 1 款。

还将包括行政法院与刑事预审法院。①

其三，关于特区司法人员的产生程序与任职条件。基本法规定：澳门特别行政区各级法院的院长由行政长官从法官中选任，终审法院院长由特区永久性居民中的中国公民担任，终审法院院长与法官的任免须报全国人大常委会备案；特别行政区检察长由澳门特别行政区永居性居民中的中国公民担任，由行政长官提名，报中央人民政府任命，其免职由中央人民政府根据行政长官的建议作出决定。

至于各级法院的法官，根据当地法官、律师与知名人士组成的独立委员会的推荐，由行政长官任命；法官的选用以其专业资格为标准，符合标准的外籍法官也可聘用；检察官经检察长提名，亦由行政长官任命。②

由此可见，《澳门基本法》关于特区司法制度的预设，并未割裂与过渡后期澳门司法体制的历史联系，但为从根本性质上作出区别，以体现"一国两制"与"高度自治"的基本精神，对特区未来应具有的独立司法权和终审权予以高度强调。这就为澳门司法改革确立了终极目标和方向，使过渡后期澳门司法体制的架构和司法官选任制度的发展更趋深入。

（二）《澳门基本法》对司法本地化的推进

为回应和衔接《澳门基本法》关于特区高度自治司法体制的构想，澳葡政府对司法本地化进程给予高度关注。澳门回归指日可待，而司法本地化任务之难度大、问题多，如何在短期内按基本法要求实现本地化任务，需要社会各界通力合作。

在后过渡期澳门法律本地化历程中，司法本地化引人注目的起点是1996年。

由于1990年修订后的《澳门组织章程》规定何时"赋予澳门完整和专属审判权"要由葡国总统在听取葡国国务委员会和葡国政府的意见后作出决定③，而1996年正是葡国总统换届大选之年，新任总统对澳门问题的态度还不明朗，很多问题要等他正式上任才有答案，以致人们担心"澳门司法自治的时间表还难以预料"④。好在对于澳门立法会拟定《澳门组织章程》修订稿之事，葡萄牙国会完全持开放态度，总统也已表示支持澳门的司法自治。最终，在葡萄牙与澳门政府的共同努力下，澳门在司法本地化领域的改革取得了一系列成果。

---

① 《澳门基本法》第84条第1款、第85条第1款、第86条。

② 《澳门基本法》第87条第1～4款、第88条、第90条第2款。

③ 《澳门组织章程》（第13/90/M号）第75条。

④ 米万英："司法本地化与司法自治"，载《澳门1996》，澳门基金会1996年版，第33页。

其一是《澳门组织章程》的第三次修订。1996 年 8 月 7 日，第 32 期《澳门政府公报》刊登了由葡萄牙共和国议会通过的第 23 – A/96 号法律，对《澳门组织章程》进行了第三次修改。新修章程规定司法与行政、经济、财政、立法一样成为本地区自治范围内的事项，同时删除“澳门司法制度的纲要由共和国议会订定”条款，并规定修改《澳门司法组织纲要法》不再是葡国议会的专属权限。① 自此，对澳门司法体系纲要进行立法，成为澳门总督与立法会的竞合权限。

章程经第三次修订后，对澳门司法自治以及相应的司法组织制度建设产生直接影响。通过赋予澳门本地立法会制定司法组织法律的权力，章程为后过渡期《澳门司法组织纲要法》的进一步完善提供了宪制基础；通过规定“属本地编制之司法官职位，得由共和国编制的司法官以定期委任制度填补”②，也为澳门首次建立本地司法官编制提供了法律依据。立足于此，司法本地化获得进一步发展的空间，使这套司法体制最终得以顺利与《澳门基本法》及相关规定保持衔接。

其二是本地司法官的逐步养成。司法本地化问题的核心和难点，在于本地司法人才的培养。一个严峻的现实问题是，直至 1996 年年初，澳门本地的司法官（包括法官和检察官），仍无一位本澳人士，都是从葡萄牙聘请而来。这种状况真正开始发生转变，是到 1996 年澳门司法官培训中心养成第一批实习司法官才有的。是年 10 月 2 日，根据护督签署的两项法令③，有 3 名懂双语的本地学员被正式任命为澳门首批编制内的司法官员，分别出任普通管辖法院法官、刑事预审法院法官和驻一审法院的检察官，其余 9 名则转入法院和检察院实习。此事“在澳门近代司法史上尚属首次”④。此后又开办第二期培训课程，再次招收 14 名学员进行培训，希望以此不断推进本地司法官的培养规模。

（三）特区中级法院：原“高等法院”的转化

澳门特别行政区成立后，原澳门高等法院过渡为特区中级法院，另依据《澳门基本法》成立特区终审法院。根据法律有关原有法规中的名称或词句的解释等规定，原“高等法院”亦相应解释为中级法院。据此，特区中级法院作为第二级法院，行使《澳门基本法》和《司法组织纲要法》赋予的审判权。

就上诉审而言，中级法院审判对第一审法院的裁判提起上诉的案件，以及对

---

① 《澳门组织章程》（第 23 – A/96 号法律）第 2 条、第 31 条第 3 款第 j 项。

② 《澳门组织章程》（第 23 – A/96 号法律）第 51 条第 2 款。

③ 《澳门政府公报》1996 年 9 月 9 日，第 228/96/M 号与 230/96/M 号训令。

④ 伍林：“澳门法律本地化进程述评”，载《澳门 1997》，澳门基金会 1997 年版，第 17 页。

自愿仲裁程序中作出而可予以争执的裁决提起上诉的案件。至于法定上诉利益限额,依据规定包括如下方面:在民事及劳动法上的民事案件为澳门币100万元;在行政上的司法争讼方面的诉讼及请求为澳门币100万元;在税务及海关上的司法争讼方面为澳门币100万元;在刑事、劳动法上的刑事案件,未成年人司法管辖范围的教育及社会保护制度案件,行政、税务及海关上的其他司法争讼案件,以及监察规范的合法性方面,不设法定上诉利益限额。

就组织架构而言,中级法院法官编制共有九名,现时已全数填补,并由行政长官委任其中一名担任中级法院院长,任期3年,可续任。中级法院院长面对其他当局时代表中级法院,除担任法官及院长的一般职务外,还须确保中级法院的运作。

就运作方式而言,中级法院由一个具管辖权审判刑事性质案件的刑事诉讼案件分庭,以及一个具管辖权审判其他案件的分庭组成。在审判案件时以评议会及听证会的方式运作,除《司法组织纲要法》、《司法官通则》及诉讼法另有规定外,其运作由规章规范。至于法官数目及各分庭的组成,由法官委员会在考虑工作需要、法官的专业化以及本人意愿后订定。中级法院每周举行一次平常会议。除法律有相反规定或为宣布不具纯粹中间性质的裁判者外,中级法院的会议不公开。但经听取出席法官的意见后,院长可将法院裁判结果告知社会传播媒介。

就第一审管辖权而言,中级法院作为第一审级,有权审判廉政专员、审计长、警察总局局长、海关关长、行政会委员及立法会议员因履行职务所作行为而被提起的诉讼,以及他们在担任职务时的犯罪及轻微违反的案件;有权审判第一审法院法官、检察官因履行其职务所作行为而被提起的诉讼,以及他们作出的犯罪及轻微违反的案件;有权审判上述人员及机关所作的行政行为或属行政事宜的行为,或所作的有关税务、准税务或海关问题的行为提起上诉的案件,审理第一审法院间的管辖权冲突;审理行政法院与行政、税务或海关当局间的管辖权冲突;以及行使法律赋予的其他管辖权。

(四)特区终审法院:终审权的新建制

依据《澳门基本法》而于1999年设立的特区终审法院(court of last instance of Macao),作为特区最高级别的审判机关,享有终审权。

终审法院负责审理对中级法院第一审、第二审判决提起的上诉案件,法定行政案件等,审理下级法院的管辖权冲突,并对澳门相关法律作统一司法解释。具体而言,包括如下方面:

审判对中级法院作为第二审级所作的属民事或劳动事宜的合议庭裁判以及在行政、税务或海关上的司法争讼的诉讼中所作的合议庭裁判提起上诉的案件，只要依据本法规及诉讼法律的规定，对该合议庭裁判系可提出争执者；审判对中级法院作为第二审级所作的属刑事的合议庭裁判提起上诉的案件，只要依据诉讼法律的规定，对该合议庭裁判系可提出争执者；审判对中级法院作为第一审级所作的可予以争执的合议庭裁判提起上诉的案件；审判就行政长官、立法会主席及司长因履行其职务而作出的行为，针对彼等所提起的诉讼，但法律另有规定者除外；审判行政长官、立法会主席及司长在担任其职务时作出的犯罪及轻微违反的案件，但法律另有规定者除外；审判就终审法院法官、检察长、中级法院法官及助理检察长因履行其职务而作出的行为，针对彼等所提起的诉讼；审判上项所指司法官作出的犯罪及轻微违反的案件；审理关于法官委员会及检察官委员会选举上的司法争讼；等等。此外，终审法院还有权审理中级法院与第一审法院间的管辖权冲突；审理中级法院与行政、税务及海关当局间的管辖权冲突；并行使法律赋予的其他管辖权。

终审法院亦同时确立了完整而独立的审判权。终审法院法官的免职也同其他法院法官一样，应当符合两方面的条件：一是前提条件，即终审法院法官只有在无力履行其职责或行为与其所任职务不相称的情况下，才会发生免职问题。二是程序条件，这方面的条件终审法院法官与其他法院法官有所不同，即当终审法院法官符合上述前提条件时，行政长官须根据澳门特别行政区立法会议员组成的审议委员会的建议，决定是否免职；而其他法院法官之免职，则由行政长官根据终审法院院长任命的不少于 3 名当地法官组成的审议庭的建议，决定是否免职。鉴于终审法院的重要性，基本法还规定，终审法院院长及法官的任命和免职，都须报全国人大常委会备案。

至于终审法院的运作，在审判案件时以评议会及听证会的方式运作。除《司法组织纲要法》、《司法官通则》及诉讼法另有规定外，其运作由规章规范。参与评议会及听证会的实体有：院长（作为助审法官）、获分发卷宗的法官（作为裁判书制作人）、另一名助审法官（按年资顺序排在裁判书制作人之后的在职法官）及诉讼法律规定的实体，但法律另有规定者除外。裁判书制作人可行使法律规定的权限及担任诉讼法律所赋予的其他职务。评议会及听证会根据排案表召开，通常在星期三举行，但院长有特别决定除外。载有会议日期及时间的排案表，将提前张贴在法院大堂以供查阅。除法律另有规定，终审法院的会议不公开。但经听取出席法官的意见后，院长可将法院裁判结果告知社会传播媒介。

总之，澳门回归祖国，是澳门法制发展史上的新起点。就司法制度发展而言，《澳门基本法》所赋予特别行政区的独立审判权与终审权，亦已从最初“一国两制”的构想变成了实践。在此转变背后之所发生及经历的种种曲折，则因时过境迁而被世人基本遗忘。但对于矢志推进司法发展的学界同人而言，这段漫长的跋涉是不应被轻易遗忘掉的。因为它不仅是两种异质性的制度文明长期对垒的产物，也是特定历史语境与空间场域下之诸种因素复杂博弈的结果。基于此，笔者期望通过回溯这段历史，促使人们重新认识如今被熟视无睹的独立司法权及终审权的历史根基，从而更好地理解“一国两制”基本国策及其在新时代之所面临的新发展。

第九章　从殖民化到本地化：澳门法律教育之变迁*

一、法律的缺席：早期澳门教育格局

地处南海之滨的澳门，自古是中国的神圣领土。自嘉靖三十二年（1553年）允准葡萄牙人居留贸易以来，因缘际会而逐步形成华洋共处分治的社会格局。表现在教育方面，便是针对华人的传统教育与针对葡人的西式教育并行不悖。①

在早期澳门华人社会，长期以科举功名为教育目标，以传统私塾为教学基础，或者由大家庭延聘专师，或者由乡里居民或宗族团体设立私塾义学，形成一套以塾师教学为中心的传统教育文化。就教育机制而言，执教者长期以塾师为主，学塾分为蒙馆和经馆两类。② 蒙馆塾师大多文化层次不高且籍籍无名，经馆塾师则多为清寒秀才或有名望的老学究。澳门华人文化层次普遍不高，更没有中国内地尤其是江浙一带的浓郁学风，塾师管教澳门

---

* 本章内容原为应邀参加2013年9月21日全国外国法制史研究会主办的“大学的兴起与法律教育”暨全国外国法制史研究会第26届年会之会议论文，收入本书时有修订。感谢华东政法大学何勤华教授的邀请及上海外国语大学张海斌教授的评议。

① 关于澳门教育发展历程，参见刘羡冰著：《澳门教育史》（第2版），人民教育出版社2002年版。

② 吴志良、郑德华主编：《中国地域文化通览·澳门卷》，中华书局2014年版，第284～288页。

底层社会华人子弟,也就仅限于授书(如《三字经》、《百家姓》、《千字文》等),习字(先扶手描字,再脱手摹写),讲字义及属对,粗通文墨能应付即可。义学教育与水上渔民(疍民)教育亦是如此,子弟略通文墨,即辍学经商闯荡。仅有少数子弟立志好学,愿在学塾之后转入经馆读书,然赴科场考取功名者历来寥寥。

在早期澳门葡人及其他国家人士内部,长期以天主教耶稣会所创办的西式教育为主,新式教育迟至鸦片战争前夕才初步建成。值得称道的里程碑,是万历二十二年(1594 年)由圣保禄公学升格为大学的圣保禄学院的正式成立。作为远东地区第一所高等学府,该学院承担中西文化交流的历史重任,开设课程有神学、数学、天文、物理等内容,旨在为前往东方的传教士提供训练基地,因缘际会而成为"汉学家的摇篮"①。原属圣保禄学院之分院的圣若瑟修院,于雍正六年(1728 年)开始招生,注重培训中国籍教士,课程设置则包括神学、书法、拉丁语、科技、数理等内容,亦招收世俗青年并因应商贸发展之需而开设商科、海员训练等课程。② 但随着雍正年间"禁教"风潮渐起,葡萄牙亦通过彭巴尔侯爵改革取缔耶稣会,由耶稣会负责的澳门西式教育事业受到彻底的打击。新教传教士马礼逊来华拓展传教事业英年早逝后,马礼逊教育会秉承其教育遗志,于道光十九年(1839 年)十一月正式创办马礼逊学堂。这是中国第一所新式学堂,教学课程包括英语、地理、算术、几何等内容。③ 因鸦片战争爆发而中英关系紧张,该校在澳门存续三年后即迁往香港。

综上所述,澳门早期的教育事业虽有发展,但无论是中式教育还是西式教育,都没有专门的法律教育,甚至法律方面的课程也没有开设过。这种状况与澳门自身的历史发展及境遇不无关系,本质上则应归因于法律职业在此阶段未有独立性,无论华洋哪一族群都不存在法律教育的社会需求。

二、"生活在别处":殖民管治下的文化殖民与葡化教育

鸦片战争爆发及《中英南京条约》签署后,澳门治理格局在此"千古未有之大

---

① 关于圣保禄学院的教学与管理,参见李向玉著:《汉学家的摇篮:澳门圣保禄学院研究》,中华书局 2006 年版,第 49 ~ 92 页。

② 夏泉著:《明清基督教教会教育与粤港澳社会》,广东人民出版社 2007 年版。亦可参见冯增俊主编:《澳门教育概论》,广东教育出版社 1999 年版,第 61 ~ 63 页。

③ [美]雷孜智著:《千禧年的感召——美国第一位来华新教传教士裨治文传》,尹文涓译,广西师范大学出版社 2008 年版,第 84 ~ 88 页。

变局”的冲击下遽然逆转，传统中式教育受其影响而逐步转向近代化，西式教育则由教会主办的新式学堂与澳葡政府官办的葡文学校分摊。但在法律教育方面，澳门本地仅有非常有限的、偶尔涉及的政法知识传授，并未形成像在葡萄牙里斯本、科英布拉或者欧洲其他国家那样的近代法学教育体系。澳门所需的法政人才，需要通过葡萄牙的法律教育体系加以培养，这种“生活在别处”的状况反映的正是殖民管治及其文化殖民。

（一）近代澳门教育转型与法律教育的匮乏

在此先回溯近代澳门治理格局的变化。自英、法、美相继迫使清政府签订不平等条约后，葡萄牙政府趁火打劫调整对华外交政策，试图倚仗英、法、美等国势力迫使清政府与其谈判澳门“主权”归属，于道光二十五年（1845 年）擅自宣布澳门为“自由港”，再于翌年派出素以强悍凌厉著称的武夫亚马留（Ferreira do Amaral）前往澳门担任总督。亚马留执政期间大肆破坏中国政府对澳门的主权，其被澳门村民刺杀而引发的中葡交涉，则使其生前种种殖民行径变成既成事实，自此澳门的治理格局急遽转向近代殖民管治状态。[①] 鉴于此种状态并非近代国际公法所承认的法权状态，随后的中葡关系遂围绕澳门“主权”而辗转折腾，直至光绪十三年（1887 年）《中葡和好通商条约》签署方告一段落。该条约是中葡两国第一份正式缔结的双边条约，其中第 2 款规定葡萄牙有权“永居管理澳门”，第 3 款规定未经中国许可“不得将澳门让与他国”。清政府虽未像此前签订《中英南京条约》之对香港岛的割让，亦未像此后签订《中日马关条约》之对台湾岛的割让，但对澳门的治理从此失去依凭，拱手让与了葡萄牙政府及其治下的澳葡政府。澳门虽不是近代国际公法意义上的殖民地，但在治理层面上已被正式纳入葡萄牙的殖民管治体系。[②] 作为葡萄牙殖民宪制体系下的“海外省”，澳门所需法律职业一概由葡萄牙人充任，其赖以养成的法律教育过程亦因之不在澳门而在葡国。

鸦片战争以来的中式教育，在澳葡政府、教会与清政府三股力量的影响下，尤其是晚清进行的教育改革的影响，逐步发生近代化转型。在此期间，同治七年（1868 年），澳葡政府批准成立一间以澳门华人子弟为对象的葡语学校；光绪七年（1882 年），政府又批准在氹仔岛及路环岛各建一所小学，鼓励华人子弟学习葡

---

① 何志辉著：《治理与秩序：全球化进程中的澳门法（1553～1999）》，社会科学文献出版社 2013 年版，第 142～213 页。

② 何志辉著：《从殖民宪制到高度自治——澳门二百年来宪制演进述评》，澳门理工学院一国两制研究中心 2009 年版，第 21～33 页。

语。澳葡政府此举旨在推行葡国文化,不过这一文化殖民措施收效甚微,因为有机会入读的华人子弟极少。澳门天主教会兴办的初等学校,亦迟至1911年才开始中文教育。但19世纪60年代以来清政府之革新教育的举措,尤其是光绪二十四年(1898年)"维新变法"试图废除八股取士,触动了参与其事的广东人士陈子褒。陈子褒在变法失败后逃往日本,顺道考察日本近代国民教育并深受启发,翌年(1899年)归国即在澳门创办蒙学书塾(后改名为子褒学塾,再迁址更名为灌根学校),其胞弟则在邻近地方设立子韶学塾(后迁址更名为澳华学校),兄弟分别在澳门招收高等和初等学生,门下作育大批英才。① 陈子褒作为近代澳门杰出的教育家,以教育救国为己任,在课程设置、班级组织、教学方法、学生发展、教学纪律、师资建设、学校体制、教材编纂等方面,亦开近代教育之先河。此后,近代资产阶级革命派同盟会也在澳门立足,留日归来的潘才华于光绪三十四年(1908年)创办培基两等小学堂,正式负责校务工作者则是同盟会会员谢英伯。该校是港澳两地唯一获得清政府核准立案的学校,分为高级与初级两等,但因学校教育宣传革命思想,其后的发展受到澳葡政府的干预。辛亥革命之后,为配合南京临时政府教育部《普通教育暂行办法》,澳门华人教育体制再次作出自我调适,基本完成了从传统到近代的教育转型②,但在课程设置方面从未重视法政科。

至于澳门葡人及其他国家人士的教育,因教会办学主力移往香港,澳葡政府遂着手发展官办葡文教育。道光二十七年(1847年),澳门市政厅初级学校创办;同治十一年(1872年),又成立1所男子小学和2所女子小学。光绪八年(1882年)以来,上述学校依据澳葡政府之训令要求,重组为男子中央学校和女子中央学校。③ 学校分为初级教育和中级教育,各自内部又分高低两级,两年之后又将中级教育的高低两级分为高、中、低三级。至于最具影响的官办葡文学校,则是光绪二十年(1894年)被澳葡政府核准并正式招生开课的利宵中学。该校的成立经历了较长时间的酝酿,一方面得益于澳门葡人社会敦促澳葡政府兴办教育,呼吁重视澳门土生葡人的教育权利;另一方面得益于澳门土生教育促进会(APIM)尤其是该协会领袖向葡萄牙政府的极力吁请。④ 光绪十九年(1893年),葡萄牙海事部长签署了确认利宵中学创办的政令,发布于同年8月3日《澳门政府公报》,明确

---

① 夏泉、徐天舒:"陈子褒与清末民初澳门教育",载《澳门研究》2004年总第22期。

② 吴志良、郑德华主编:《中国地域文化通览·澳门卷》,中华书局2014年版,第291~295页。

③ [葡]施白蒂著:《澳门编年史:十九世纪》,姚京明译,澳门基金会1998年版,第190页。

④ 吴志良、郑德华主编:《中国地域文化通览·澳门卷》,中华书局2014年版,第300~302页。

该校须依据此项政令进行运作;随后便是澳葡政府多方招聘师资队伍,最终获聘的教师或者来自葡萄牙,或者是受过葡国教育的澳门土生葡人。翌年确立该校之校址后,即向澳门社会招收学生。① 不过,入读者往往是经济条件较好者,多系律师、军伍、企业及雇员之家庭出身。至于学校开设的葡文课程,包括葡文、拉丁文、英文、法文、数学、物理、化学、历史、地理和基础哲学,但也没有法政方面的科目设置。

综上所述,检视近代澳门教育的发展,可见其时华人社会的中式教育虽转向近代化,西式教育更有教会兴办的新式学堂和澳葡政府官办的葡式学校,但仍然没有开设法律课程,本地法律教育仍然处于空白状态。

(二)近代以来澳门法律职业的垄断性

近代澳门步入殖民管治状态后,葡萄牙不仅将葡国法律体系全面延伸适用于此,在文化教育上也开始大力推行葡式教育体系,试图挤兑并替代中式传统教育在澳门社会的位置,由此而开始了长达一个世纪的文化殖民。鉴于其时澳门法政职业被葡萄牙人及澳门土生葡人所垄断,澳门华人在相当长时期内没有机会跻身于法政舞台,澳门本地法政人才的养成场所亦因之不在澳门而在葡萄牙。

就整体而言,近代以来澳门法政职业具有规模小、圈子窄、高垄断性的显著特点。规模小,是因为澳门地域狭小、葡萄牙人所占人口比例亦小,有幸跻身法政职业者实属凤毛麟角。圈子窄,是因为依赖法律教育背景的澳门法政圈子狭窄,无外乎澳葡政府下设的华务检察官署(即华政衙门)及市政厅的普通法官,以及屈指可数的出庭律师及代办律师。依照葡萄牙近代司法制度之要求,充任澳门法官及执业律师者须具备葡萄牙高等学府的法学学位。这就决定了近代澳门法政舞台必然是葡萄牙法律人才的高垄断性的舞台。

在法官职业方面,须先了解近代澳门法院建设历程。光绪二十年(1894 年),葡萄牙着手强化中央集权的统一司法改革,澳门作为"海外省"被视为葡国司法体系中的一个法区,由此改组澳门华务检察官署(华政衙门)的司法职能,设立了具有近代司法独立意味的澳门法区法院。② 进入民国以来,澳门司法制度因时势需要而适时调整。1917 年,依据 11 月 29 日第 3637 号法令《澳门华民诉讼署章程》,澳门设立一个特别处理华洋事务的专有法庭——华民诉讼署,其权限包括民

---

① Manuel Teixeira, *Liceu de Macau* (3rd ed), Macau: Direcao dos Servicos de Educacao, 1986.

② 何志辉著:《近代澳门司法:制度与实践》,中国民主法制出版社 2012 年版,第 106~108 页。

事和商业普通诉讼及特别诉讼，以及《葡萄牙刑法典》第 58 条提及的任何惩处所适用之全部刑事案例的审理和判决[①]，同时筹建了上诉法庭。三年之后，该章程在若干细节上作了修订。但至 1927 年，葡萄牙再次进行强化中央集权的海外司法改革，这个专有法庭被依法撤销，职责转归普通法院行使，普通法院随后分拆为澳门刑事法院与澳门民事及商事法院。[②] 在法区法院之外，1918 年澳门还开始设置行政法院，将行政诉讼与审计事务合并于政府部门署下的审计兼行政诉讼署[③]；1923 年再度改革后，该署更名为审计兼平政院；1926 年，该署脱离政府部门管辖，成为与法区法院并立的澳门省审计兼平政院。不过，经历 1933 年法区法院改革后，依据葡萄牙殖民地部第 2259 号命令，原本独立编制的审计兼平政院，改由法区法院的法官兼管。[④] 此后澳门法区法院改为普通管辖法院，审理民事和刑事案件，分为三个独立的法庭，由三名法官分别负责：遇到小额钱债的民事案件或者是轻微刑事案件时，由一名法官作出判决；遇到严重刑事案件或巨额钱债时，由三名法官组成合议庭作出判决。1976 年，成立审理严重刑事案件的刑事预审法院[⑤]；1991 年后，在保持刑事预审法院不变的情况下，设有二法庭并由两名法官各自主持。1993 年 3 月，为赋予澳门地区司法自治而成立澳门高等法院，作为第二审和复审法院受理下级法院的各类上诉。[⑥] 需要指出的是，即使是土生葡人前往葡国攻读法律，学成归来亦主要集中于律师业的发展，仅有个别土生葡人当过立契官，仍由葡萄牙法律人才掌控着澳门法官、检察官、登记局局长等行业。[⑦] 澳门华人即使有心前往葡萄牙留学攻读法政，亦很难染指这些法政部门。此种状况延续至 1996 年才被打破，此前澳门各级法院的法官全部来自葡萄牙，该年 10 月第一批共 3 名澳门华人就职充任司法官。[⑧] 但要指出的是，这三名本地华人均拥有

---

① ［葡］J. A. Oliveira Rocha："论澳门法律制度之可行性"，载《行政》1991 年总第 13、14 期。

② 何志辉著：《近代澳门司法：制度与实践》，中国民主法制出版社 2012 年版，第 151～154 页。关于华民诉讼署，葡国学者亦有译为"支那人特别法院"，参见［葡］J. A. Oliveira Rocha："论澳门法律制度之可行性"，载《行政》1991 年总第 13、14 期合刊。

③ ［葡］施白蒂著：《澳门编年史：二十世纪（1900～1949）》，金国平译，澳门基金会 2000 年版，第 122 页。

④ 同上，第 259 页。

⑤ 何志辉著：《从殖民宪制到高度自治——澳门二百年来宪制演进述评》，澳门理工学院一国两制研究中心 2009 年版，第 157～158 页。

⑥ 何志辉著：《近代澳门司法：制度与实践》，中国民主法制出版社 2012 年版，第 192～198 页。

⑦ 赵燕芳："澳门法律人才本地化之回顾与前瞻"，载《行政》1998 年总第 42 期。

⑧ 华荔著：《澳门法律本地化历程》，澳门基金会 2000 年版，第 92 页。

法律学士学位，且接受过中葡双语司法的本地培训。

至于律师职业方面，除了1880年年初一项葡国法规予以规范外，还有1911年一项法规禁止本澳官方机构人员从事律师职业。[①] 至1946年，葡萄牙为海外殖民地颁行《葡萄牙海外司法章程》，其中规定律师限额须由法区法院视实际工作需要而定，且其空缺须由通过特定考试的人填补；律师助理只需中学毕业程度即可，但出庭律师必须具备葡萄牙大学法律专业的毕业文凭；律师资格考试包括笔试与口试，考试可在澳门地区进行并由联合评审团进行审定，考试通过者获得葡萄牙里斯本中级法院院长签发的律师证；所有律师须在律师协会与大律师公会登记注册并受其管理监督，但在未成立该协会及公会之前，须向澳门法区法院进行登记注册。[②] 1984年，葡萄牙颁行新修订的《律师法》，其中规定海外省执业律师须在设于葡萄牙里斯本的地区委员会注册，但该法依据1976年《澳门组织章程》不能再延伸适用于澳门，结果澳门律师职业仍在适用葡萄牙都已废止的1946年《葡萄牙海外司法章程》。所幸1989年澳门大律师协会登记注册成立，作为澳门史上第一个律师同业组织，旨在维护澳门执业律师的共同利益；同年，葡萄牙里斯本中级法院院长就澳门律师配额作出调整，由原来法定名额5人增至10人，从而初步扩展了澳门律师队伍。1991年澳督通过第31/91/M号法令，批准颁行《澳门律师通则》并废止原1946年章程；翌年又以批示方式认可律师公会制定的《律师职业道德守则》。[③] 这些法令及后续章程，构成了现代澳门律师职业的基本规范。

（三）葡萄牙法律教育之发展及澳门法律人才的养成

在此期间，把持澳门法政舞台的法律人才，除了来自葡萄牙并受过葡国法学训练且具有法学学位者，还有前往葡萄牙攻读法学归来的澳门土生葡人及个别华人。他们前往攻读法学的葡国高校，主要是历史悠久的科英布拉大学及20世纪兴起的几所知名学府。

在葡萄牙知名高等学府中，创建于1290年的科英布拉大学（Universidade de Coimbra）是世界最古老的5所大学之一，也是伊比利亚半岛上历史最悠久的高等学府之一。大学自创立开始至D. 若昂三世期间，总部徘徊于里斯本与科英布拉

---

① ［葡］施白蒂著：《澳门编年史：二十世纪（1900～1949）》，金国平译，澳门基金会2000年版，第58页。

② 何志辉著：《近代澳门司法：制度与实践》，中国民主法制出版社2012年版，第160～161页。

③ 同上，第204～206页。

之间,最终在1537年永久固定于科英布拉。[①] 作为葡萄牙最古老和最著名的公立大学,该校设有包括法学院在内的多个学院,其法学专业在葡萄牙乃至欧洲的法学教育排名靠前,在7个多世纪里独领风骚,培养出无数葡萄牙法律人才。

需要指出的是,葡国高等教育史上的法律教育,自身亦随时代尤其是政治改革运动而有变迁。至15世纪前期,科英布拉大学已有副学士(bacharel)、学士(licenciado)及博士(doutor)等大学学位,副学士在参加有关考试之前须再补充学习四年才有希望成为学士,而博士学位的授予显得极为气派;并分设两个法学院,即讲授"教会法大全"的教会法学院和讲授"罗马法大全"的法律学院。[②] 经过1770年以来葡萄牙著名政治家彭巴尔侯爵的大学教育改革,尤其是翌年(1771年)通过《彭巴尔规章》确立新的大学规章,着手整顿法律学院及教会学院的教育,以矫正其时过分偏重罗马法及教会法、因而"实际上不认识本国法律"(包括葡国王室律令与单行法规)的积弊[③],进而在教学宗旨、教学方法、教学编排等方面参照德国大学体系,兼采德国"学说汇纂的现代应用"学派若干原则,形成"综合—展示—概括"的循序渐进式法学教育方法,使葡萄牙法律教育在保持民族特性之际又逐渐引入超越国界的近代性要素。

19世纪以来,葡萄牙法律教育继续走向近代化。1805年修订《彭巴尔规章》后,葡萄牙法在大学课程中变成包括两门综合科目及一门分析科目,此外增添一门独立的法律实践课[④],自然法学亦有两个教席(其中之一致力研究世界公法及万民法),以配合罗马法与教会法的教学研究。经历19世纪前20余年的混乱及危机之后[⑤],作为自由主义胜利产物的法律教育大改革促成了现代型法学院的诞生。道光三年(1833年)"九月改革"将法律学院与教会法学院合二为一,对教会法与罗马法教学造成决定性打击,原属两大课程被压缩为大学第二年的其中一科,葡国法的内容成为大学后三年唯一的教学内容。这次法律教育改革对葡萄牙及葡属海外地区法律教育意义重大,因为引入新的教学方法、设立新的教学科目

---

① [葡]Mário Júlio de Almeida Costa:《葡萄牙法律史》,唐晓晴译,澳门大学法学院2004年版,第179~180页、第253页。

② 同上,第252~255页。

③ 同上,第277~279页。

④ 同上,第280页。

⑤ 关于19世纪20年代葡国国内政局动荡状况,参见何志辉著:《从殖民宪制到高度自治——澳门二百年来宪制演进述评》,澳门理工学院一国两制研究中心2009年版,第10~20页。

并产生新的教科书,其丰硕的成果让葡国法律史家不无自豪地宣称"与外国相比毫不逊色的法学教育就是这样开始的"。①

进入20世纪后,古老的科英布拉大学于光绪二十七年(1901年)着手改革②,基于法律科学不可局限于简单的法律文本解析,还应以研究人的社会生活为辅助,故而在学习内容上增补或强化关于社会学、犯罪学、法律史学、国际法学以及殖民地行政司法实务等方面的课程,借此顺应19世纪末期实证主义及社会法学观念广泛渗透各学科的新趋势。这场改革随后遭遇各方批判,并引发1907年的一场学术冲突,但由此导致法学教育史上更具意义的改革措施,且通过1911年4月18日命令予以推行。正是基于1907年大学所获的自主权,教学委员会有权确定教学方法及考试形式,处处展示出欧洲实证主义法学思潮的启发性:在法学课程设置方面除新增统计学、社会经济学等相关内容外,还增设比较宪法、民事立法比较、宗教与国家关系等课程,分别设立罗马法史与葡萄牙法律史、国际公法与国际私法,还在政治学组别上增设外交学、国际关系及领事法课程。不过,这些改革并未完全得到贯彻落实,直至1928年及1945年才再度发生变革。1928年改革设置了为期四年的副学士课程(一般课程)与一年制的补充课程③,补充课程和学位论文是取得学士学位的必要条件,而学士学位是司法官、律师及重要政治职务的必要资格。这些改革在1945年得到了更为均衡的安排。

在科英布拉大学着手法律教育改革之际,推翻君主立宪而改行共和的葡萄牙新政府致力兴办教育。1911年,依据3月22日命令而创办的里斯本大学(Universidade de Lisboa)和波尔图大学(Universidade do Porto),使葡萄牙高等教育事业急速推进。里斯本大学是现代葡萄牙最重要的教学和科研中心,其法律专业是大学的强项专业,先于1913年设立经济与政治学院,后于1917年更名为法学院,1928年一度被取消后旋即恢复,并引入了新的法律课程教学计划。④ 波尔图大学由波尔图航海与商业学校等四所专科学校合并而成,其中设有法学等10多

---

① [葡]Mário Júlio de Almeida Costa:《葡萄牙法律史》,唐晓晴译,澳门大学法学院2004年版,第329页。

② 关于1901年科英布拉大学的法律教育改革,参见Joaquim Ferreira Gomes, *A Universidade de Coimbra durante a Primeira Republica*(1910-1926), Lisboa, 1990, p. 9。

③ 关于这次改革的背景及内容,参见M. J. Almeida Costa, *Lei*, *Canones*, *Direito*(*Faculdades de*), in *Dic. de Hist. de Port.*, Vol. II, p. 693。

④ [葡]Mário Júlio de Almeida Costa:《葡萄牙法律史》,唐晓晴译,澳门大学法学院2004年版,第333~334页。

个院系,在20世纪后期逐步加强与欧美国家的校际合作关系。创建于1930年的里斯本技术大学(Universidade Técnica de Lisboa)也是葡萄牙重要高等学府之一,是现代科学研究和学习的人才聚集地,为葡萄牙乃至欧洲的科学研究领域培养了大批人才;该校迟至1961年成立社会政治学院,亦为葡国培养出大批现代型法政人才。1973年,葡萄牙相继创办里斯本新大学(Universidade Nova de Lisboa)、阿威罗大学(Universidade de Aveiro)与米尼奥大学(Universidade do Minho),以适应当时葡萄牙高等教育的改革要求,发展至今已获得诸多学术领域的成绩和认可。其中,阿威罗大学是葡国最具创新精神的大学之一,但侧重于理工科教育;米尼奥大学法律学院尤为著名,其授课分为理论课型与实践课型,学生通常在最后两年选择专业方向。1974年,重新开办古老的埃武拉大学(Universidade de Évora),这所创办于1537年的耶稣会教会学校在1779年被葡国政府关闭,办学期间开设神学及教会法学课程,为近代葡萄牙培养出一大批法律人才;重新办学后获得迅速发展,如今亦是葡萄牙著名的公立大学之一。

葡萄牙通过这些高等学府致力推进法学教育,虽在整体上不能跟欧洲发达国家资深学府抗衡,但着力于自身法律传统并以培养葡国及海外属地所需法律人才为己任。近代以来澳门法政人才的葡国法教育背景,亦几乎无一例外出自这几所学府。延至20世纪90年代澳门回归前夕,澳门司法界尤其是律师界的教育背景,同样几乎都有葡国知名高等学府的法学学位或学习经历。

综上所述,由于澳门法院的法官屈指可数,且直至1996年前全部来自葡萄牙,依据葡萄牙司法体制实行法官独立,这意味着极为有限的法官岗位不可能容纳新人,其职业养成仅靠葡萄牙高等学府即已足矣。至于律师职业亦因人员有限,且学历资格方面有葡国法学教育的基本要求,他们亦不可能在澳门本地教育体系中养成。因此,在长达一个多世纪的殖民管治时期,无论是澳门的司法官队伍还是律师队伍,都必须寄生于葡萄牙近代高等教育体制下的法律教育。澳门地区承担和承载的教育使命,则是通过传输葡萄牙文化以实现"海外省"的文化殖民。这种"生活在别处"的法律教育状况,使澳门在回归前夕的法律本地化运动尤其是法律人才之本地化工作举步维艰。

三、迈向本地化:为高度自治奠基的法律教育

(一)发展背景:本地化的法律需求

1976年《澳门组织章程》的颁行,在澳门法律史上具有新的里程碑意义。该

章程是葡萄牙1974年"四·二五革命"以来民主化政治的产物,由此产生澳门本地立法机构即澳门立法会,赋予其与澳督分庭抗礼的本地立法权;章程亦对澳门司法体制发展作出了方向性指引,为后来葡萄牙颁行《澳门司法组织纲要法》提供了地区宪制性基础。①

自此开始,立法会与澳督针对本地教育体制,陆续制定或颁行了一系列教育法律和法令。立法会的教育立法主要是1977年第11/77/M号法律《给予不牟利教育事业以适当补助》和1991年第11/91/M号法律《澳门教育制度》②;澳督颁行的教育法令十分庞杂,广泛涉及初等教育、中学教育、高等教育、私立及官立学校体制等内容。其中关于高等教育的各项立法,构成当代澳门高等教育法制的基础③;澳门本地的法律教育,亦由此开始逐步发展。可以说,正是1976年《澳门组织章程》在促成澳门政治地位变化之际,亦通过赋予立法会和澳督的本地立法权,借此形成当代澳门高等教育的法制框架,以培养法政人才为己任的法律教育事业得以展开。

1987年《中葡联合声明》的签署,在推动澳葡政府开展法律本地化运动之际,同时也为澳门法律人才的养成渠道提供了制度保障。为确保澳门法律"基本不变",保证法律领域的顺利过渡,澳门政府意识到培养当地法律人才的重要性和迫切性。尤其是1987年以来澳门人口不断膨胀,居民结构不断调整,社会经济急速发展,商业活动日益频繁,各类民事诉讼、经济纠纷和刑事案件增加,各类民事、商业登记行为和公证行为相继增多,政府机关也逐步重组和不断增多,法律服务范围日渐扩大,法律业务愈益繁杂,专责各类民事、商业、物业登记和公证工作的部门及政府各机关与司法官队伍都迫切需要新式人才填补,法律人才存在和发展的空间可谓日益拓宽。④ 适逢其时的社会需求,加速了人们对建设本地法律教育的期望。

从法律本地化角度来看,作为其时澳葡政府亟待解决的"三化"问题之一的法律本地化,其关键性的环节之一便是本地法律人才养成渠道的本地化。因应这一时代使命而产生的澳门大学法律学院,率先并主要承担本地高端法律人

① 何志辉著:《治理与秩序:全球化进程中的澳门法(1553~1999)》,社会科学文献出版社2013年版,第214~236页。

② 《澳门特别行政区法律汇编》(下卷),中国社会科学出版社1999年版,第2244~2250页。

③ 同上,第2281~2307页。

④ 赵燕芳:"澳门法律人才本地化之回顾与前瞻",载《行政》1998年总第42期。

才的培养任务;前往葡萄牙研习葡国法律虽仍占有重要位置,但显然不再是跻身澳门法政舞台的唯一依凭;前往中国内地及邻近周边地区研习相关法律,再回到澳门通过短期培训葡国法与澳门法,亦成为部分澳门人士投身法政事业的新选择。

至此,延续一个多世纪的葡萄牙文化殖民难以为继,本地法律教育终于全面迈向本地化,并为澳门回归后的特区高度自治奠定良好的基础。但相比周边地区(如同样处于回归过渡期的香港),澳门法律教育的整体态势相形见绌,长线投资的精英教育模式须与短线培训的司法官养成方式相结合,以及时补给回归前夕澳门法政人才的空缺,借此才能真正落实"澳人治澳"和"高度自治"的政治目标。

(二)澳门大学及其法律教育本地化使命

经签署《中葡联合声明》而促成法律本地化运动后,几经酝酿及反复筹划的澳门本地法律教育,终于在1988年下半年正式启动,其标志便是澳门东亚大学(1991年经第50/91/M号法令改名澳门大学)法律课程的开设。这意味着澳门开始具备本地培养法律人才的阵地,虽然最初在课程设置、教学大纲、师资建设等方面运作并不理想,但主管机构为解决上述问题作出了种种努力,且中国政府对该项工作亦给予了重视和支持,使之得以尽快走向正轨,承担着法律教育本地化的时代重任。

1.法律与公共行政学士课程教育

1988年1月,澳督文礼治批示设立法律暨公共行政课程办公室(以下简称GCDAP)①,隶属行政暨司法政务司管辖。在该机构依据职责的协调下②,澳门政府决定从1988年起在东亚大学开设法律及公共行政课程。

1988年9月16日,澳门东亚大学开设的法律及公共行政课程开始招生。根

---

① 《第7/GM/88号批示》,载《澳门政府公报》1988年1月18日。

② 依据政府批示,法律暨公共行政课程办公室主要负责推动、协调及关注一切与在本澳设立法律暨公共行政高等课程有关的活动,有权就开设法律及公共行政课程所必需的立法或规定草拟方案和提出意见;保证与开办该课程的本地区和葡萄牙共和国的大学进行接触;参与起草和法律课程结构有关的团体所订立的议定书或任何协议;对负责开办的大学给予必要的支持;推动就选择该课程所应遵循的模式进行适当的研究;保证和促进本地区与葡国官方机构和人士进行合作。参见华荔著:《澳门法律本地化历程》,澳门基金会2000年版,第3页。

据该课程(1988/1989 年度)计划,课程分为预科和本科两种。[①] 关于预科,学制一年,专为那些有志攻读法律但葡语基础较差的人士而设。翌年 12 月,政府法令规定[②],本地法律及公共行政课程可设一年预科,以便知识一元化及为有意供读此课程的学员作好专门准备;预科合格学员在升上法律及公共行政课程一年级时,享有学历方面的优先权;预科尚可被承认为适当学历升读本地区开办的同类学术领域的其他高等课程;为填补公职、职程晋阶及进行受政府当局参与所限制的专业活动,预科被承认为相等于十二年级学历。关于本科,分公共行政和法律两种,前者学制 3 年,颁发公共行政学学士学位;后者学制 5 年,颁发法学学士学位。报读公共行政课程者读完课程后不能继续读法律课程。大学对其所开办的法律及公共行政课程,将保证得到葡国优良的法律学院(尤其是里斯本大学法律系)的合作;此外还邀请中国内地有声望的教授来澳授课,以便让学员对中葡两种法律制度进行比较。

1990 年 6 月中旬,澳门基金会与葡萄牙科英布拉大学法学院就东亚大学法律课程初步达成合作协议,其主要原则包括东亚大学法律课程由澳门方面掌管,课程负责人原则上由已在澳门生活的人士出任;本地区政府应毫不犹豫地完全支持法律课程所采取的解决办法;应就课程寻求与各方合作,但要遵循大学的准则;设立一个教学委员会,由法律课程负责人主持,成员包括各教学领域的协调人。教学委员会每年至少在澳门举行一次会议,需要时可在葡萄牙举行会议。合作协议达成后,科英布拉大学法学院给予的合作主要是教学指导;法律课程着重加强对学生进行专业培训,使学生既有理论,也接受职业培训,以便在较短的时间内开展

① 依据课程计划,预科班分为中文(广州话)授课班和葡文授课班,学生在报名时须指明教学语言,按课程计划,以便编入以中文授课的班级或以葡文授课的班级。预科的科目有葡文(为选择教学语言为中文的学生而设)或中文(为选择教学语言为葡文的学生而设);文学(葡国文学或中国文学,由学生自选);历史(葡国历史或中国历史,由学生自选);哲学;社会学和科学方法论。完成预科课程且成绩合格者,即可升读法律或公共行政课程。本科课程以教授澳门法律为主,所有负责教授各科目的教员将编纂有关教材。教材先以葡文撰写,并尽早译成中文。1988~1989 学年度的课程只以葡语授课和考试,此后,学校将保证同时以中、葡两种语言授课。由于课程学费颇高(本科生每年学费为澳门币 32000 元,预科学生每年学费为澳门币 20500 元,旁听生每年学费为 5900 元),为给更多的人提供机会,东亚大学和澳门基金会将会为那些经济困难的学生或特别优秀的学生发给助学金,或减收学费和给予其他资助。澳门政府也将为那些有意在东亚大学攻读该课程的公务员订定资助办法。参见华荔著:《澳门法律本地化历程》,澳门基金会 2000 年版,第 7 页。

② “第 82/89/M 号法令”,载《澳门政府公报》1989 年 12 月 11 日。

其职业活动。[①]

其时,东亚大学法律课程的根本原则,在于培养当地法律人才,以适应过渡期的工作。法律课程为学生提供中、葡文参考资料,以方便华人学生学习。根据教学计划的总方针,法律课程的内容涵盖七大方面:私法领域,包括民法、民事诉讼法、商法、国际私法、劳工法、社会保险法;政治法律领域,包括宪法、行政法、政治学;刑法领域,包括刑法和刑事诉讼法;经济法领域,包括经济、公共经济、财政、税法、地区经济关系;国际法领域,包括国际公法和经济一体化法律;比较法领域,主要是中国法律入门及比较法律制度;政治法律制度及法律概论。但由于所聘请的师资主要来自葡萄牙,故而学位课程以葡语为授课语言。

东亚大学在 1991 年经第 50/91/M 号法令改名为澳门大学后,于 1993 年 5 月通过政府训令[②],再度调整法学院法律学士课程的学习计划以及有关的学术及教学编排,将课程范围扩展为八大领域[③]:私法学,包括法学入门、民法概论、债法、劳动法及社会保障法、物权法、亲属法及继承法、商法Ⅰ、商法Ⅱ、国际私法Ⅰ、国际私法Ⅱ;民事诉讼法学,包括民事诉讼法Ⅰ、民事诉讼法Ⅱ;政治法学,包括宪法及政治学、行政法、澳门行政法;刑法学,包括刑法、刑法及刑事诉讼法;公法学,包括一般及区域国际公法、经济一体化法;法律历史学及法律哲学,包括法制及政制史、法律概论;比较法学,包括中国法概论、比较法系;经济法学,包括经济、公共经济、税法、区域经济关系。

经过为期 5 年的本科教育,1993 年 7 月澳门大学法学院开始有第一届毕业生。据统计,该届毕业生共 16 人,其中男性 12 名、女性 4 名;华人 3 名、土生葡人 3 名、葡萄牙人 10 名。毕业生除个别返回葡国外,其余都留在澳门,且大多在澳门政府部门或法院、法学院、律师事务所等机构从事与法律有关的工作。[④] 1994 年 7 月有第二届毕业生共 10 人,其中男性 6 名、女性 4 名;华人 2 名、土生葡人 5 名、葡萄牙人 3 名。除 1 人留学英国外,其余都留在澳门,且都在政府部门或法院、法学院、律师事务所等机构从事与法律有关的工作。[⑤] 据此可见,澳门大学培养人才以精英化和本地化为导向,其养成的法律人才及时填补着澳门回归前夕法

---

① 华荔著:《澳门法律本地化历程》,澳门基金会 2000 年版,第 25~26 页。

② 《第 126/93/M 号训令》,载《澳门政府公报》1993 年 5 月 10 日。

③ 华荔著:《澳门法律本地化历程》,澳门基金会 2000 年版,第 57 页。

④ 同上,第 59 页。

⑤ 同上,第 67 页。

政事业的空缺。

2. 预科、葡文硕士与中文法学学士课程的多元渠道

1995年8月,澳葡政府核准澳门大学预科课程的学习计划①,以与本科课程相配合,其中包括为学习法律及葡萄牙语而设的以葡萄牙语授课的预科课程。课程科目共有五门:葡萄牙语言及文化;哲学;中文;通史;澳门政治及行政制度。

与此同时,澳门大学法学院决定开设硕士学位课程,以加强研究型人才的培育。此前政府在1994年2月通过法令规定大学授予(或与其他高等教育机构联合授予)硕士及博士学位等事宜。② 但葡文法学硕士的招收至1995年才展开。1995年8月,政府颁行训令核准大学开设法学专业和政法专业法律硕士学位课程学习计划。③ 硕士学位课程为期1年,包括原创论文的呈交和答辩,答辩应于教学期满后最多6个月内或有关规章所订的期限内完成。④ 该训令之附件还就硕士学位课程的必修科目和选修科目作了规定:法学硕士必修科目有民事法、民事诉讼法、中国私法;选修科目(应选二门)有商法、国际私法、刑事法及刑事诉讼法、法律文化史。政法专业硕士的必修科目有宪法、行政法、中国宪法;选修(应选二门)科目有国际公法、经济法、刑事法及刑事诉讼法、法律文化史。

法律教育本地化更具有历史意义的一步,是1996年10月28日澳门大学首次以中文授课的法学学士课程开课。该课程为期5年,旨在落实《中葡联合声明》关于澳门现行法律制度长期不变的规定,培训本地双语法律人才。关于学位课程的入学条件,须具有十二年级相等程度的学历,并通过法律课程入学考试,但年满25岁具特殊技能者可豁免学历要求,而已有高等学历者可申请直接入学。鉴于

① "第234/95/M号训令",载《澳门政府公报》1995年8月14日。

② 根据《第15/94/M号法令》的规定,澳门大学可授予硕士和博士学位,澳门大学亦可与其他推行高等教育的机构联合授予硕士学位,但澳门大学方有权发出有关证明。硕士学位课程的名称,由设立该课程的法规订定,该名称须与开办该课程的学术单位研究中心的学术活动有关的学科一致,并应附加上有关专业名称。授予硕士学位的条件为:就读及通过构成专业课程的课程单元,该专业课程为期最短12个月,最长24个月;撰写一篇专为取得硕士学位的具有新意的论文能通过答辩。授予博士学位的知识领域则须由大学章程规定的有权限机关建议以及经总督以训令核准。博士学位的考试系以对具新意的论文进行公开答辩为之,如适用的规范有所订定,可进行其他附加考试。此外,该法令还就攻读澳门大学硕士及博士学位的报读资格、学费、典试委员会的组成及其工作的有关程序等作了规定。参见"第15/94/M号法令",载《澳门政府公报》1994年2月28日。

③ "第241/95/M号训令",载《澳门政府公报》1995年8月21日。

④ "第15/94/M号法令",载《澳门政府公报》1994年2月28日,第5条第3款第b项。

该课程在澳门史上意义重大,首次招生情况热烈空前。①

在师资建设方面,中文法学学士课程除了法学院既有师资队伍及毕业留校且精通双语的优秀毕业生担任讲师外,还有来自中国内地的法律学者协助与指导,以及葡国法律学者协助指导关于澳门法制与葡国法律的问题。在教材方面,学校会把葡国学者关于澳门法律的教材、授课讲义翻译成中文。1996年12月,澳葡政府颁行训令核准该学位课程的学术及教学编制和学习计划,从学术及教学角度上分为八个范畴:私法学,包括法学绪论、民法总论、债法、劳动法和社会保障法、物权法、亲属法和继承法、商法Ⅰ、商法Ⅱ、国际私法Ⅰ、国际私法Ⅱ;民事诉讼法学,包括民事诉讼法Ⅰ、民事诉讼法Ⅱ;政治法学,包括宪法、政治学、行政法Ⅰ、行政法Ⅱ;刑法学,包括刑法及刑事诉讼法;公法学,科目有国际公法;法律史学及法哲学,包括法制史、法学总论、葡国法总论;比较法学,包括法制比较、中国法总论、中国民商法;经济法学,包括经济学、公共经济、税法及区域经济关系②。该训令还就该学位课程五个学年的学习计划作了规定。③

(三)澳门法律人才的其他养成渠道

在澳门回归前夕,任职本地法政工作的法律人才,主要依赖澳门大学法学院的培养,此外还有葡萄牙、台湾地区及中国内地的法律院校。

前已述及葡萄牙法律院校的培养,但直到20世纪80年代中后期,澳门华人子弟前往葡国深造者才开始增多。据不完全统计,自1950~1997年间,约有20名澳门本地人毕业于葡国各法律院校④;而澳门大学法学院自1993~1997年间即有近50名毕业生。随着澳门与台湾商贸交流关系日趋密切,且台湾高等教育素有成效,所耗成本却远远低于留学葡国或欧美,因此前往台湾地区攻读学位者不乏其人,截至1997年亦有10余人毕业于此。

回归前夕值得注意的一个动向,是澳门本地学生开始往返中国内地攻读法学,并且越来越具有规模;一些内地优秀的法律人才也颇看好澳门法政事业,陆续

① 据报道,由于这是澳门史上第一次以中文授课的法律课程,招生情况反映热烈,共有344人报名,打破了澳门大学法学院历年招生纪录。其中有219人已有高等学历,经书面审查和面试后有30人被录取;其余的125名报考者具有高中毕业的学历,经过中文、葡文和综合文化知识的笔试后,再进行面试,从中录取了20人。这50名被录取的学生,几乎全部都在政府部门工作。参见华荔著:《澳门法律本地化历程》,澳门基金会2000年版,第94页。

② "第293/96/M号训令",载《澳门政府公报》1996年12月2日。

③ 同上,附件Ⅱ。

④ 赵燕芳:"澳门法律人才本地化之回顾与前瞻",载《行政》1998年总第42期。

涌入澳门移居和从事相关法律工作。前往中国内地攻读法政的澳门学生,大多选择知名学府的法学院系,例如北京大学、中国人民大学、中国政法大学、西南政法大学、中山大学、武汉大学等;一些担纲澳门法政重任的知名学生,往往还是上述院校的"杰出校友"。这种良性的互动关系,使澳门法政职业圈更具文化多元性。

在此交流过程中,澳门一些民间社团致力推进教育事业,寻求与内地相关高校的合作,为澳门地区培养法律人才,并取得了良好的成效。例如,1994 年 9 月,经澳门大专教育基金会积极倡议,中山大学和汕头大学分别开办法律学澳门专门班。当时澳门报读人数踊跃,最后有 33 名和 34 名学员分别获得录取。这两所大学为配合专门班的设立,从招生、教学、生活保障等方面都做了大量准备,尤其在教学计划上针对澳门学生的实际作出适当调整,包括增加澳门主要的法律课程(如澳门法律概况、澳门民法、澳门民事诉讼法、澳门刑法、澳门刑事诉讼法、澳门商法、澳门行政法、澳门司法制度等),安排学生在实习期间的社会调查,还要求学生毕业论文等选题要切合澳门的实际需要。① 1998 年 7 月,中山大学法律系澳门本科班举行毕业典礼,32 名澳门学子顺利取得法学学士学位和毕业证书,成为港澳地区学生首次集体到内地高校参加正规本科教学的毕业生。② 与邻近地区合作开局良好,随后便向中国内地腹地深入。

除了上述民间团体致力合作外,澳门大学法学院亦不甘落伍。1995 年 2 月 17 日,澳门大学法学院和北京大学法律系签署法学领域交流合作协议,签订仪式在澳门大学举行。③ 根据协议规定,双方进行的学术交流与合作,包括讲学与资料交流、共同展开研究项目、协助对方进行有关研究项目、共同举办研讨会和学术会议、促进中国内地法律和澳门法律研究和推广活动。通过这些方式为本地培养法律人才,使澳门过渡期的法律本地化获得了良好的人力资源。

四、高度自治时期:迈向多元化的法律教育

1999 年 12 月 20 日,澳门顺利回归祖国,澳门特别行政区正式成立并全面实施"一国两制"方针。这是澳门法制发展历程中最值得瞩目的里程碑,也是澳门法律教育发展迈向多元化的新起点。

---

① 华荔著:《澳门法律本地化历程》,澳门基金会 2000 年版,第 69 页。

② 同上,第 109 页。

③ 同上,第 74 页。

澳门特区成立伊始，特区政府即高瞻远瞩推进文化教育事业，在法律教育方面同样立足本地而放眼世界，除继续扶植公立的澳门大学法学院外，还竭诚扶植私立大学开办法律教育；除保留原有的葡文法律课程外，更着力推进中文法律课程及英文法律课程；除葡文法学学士及硕士课程外，更着力培养中文法学学士、硕士及博士；除继续开设澳门本地法律课程外，亦重视中国内地法律课程及国际化的英文法律课程；除继续发展法学院的普通高等教育外，还注意通过“法律和司法培训中心”等机构进行培训式教育。总之，迈向多元化是特区成立以来法律教育发展的一大显著特征。

多元化的表征之一，是私立与公立教育并行。如前所述，澳门大学法学院在回归前已快速推进，回归后更有广阔的发展天地。但特区各级各类法政部门仍然匮乏法律人才，仅此一家长线投入不能满足社会需求。2000 年，特区政府颁行《第 19/2000 号行政命令》，批准成立澳门科技大学；随后颁行《第 20/2000 号行政命令》，确认该校为“私立高等教育机构”①；继而通过《第 36/2000 号行政命令》，核准该校开办法学学士学位课程，并以若干附件明确该校法学院的学习计划与教学安排②，取得学位时间最长不超过 6 年，不开设葡文法学课程，学生须修读澳门现行法律及中国内地法律；最后通过《第 38/2000 号行政命令》和《第 42/2000 号行政命令》，分别核准该校法学院开办法学硕士与法学博士的学位课程教学计划。这所私立大学的法学教育，在最初数年聘请中国内地一流法学院系教授，全部法律课程以中文（普通话/粤语）进行，且拥有从学士到博士的全套学位课程，因此迅速吸引本地乃至外地有志研习澳门法的人士就读，其发展态势开局良好、后劲可观。

多元化的表征之二，是葡文与中/英文教学并行。如前所述，澳门大学在葡文法学学士及硕士课程方面独具优势，自 1996 年亦设中文法学学士课程，但迟至 2001 年开设中文法学硕士课程，2003 年增设英文法学硕士课程（其中要求一半课程至欧美访问）。澳门科技大学虽未开设葡文法学课程，但依据 2003 年澳门社会文化司《第 101/2003 号批示》及 2008 年社会文化司《第 90/2008 号批示》，法学学士课程之教学安排与学习计划均有调整，将英文增加为授课语言之一；并针对学生来源及就业的不同情况，将必修的基础法律课程（例如民法、刑法、诉讼法、行政

① 《第 20/2000 号行政命令》第 1 条。

② 《第 36/2000 号行政命令》附件三、附件四。

法等)实行澳门法与中国内地法的双轨教学,由学生在第二年以来自主选择并修读学分。这虽然给大学师资队伍建设方面带来一定的挑战,但对广大学子而言却是大有裨益且符合社会需求的。

多元化的表征之三,是学士与硕士、博士课程兼备。澳门大学法学院的葡文硕士课程开设于1995年,中文硕士课程开设于2001年,英文硕士课程开设于2003年,博士学位课程则迟至2007年,亦同样坚持精英主义的培养思路。相比之下,澳门科技大学从2000年开始,即依据《第38/2000号行政命令》和《第42/2000号行政命令》同时开办法学学士、硕士、博士课程。其时负责硕士及博士课程的指导老师,包括国内一流大学教授、海外留学人员及部分外籍教授,因此在研究型法律人才培养(尤其是博士培养)方面占了先机,大批期望继续深造的澳门法政人士纷纷来此攻读硕士及博士学位。

多元化的表征之四,是本地法与域外法任选。本地法律教育须以本地法律为基本研究对象,但仅局限于此显然难以应对全球化的新形势和新挑战。在澳门大学法学院,课程设置方面坚持以澳门本地法律体系为核心,但同时增设了大量的比较法及欧盟法等域外法律内容。澳门科技大学法学院的课程设置,则自2008年以来获批实行澳门法与中国内地法的双轨制教学,并开设若干开放性的选修课程介绍域外法,允许学生根据自身的学习兴趣、就业方向或其他原因进行任选。这在很大程度上开拓了学生的法学视野,亦对其长远的法律职业规划产生着潜移默化的效果。

多元化的表征之五,是学院式与培训式教育并行。鉴于回归后特区全面推行公务员本地化及法律本地化,无论司法机关还是立法机构或行政部门都亟待新式法律人才填补,仅靠两所大学的法学院培养本地法律人才仍显不够,特区政府于是采行其他方法予以弥补。① 其中之一是"法律和司法培训中心",该中心之前身为专门培养澳门司法官的"司法官培训中心",经《第5/2001号行政法规》改为今名。该中心旨在向包括现职司法官在内的所有公务员提供司法及法律专业培训,尤其侧重给普通公务员提供公职法律及行政法制方面的培训。此外还有保安部队高等学校、司法警察学校和治安警察局警察学校,其培训对象为各警务部门各阶层的警务人员,基于日常工作性质而主要接收刑事法规及刑事诉讼法制方面的

① 胡晓:"澳门特区法学教育的现状和面临的挑战",载米健主编:《澳门法律改革与法制建设》,社会科学文献出版社2011年版,第58~59页。

培训。

综上所述,澳门回归以来法律教育的发展,确实取得了令人瞩目的可喜成就。这固然离不开澳门特区政府及社会各界的鼎力支持,但更从侧面反映出“一国两制”实施以来特区社会对于法政职业所具前景的看好;葡萄牙曾经在四个多世纪留下的文化殖民痕迹,在这短短数年间基本上给淡化以至于依稀难辨。

行文至此,澳门教育史上关于法律教育的线索大致明朗,从中可以看到法律教育在澳门长期处于空白,根本原因在于近代以来澳门受制于葡萄牙的殖民管治,本地法政舞台悉数归于葡萄牙法律人才,在此政治气候下的职业垄断,决定了澳门不可能生长出相应的法律教育制度。另外,政府公立的法学教育得以率先展开,原因在于其时澳门回归在即、法律本地化亟待推进,这一背景注定了澳门高等法律教育发展之初的政治性,由政府通过法令、批示或行政法规等方式来规范或指引学术,而非由大学进行欧美发达国家“教授治校”式的大学自治。

至于澳门特区法律教育目前存在或仍将遭遇的困难,迄今亦有不少人士作出了深度与广度不一的种种分析。综合而言,本文认为如下方面问题尤须重视:

第一,从事高等法律教育的高端人才仍然匮乏。随着澳门向中国内地及海外开放招生,越来越多的外地生源(尤其是中国内地)会涌入澳门,然而现有两所大学法学院之师资力量都显不够。作为历年惯常使用的权变之道,便是在全职教师之外聘请外地学者及本地人士兼职,这种权宜之计如今基本上被模式化。这并非真正和根本的解决之道,值得特区政府及相关部门高度重视。

第二,法律教育未能配套跟进学术研究。通常情况下,良好的法律教育体制往往伴有优质的学术研究,二者是相辅相成的有机关系。但在澳门这些年的法律教育实践中,围绕澳门法律展开深入研究的状况并不理想。澳门回归祖国已近15年,澳门两所大学的法学院历年亦有近百名师资出入,但迄今所见关于澳门法的研究成果不多。既有的一些成果亦往往是表层意义的描述、阐释或比较,它们在理论深度及学术视野等方面均难以跻身一流,更遑论要与世界法学或者欧洲大陆法系法学圈进行“平等对话”。这种尴尬状态当然因缘有自,一方面是澳门法制本身发展的特殊性,另一方面也与法学院教师队伍疲于教学工作有关。澳门法学的“主体性”问题仍是澳门法律教育可持续发展必须正视的问题。

第三,针对学生的职业教育与素质教育未能均衡。澳门现行的法律教育仍然首先是将其视为一门职业教育,但它必须辅之以素质教育才能真正造就完整的法律人才。作为职业教育的养成场所,法学院不过是跟“法律和司法培训中心”等培训机构一样的常规性机构,而其长线投入的学院式教育方式相比之下更不具有优势;但法学院之所以具有自身的发展基础及能量,关键正在于它能持续提供相对完整的素质教育,使学生在这一文化场域之中受到潜移默化。澳门目前负担法律人才本地化使命的两所大学法学院风气尚可,但由于前述师资力量长期匮乏、研究状况相对落伍,在学生素质教育方面难以给予更多的关注。

当然,澳门特区法律教育所面对的问题、困难及挑战,远非此处粗略所谈的几点;囿于篇幅,不再赘言。在此谨期望所有关注澳门法律教育发展的人士,能以不同的方式介入其间并促成其更好地发展。

附录一　澳门印痕：孙中山法政思想的时空背景*

伟大的革命先行者孙中山先生与澳门有着深厚的渊源。弹丸之地的澳门既是他睁眼望洋、走向世界的门户，也是他早期从事社会活动和革命活动的基地，这段生活经历为他后来的法政思想提供了无以估量的养分。而自鸦片战争以来列强环伺之下衍生出来的所谓“澳门主权问题”，以及伴随近代中葡关系的诡谲多变所产生的种种乱象，则使他在对抵御外侮、复兴中华的使命有更为直观而深刻的理解。

综观孙中山与澳门结缘的生平往事，可见不同阶段的生活经历与社会阅历在不同程度上引发、激活并深化他对国际形势与民族前途的思考，它们最终以不同形式渗透到了他以三民主义为核心的法政思想体系之中。虽然他的相关著述并未特别提及这些经历，但个人体验之逐步升华为思想的过程并非无迹可寻。作为一个有着澳门生活经历、亦亲历着澳门主权问题交涉进程的革命先行者，在系统提出并逐步完善、且以毕生精力身体力行其法政思想时，不可避免地要受到上述两方面或隐或显之

---

* 本章内容原为应邀参加2012年11月16～18日第三届“孙中山与中国法治”研讨会之会议论文，收入本书时有修订。谨在此感谢朱世文博士的邀请与中国社会科学院法学研究所杨一凡教授的评议。

因素的影响。[①] 鉴于此，实有必要重新审视烙在其革命生涯中的澳门印痕，借以体察孙中山法政思想不断成长并逐步付诸实践的时空背景。

一、途经澳门：批判精神的诱兴

置于葡萄牙殖民统治下的近代澳门，是孙中山青少年时代睁眼看世界、初识中西文化差异并直观感受种种社会问题及时局流弊的窗口。

澳门自嘉靖三十二年（1553 年）允准葡萄牙人入居贸易至鸦片战争前夕，因缘际会而逐步发展为华洋共处、商贾云集的国际贸易重镇，此后则因鸦片战争以来"千古未有之大变局"而遽然生变。随着葡萄牙政府对华外交政策的迅速调整，决心效力葡国王室并于道光二十六年（1846 年）走马上任的澳门总督亚马勒乘虚而入，在短短三年间以强硬手段全面推行殖民管治措施而步步得逞，使这个长期置于中国政府主导治理下、而澳葡仅能有限自治的地方沦为葡萄牙政府在远东地区进行殖民管治的对象。[②] 不过，由于葡萄牙政府深知这种事实上的殖民管治并不具备近代西方法权体系、尤其是近代国际公法意义上的合法性，而他们日薄西山的军事实力又根本无法使之成为像欧美其他列强那样胁迫清政府妥协的后盾，于是只能想方设法谋求趁火打劫的谈判机会，试图通过缔结不平等双边条约的形式获得对澳门的主权。葡方的这种努力自道光二十五年（1845 年）出笼"议事亭九请"之谈判尝试开始，一路延伸并体现在 1862 年以来展开的一系列缔约图谋之中，[③]直至 19 世纪 80 年代初之中法战争因所谓"购买澳门"谣传而获得一次可供讹诈的外交机会，并在英方人士及港英政府的合谋与协助下如愿以偿，通过与清政府正式签订《中葡和好通商条约》（1887 年），他们对澳门主权觊觎已

---

① 中外学界围绕孙中山之生活经历及社会阅历已作出了相当可观的探讨文章，如罗香林、陈锡祺、简又文、庄政、林百克（Paul Linebarge）、史扶林（Harold Z. Schiffrin）、白吉尔（Marie-ClaireBergere）等学者，皆已研究孙氏在香港、澳门、广州及海外的经历及其对革命思想之形成的影响。香港浸会大学李金强教授的论文《从省港澳地域观察孙中山的求学与革命》，则为此领域新近作出的一个系统梳理，载中国社会科学院近代史研究所编：《纪念孙中山诞辰 140 周年国际学术研讨会论文集》（下卷），社会科学文献出版社 2009 年版，第 1107 ~ 1124 页。

② 郭卫东："论亚玛勒案件与澳门危机"，载《文化杂志》2002 年总第 45 期。

③ ［葡］萨安东著：《葡萄牙在华外交政策：1841 ~ 1854》，金国平译，葡中关系研究中心、澳门基金会 1997 年版。

久的政治野心才几近全面实现。[①] 然而这份条约遗留了一个对中葡双方而言都极为重要却悬而未决的澳门地界问题,由此而在20世纪初期的中葡勘界谈判过程中衍生出更多的翻覆与波折。

如是种种发生在近代澳门史上的风云变幻,不仅对近代澳门自身的政治与法制发展产生了十分深刻的影响,亦给所有亲历这个时代而胸怀治国平天下之大志的有识之士烙下了极为复杂的影响。与澳门相距仅35公里的翠亨村,因地缘上的切近和利害上的关联,对此段风云变幻不可能毫无察查,亦不可能无动于衷。1866年生在此地一个普通农户家庭的孙中山,便是自小抱负救国宏图而亲历这个时代并有切肤之痛的革命先行者。

客观而论,澳门之于孙中山少年时代的最初影响,不过是直观的、朴素的,就其本质而言则是感性的一种心理震撼。在他12岁那年(1878年),因随母亲乘船抵檀香山探望兄长而初入澳门,这个已经置于葡萄牙殖民管治下的城市留给他毕生难忘的第一印象。它不仅以其华洋共处的社会风貌和中西交融的文化氛围打开了他自此东西望洋的眼界,后来回忆此段旅程有谓"始见轮舟之奇,沧海之阔,自是有慕西学之心,穷天地之想"[②];亦以其在鸦片战争之后急剧堕落为物欲横流之地的负面形象——鸦片泛滥、赌博盛行、苦力贩卖猖獗而娼妓业竟是如此畸形地繁荣,激活了他对澳葡政府殖民管治的本能反感。

与澳门有同志渊源的人际交往圈,是孙中山求学时期把早期叛逆风格的批判精神初步进行理性化、并由此开始尝试探寻建设性思想之出路的重要环境。

实际上,孙中山少年时代即以"洪秀全第二"自诩而大胆反对传统恶习[③],种种显露"反骨"的叛逆风格实则是一种朴素的和自发性质的批判精神,是其与生俱来的遇到极度不平必定不惜豁出性命讨个公道的倔强性格之体现。[④] 在香港西医书院攻读医学、兼习人文社科新知之际,澳门既是他多次往返家乡的必经之地,有时亦是他短期居留的栖身之所。此时宏图大志已露端倪的孙中山,因与志

---

① 费成康:"关于1887年中葡《和好通商条约》的订立",载《上海社会科学院学术季刊》1988年第2期。

② 《孙中山全集》(第1卷),中华书局1985年版,第47页。

③ 茅家琦等著:《孙中山评传》,南京大学出版社2001年版,第50~51页。

④ 关于孙中山少年时代的叛逆精神与行迹,黄宇和《任重道远:孙逸仙成长之重要性及探索之重重困难》一文考证甚为翔实,参见《纪念孙中山诞辰140周年国际学术研讨会论文集》(下卷),社会科学文献出版社2009年版,第1125~1146页。

同道合的杨鹤龄、陈少白、尤列经常共聚一堂抨击时政而成“四大寇”之首，杨鹤龄在澳门的住所水坑尾巷14号则变成他栖身澳门时的重要活动场所。

此时澳门境内的社会治安形势日趋严峻，社会问题错综复杂。据《清季外交史料》载广东巡抚吴大征奏，澳门当时可谓“官无善政，商无善贾，工无善艺，惟借赌馆娼寮，包私庇匪，收受陋规为自然之利。葡国既无商船来往，澳门别无地利可图，市面萧条，人情涣散，其坐困情形，可立而待”。其中尤为严重的是败坏社会风气而贻害国民身心的鸦片贸易。至于澳门的贩卖华工问题，亦为近代澳门经济畸形发展的见证。在贩卖华工最猖獗期间，澳门公开设立形形色色的“猪仔馆”，每年骗诱华工数以万计，转贩南洋或美洲卖作苦工。[①] 凡此种种，这个乱象纷呈的澳门社会向世人公然暴露着殖民管治下的种种极度不平，无疑是在一而再、再而三地刺激着、进而不断激化着孙中山对腐朽清廷的批判意识和对列强环伺的忧患意识。

二、相聚澳门：维新观念的承转

与其时寓居澳门潜心著述的维新思想家郑观应心气相通并开始交往，使孙中山早期尚处于自发状态的批判意识借助维新思想而获得认识层面的第一次升华。

比孙年长24岁的同乡先贤郑观应（其家乡在香山县雍陌乡），是中国近代早期具有较完整的维新思想体系的资产阶级维新派人物之一，也是较早在澳门活动的维新人士，既以《易言》诸篇阐发的商战思想和政治主张震撼着同时代的思想界，亦因深谙洋务之道而曾跻身李鸿章北洋幕府并成为中坚人物。其时因耳闻目睹葡萄牙人对居澳华人的统治和欧美列强对中华帝国的蹂躏，郑观应的爱国御侮之热情被极大地激发出来，围绕澳门社会问题而展开的一系列言辞犀利的批判文章应运而生，其中包括揭露澳门苦力贸易积弊的《澳门猪仔论》、《续澳门猪仔论》、《求救猪仔论》及《论禁止贩人为奴》等政论，亦有《澳门窝匪论》等文章揭露澳门聚赌窝匪之种种罪恶情形，更由此生发议论批评清朝政府与地方官员面对葡人殖民扩张活动而“不与论争”、“事事退让”的消极态度[②]，皆收入其在19世纪70年代结集出版的维新思想名著《救时揭要》。至1880年出版的《易言》则从商业、科技、法治、教育等方面思考时局而抒发内心积感，倡工商以富民，重民意设议

① 邓开颂：“澳门的苦力贸易及其对世界经济的影响”，载《广东社会科学》1988年第1期。

② 夏东元编：《郑观应集》（上），上海人民出版社1982年版，第364页。

院,行宪政遏专制,如是种种所传达的忧患意识和开放精神,在朝野上下呼吁变法图强的历史洪流中,裹挟雷霆之势,成就大家之言。

对此时代之积弊感同身受的孙中山,面对郑观应的新知锐见不可能不心表折服,复以因缘同乡关系而顿生仰慕之情。我们虽然无法查知这两位同乡在澳门交往的确切时间(学界推论为 1890 年左右)①,郑观应在 1892 年冬赴沪重入招商局从而结束了隐居 8 年的澳门生活,但这丝毫无碍于郑观应之改良主义辐射出来的思想能量对于孙中山这一阶段思想成长的巨大影响。孙中山就读期间所撰致香山县籍清退休官员郑藻如书《兴利除害以为天下倡》(1889 年)②,是迄今所见其最早的政论作品,该文历陈“人能尽其材,地能尽其利,物能尽其用,货能尽其利”的观点,主张兴农办桑、提高教育、禁绝鸦片,且可先在香山县试行然后总结推广,其效法西方进行社会改革的抱负和观点深得郑观应之赏识,可视为早期三民主义之民生观念的历史先声。

更可证明郑观应与孙中山在思想上心气相通的是,他于 1893 年出版的维新思想体系之大成的著作《盛世危言》,不仅收录了孙中山最早的政论作品(被改写成《上李鸿章书》),还有其在 1891 年前后以“孙翠溪”笔名所写的《农功》和《商战》等文章。这部以富国强兵为主题的皇皇巨著被光绪皇帝推荐群臣阅览并风行全国,其改革主张广涉政治、经济、文化、军事等方面:政治上主张实行君民共主,经济上谴责西方列强对中国的经济侵略,要求通过谈判收回海关主权、保护本国工商业并与列强进行“商战”,文化上把兴办学校看作“造就人才天地、治天下之本”,军事上以“防外侮更重于防内患”为据而主张强兵重在“人”和“器”,人的优秀在于教育,器的精良在于发展工商业,等等。孙中山之早期思想借此巨著的社会影响力而得以广泛流传,亦不难看出郑观应以其独特的人生际遇和新锐的思想体系对他产生的示范性和指引性的复杂影响。

孙中山在澳门行医期间一面悬壶济世据以关注民生,一面致力探索中国社会

① 相关分析参见夏东元编:《郑观应集》(上),上海人民出版社 1982 年版,第 109 ~ 110 页。另据吴相湘考证,孙中山在该年经陆皓东介绍得以认识适在广州养病的郑观应,其致函郑藻如的政见书也因缘郑观应请郑藻如订正《盛世危言》而递到了对方之手。参见吴相湘编撰:《孙逸仙先生传》(上册),台北远东图书公司 1982 年版,第 78 页。

② 黄彦编:《孙文选集》(中册),广东人民出版社 2006 年版,第 1 ~ 3 页。该文后以《致郑藻如书》发表在光绪十八年(1892 年)《澳门报》,参见《孙中山全集》(第 1 卷),第 1 ~ 3 页。相关考订参见濠江客:“孙中山鸿文首篇发表澳门”,载《澳门时报》2001 年 12 月 14 日。需要指出的是,《澳门报》迄今未见原刊,而《镜海丛报》稍后创办于 1893 年,其他中文报刊亦晚出于此。

的变革之道，并通过与土生葡人合办报刊和撰述文章的方式，阐发其早期思想体系中批判现实的若干方面，为后来系统提出三民主义思想奠定了不容忽视的经验基础。

孙中山于1892年7月以“最优异”成绩毕业于香港西医书院[①]，应澳绅何穗田等人之邀请到澳门镜湖医院，出任该院西医局首任义务医师，开镜湖医院西医行医之先河，还建议该院中西医联合施诊（后被采纳）[②]；此后又获该院董事、澳绅商吴节薇等人的支持和担保，向镜湖医院借款后于草堆街80号开设“中西药局”，又在议事亭前地14号开“孙医馆”行医，以医术高明、医德高尚而声名鹊起，成为澳门第一位华人西医，前来就诊者络绎不绝。但因遭到澳葡人士的排挤，依照澳葡政府关于“行医于葡境内者必须持葡国文凭”的规定，[③]他先是被禁止为澳门葡人治病，后又被政府饬令药房不得为其配药。翌年春，虽托土生葡人飞南第（Francisco H. Fernandes）向澳葡政府申请行医牌照，却被政府以非葡国医科毕业为由拒绝发给。遭种种排挤的西医局停办，[④]孙中山遂前往广州继续行医。[⑤]

孙中山此段行医澳门的经历，是其感受民间疾苦、倡扬博爱精神的人生历练，为他后来系统阐述民生主义提供了不容忽视的感性体验。而在澳葡政府殖民管治之下的仰人鼻息、更兼葡医排挤的不公待遇，更使他对近世中国饱受列强蹂躏之苦和殖民统治之辱有着最直接的感同身受，为他后来系统阐述民族主义提供了更为持久的情感驱动。立基于此，孙中山遂有感慨称“医术救人，所济有限，其他慈善事业亦然”，[⑥]决计借医术为入世之媒并开始了“医国”的心路历程。而在行医过程中，他经常与一批对清廷统治不满的爱国青年聚会，探寻救国道路。

其时，中华民族面临亡国灭种的严重危机，维新思潮渐有发展为变法运动的

---

① 陈锡祺主编：《孙中山年谱长编》，中华书局1991年版，第58~59页。

② 冯自由著：《革命逸史》（初集），中华书局1981年版，第9页。

③ 有研究指出，孙中山的学历证书是香港的，在当时澳葡政府管治下并无法律效力；遵照当时的葡国法律，他只能是一位“郎中”——这是当时葡萄牙法律对没有葡萄牙医学文凭的中医地位的唯一规定。参见［葡］阿马罗：“澳门医学：名医、药房、流行病及医务治疗”，载吴志良等主编：《澳门史新编》（第3册），澳门基金会2008年版，第995页。

④ 《镜海丛报》1893年12月9日。

⑤ 茅家琦等著：《孙中山评传》，南京大学出版社2001年版，第79页。

⑥ 胡汉民编：《总理全集》（第2集），上海民智书局1930年版，第141页。

来势，因封建顽固派在广东的势力强大，置于葡萄牙殖民统治下的澳门却免受其制，澳葡政府亦对不危害其统治利益的维新活动少有干涉，办报刊以谈时政、倡新知，由此具有得天独厚的政治空间。此前，澳门亦有形形色色的外报、外刊及部分中文刊物沉浮起落①，为后继者提供了不少可资借鉴的筹办经验及运作模式。1893 年 7 月，孙中山与飞南第在澳门下环正街合办葡汉双语报《镜海丛报》，分论说、新闻、广告三块。② 因及时反映天下大势及国内动态，且敢放言直击澳葡政府之腐败和澳门社会之堕落，其新锐思想颇受社会各界瞩目，不仅一时行销广州、上海、福州，更在香港地区、新加坡、旧金山乃至葡萄牙产生影响。

孙中山改往广州行医后，仍多次往来省港澳，保存澳门"中西药局"为革命活动之据点，并以丛报匿名编辑的身份继续发表抨击文字。在 1895 年策划重阳节广州起义因泄露消息而被清廷通缉之后，他辗转逃至澳门并在飞南第的帮助下前往香港上船赴日③，但其革命思想并未就此销声匿迹于澳门。续接其思想潮流且不断刊载新知锐见的新兴报刊，是 1897 年 2 月在此创刊的维新派重要报纸《知新报》。该报所载论说、上谕、京外近事、各国情况、农工商矿诸事、中外交涉及各省新闻等十分丰富④，旨在宣传变法图存思想，介绍新政推行情况，一时畅销海内外，与上海《时务报》和天津《国闻报》同属有识之士最受重视的三种报纸，其间精神与远在异乡的孙中山之渐趋成熟的思想亦有遥相呼应之处。

三、遥望澳门：革命思想的践行

孙中山自 1895 年远走他乡以后直至辛亥革命之前，虽然不在澳门直接负责并统领此地的革命活动，但其日趋成熟的革命学说成为激励和指导澳门境内革命活动的思想指南。

---

① 李长森著：《近代澳门外报史稿》，广东人民出版社 2010 年版。

② 该报葡文名为《澳门回声——政治、文学及新闻报》，东主兼负责人是精通汉语的澳门土生葡人飞南第。该报最初是葡汉合璧，前用葡文，后用中文，自 1893 年 7 月 18 日出版第一期，至 1899 年 9 月 18 日出版最后一期，总共刊印 114 期。参见姜义华："序"，载《镜海丛报》（影印版），澳门基金会、上海社会科学院出版社 2000 年版，第 1～6 页。

③ ［葡］若昂·歌德斯："孙逸仙与澳门和革命"，载《文化杂志》1993 年总第 17 期；又见［葡］卡洛斯·高美士·贝萨著：《澳门与共和体制在中国的建立》，崔维孝译，澳门基金会 1999 年版，第 19 页。

④ 姜义华："序"，载《知新报》（影印本）（第 1 卷），澳门基金会与上海社会科学院出版社 1996 年版，第 1～4 页。

在此期间,澳门主权问题激化的种种局面不可避免地波及当时所有心忧天下的革命志士与同人。早在1887年《中葡和好通商条约》拟订期间,双方代表就已围绕澳门划界问题有过激烈的争论。随后中葡之间围绕澳门主权问题展开的系列交涉,都与该条约第2款关于葡萄牙“永居管理澳门”之后塞入“及属澳之地”字样的歧异立场紧密相关。在双方围绕澳门及属地的理解有重大分歧的情况下,澳葡政府所要求的“属地”有着深远的政治、经济与军事目的。① 这种不断扩展条约中所谓“永居管理”范围的努力,导致中葡之间新一轮关于澳门水界与陆界(居住与管理界线)勘定交涉的政治问题。自1889年以来,澳门葡人一再试图借助列强势力进行讹诈、图谋扩界,但大多被广东地方官员所制止,1890年12月发生的澳门地图交涉亦体现朝廷的基本态度。尽管澳门葡人的软硬兼施并未完全奏效,但由于部分官员的抵制力度有限,其软弱态度亦一再留给他们以可乘之机。到20世纪初,澳葡已完全控制澳门城墙以北到关闸以南和青洲、氹仔、路环等地,为谋求通过国际条约方式确认其占领地界而希望与清政府谈判勘界。1907年年底,广州、香山、香港等市县的绅商、士民就纷纷请愿,要求政府“派员来澳划分界限”。② 1908年2月发生的“二辰丸事件”则使澳门界务政策骤然生变③,交涉失败的消息传到广东并迅速引发民间舆论一片哗然,广东绅民自发掀起抗议示威和抵制日货运动,很快蔓延至上海、香港、广西等地,南洋华侨也加入了爱国运动中;并对葡人肆意扩占澳门以外领土的行径表示强烈抗议,要求划清澳门界址的运动亦声势浩大④。

置于澳门主权问题所纠结的国际时局之下,心忧天下而与澳门有着深厚渊源的孙中山当然不可能无动于衷。在不可能通过改良方式促使腐败的朝廷抵御外侮的情况下,加速推进革命便成为孙中山力图彻底解决中华民族之生死存亡问题的不二之选。1905年于日本东京成立革命政党同盟会之后,这个革命组织机构的活动能力及其影响力随后不断辐射出来。在谢英伯、卢廉若、陈子要等人的主持下,同盟会澳门分会于1909年成立,租南湾街41号为秘密机关并开展活动,倡

---

① 吴志良著:《生存之道——论澳门政治制度与政治发展》,澳门成人教育学会1998年版,第189~193页。

② 郑勉刚:《澳门界务录》(手抄本)(卷1)《香山县士绅请粤督力争海权书》。

③ 相关史料参见黄鸿钊编:《中葡澳门交涉史料》(第1辑),澳门基金会1998年版,第323~363页。

④ 黄鸿钊:“清末澳门的勘界谈判”,载《南京社会科学》1999年第2期。

行“驱除鞑虏、恢复中华、创立民国、平均地权”之主张。会员潘才华在澳门开办的培基学堂是传播革命思想的基地之一,女会员赵连城登台讲演则是当时阖澳瞩目的一大新闻,更有富家子弟陈永安和水上居民梁镜清等人设法筹措经费捐给分会。[①] 正是受该分会的策动,驻守前山的两千名新军和香山县团练投入革命阵营,为光复香山县城作出了重要贡献[②];武昌起义爆发的消息更使澳门同胞大受鼓舞,分会在清平戏院发起举行的“澳门华服剪辫会”则有千人赴会,各界人士还以镜湖医院之名义捐款数万元献给广东革命政府,可见其时孙中山之革命思想已成近世中国浩浩荡荡的潮流。

辛亥革命之后,孙中山与澳门的关联虽然有限,但其巨大的人格魅力和思想魅力仍备受澳门社会的普遍敬仰,其革命活动亦因之而在此地发生积极的回应。

辞卸中华民国临时大总统职务的孙中山,先是在1912年5月下旬返乡之际顺道访问澳门三天,受到阖澳上下的热烈欢迎[③];翌年6月再次赴澳看望女儿并在此建屋让元配卢慕贞及女儿们居住之际,与新任粤督陈炯明会晤策划“四省独立,广东同时宣布”的倒袁运动[④];1917年到澳门小住之后再无往来,但一直关注此地并借其继续开展革命工作。澳门之作为其后续革命活动基地的行迹不少,如1914~1916年间委派助手朱执信来澳门筹款、买军火、印刷传单以开展倒袁运动[⑤];1919年粤军决定回师之际,又命孙科往澳门以特派员名义成立办事处、号召在粤海陆军起义[⑥];1921年就任广州民国政府非常大总统期间,聘请在澳门定居的杨鹤龄为总统府顾问,后委任其为港澳特务调查员;在1922年“五二九事件”及稍后的澳门罢工运动期间,广州军政府还派出多艘军舰驻守澳门内港附近前山及附近海域[⑦],孙中山对此表态支持工运并郑重警告澳葡政府[⑧]。

---

① 《辛亥革命回忆录》(第2集),文史资料出版社1962年版,第308~310页。

② 冯自由著:《革命逸史》(第4集),中华书局1981年版,第75页。

③ 陈锡祺主编:《孙中山年谱长编》,中华书局1991年版,第701页。

④ 同上,第823页。

⑤ 朱秩如:“朱执信革命事迹述略”,载《辛亥革命回忆录》(第2集),文史资料出版社1981年版,第449页。

⑥ 盛永华、赵文房、张磊著:《孙中山与澳门》,文物出版社1991年版,图130。

⑦ “国会省会主张严重交涉”,载《民国日报》1922年6月11日。

⑧ “关于澳门事之孙中山谈话”,载《华字日报》1922年6月3日。

反之,澳门同胞也继续以不同的方式支持着孙中山壮心不已的革命活动,其中最为世人瞩目者当推协助筹办中国空军之举。在 1920 年法国人李革(时为澳门电灯厂厂长)出售 6 架飞机之际,澳门富商卢廉若闻讯即买下其中一架大鸭婆机作为礼物送给孙中山,革命党人随后筹得港币买下一架小鸭婆机,另外四架也在半年之内被孙中山筹款买下。它们构成了近代中国空军的雏形,并在同年 9 月反对桂系军阀的斗争中初露锋芒,迫使桂系军阀岑春和莫荣新匆匆退出广州并通电辞职。这是中国空军出现的第一次战斗,出发基地则为澳门。[①] 1925 年 3 月 12 日孙中山逝世的噩耗传至澳门后,于 3 月 29 日在镜湖医院举行的追悼会有 2 万多名人士前往致祭[②],成就澳门有史以来规模最大的追悼会,阖澳同悲的感人场景之所折射的正是孙中山人格魅力和思想魅力的伟大。

四、结语:时空背景的研究意义

行文至此,我们对孙中山在澳门的生活经历与思想阅历已有一个粗浅印象,据此大致可得出如下两方面可资参考的初步结论。

一方面,空间意义上的澳门印痕不容忽视。因为近代澳门既使孙中山得以初步认识中国之外的世界,亦迫使并催化他不断地反思世界之中的中国,这个独特的地理空间和文化场域是他建构其思想体系的灵感策源地之一。中国民间俗语有所谓“一方水土,养一方人”,西方法政先贤如孟德斯鸠之辈也对法的精神与地理环境之关联作出过心同此理的论断,它们有助于提醒我们在研究孙中山思想体系的源流及承转之际需要考虑的地缘要素。

另一方面,时间意义上的澳门印痕也不容忽视。由于澳门问题在鸦片战争以来迅速蜕变为近代中葡关系中纠缠甚深的主权交涉问题,而不再是以往华洋共处分治时代的中方主导治理、澳葡有限自治的格局,列强环伺之下的澳门在殖民主义全球化扩张过程中虽不显眼,但与阖澳人民发生反帝反殖民情感共鸣的正是与之毗邻的香山县属各地。孙中山纵横四海扬名五洲而始终未敢遗忘家乡,对澳门主权问题的持续关注最终衍生出一系列关乎民生问题、民族命运、国家前途的体系化思考,这当然值得进一步展开深入研究。

需要指出的是,本书在此所做的只是一种旨在提醒时空背景之重要性的初步

---

① 冯自由著:《革命逸史》(第 4 集),中华书局 1981 年版,第 76 页。

② 《民国日报》1925 年 4 月 2 日。

探讨。其间当然还有许多更具历史意义的话题因学力不逮及文献所限而无从查知，至于孙中山在澳门的这些经历及阅历如何渗透于他毕生所著述的思想学说也难以逐一考溯并作定论，围绕孙中山法政思想体系中的澳门印痕仍有许多学术问题值得中外学界同人合作研究。

附录二　被误解与被遮蔽的：《生存之道》及其启示

在日趋充盈的澳门学著述中，有口皆碑的经典屈指可数，其中之一是吴志良博士的《生存之道——论澳门政治制度与政治发展》（以下简称《生存之道》）。① 该书以广阔的历史视野和恢宏的理论架构，重构出一幅跨度达4个多世纪的澳门政治（兼涉法制）的历史长卷，赢得海内外学界的高度关注和广泛赞誉。② 其中尤有可资继续探究意义的，是主题“生存之道”及其衍生的“共处分治”与“双重效忠”等理论概括。然一切开拓都蕴含风险，学术创新更易聚讼纷纭，学界围绕该书的学术争鸣相当激

---

① 吴志良著：《生存之道——论澳门政治制度与政治发展》，澳门成人教育学会1998年版。该书在内地有两份简体版，一名《澳门政治发展史》（上海社会科学院出版社1999年版），一名《澳门政治制度史》（广东人民出版社2010年版），另有葡文版 *Segredos da Sobrevivêcia—História Política de Macau*（Associação de Educação de Adultos de Macau，1999）。本书征引为澳门繁体版。

② 笔者所见的代表性评论文章，参见邓正来：“澳门政治发展与宏观政治研究”，载《中国书评》1998年总第11期；何亮亮：“澳门问题的必读书”，载《文汇报》1998年5月31日；黄枝连：“在‘前五百年’和‘后五百年’之间”，载《文汇报》1998年10月15日；汤开建：“评吴志良《澳门政治发展史》”，载《澳门研究》总第13期；徐新：“《生存之道》与澳门学”，载《澳门研究》总第11期；于沛：“一部研究澳门史的力作”，载《史学理论研究》1998年第3期，等等。

烈[①],作者也对相关批评有所回应[②]。如今回顾《生存之道》及其争鸣,不仅是为辨识双方的学术立场,更欲厘清各自的问题意识,以此重审澳门政治制度与政治发展的"生存之道",兼及这场学术争鸣中一些易被误解或被遮蔽的学理问题,以期有所裨益于澳门学(特别是澳门政治史与法制史)的纵深发展。

一、作为历史事实的"生存之道"

《生存之道》一书引人瞩目也引发争鸣的首要问题,是概括全书的主题"生存之道"。作者在《导论》中开宗明义,不仅视"历史"为过去事件的记录和供人获取"关于生活的经验和知识"的对象,更视之为"我们自身生存的方式",由此历史观切入主题:以政治发展理论为视角,考察澳门政治制度及其发展史,"从根本上是探索澳门的生存之道"。[③]

基于此,作者以主要篇幅回溯澳门历史,将澳门政治发展划为七个阶段[④],描述其四百余年坚韧成长的轨迹。在动态的历史描述中,作者不仅力图深入澳门不同阶段的政治状况,还对它何以生存的问题——"生存之道"——适时展开阐释。

这种阐释在第一章即有精彩表现。犹如长镜头扫过中葡交叉航行与葡人据居澳门的早期史之后,作者试图越出前人窠臼,重新阐释葡人据居澳门的根由。在他看来,尽管有广东当局"得澳门为屏卫"的权宜之计为直接导因,但最根本的原因还是明末社会动乱和边境危机此起彼伏,令朝廷无法分心处理东南沿海的贸易事务。[⑤] 这种阐释虽偏重宏观历史社会学意义上的时势因素,未必有最充分的解释力,却以一种超越地方志与中国史视野的全球史观,为葡人居澳的理据问题拓展了争鸣的余地。

随后第二章介绍澳门葡人内部自治时期,对澳葡议事会制度发展的轨迹是飘逸的速写,对何以如此的思考则是空灵的水墨。在勾勒澳门作为"东方第一个商

---

① 笔者所见的主要批评文章,参见谭世宝:"略评《生存之道》及其序跋等",载谭世宝著:《澳门历史文化探真》,中华书局2006年版,第519~548页;张海鹏:"居澳葡人'双重效忠'说平议",载《近代史研究》1999年第6期;等等。

② 金国平、吴志良:"再论'蕃坊'与'双重效忠'",载金国平、吴志良主编:《镜海飘渺》,澳门成人教育学会2001年版。

③ 吴志良著:《生存之道——论澳门政治制度与政治发展》,澳门成人教育学会1998年版,第10页。

④ 同上,第12~16页。

⑤ 同上,第48页。

人共和政体”(第一节)的概貌后,作者先是将澳葡议事会视为葡人“蕃坊”,指出议事会为维护相关的切身利益而长期奉行“双重效忠”原则(第二节),并阐述双重效忠是其生存的需要(第三节),进而谈及澳门在中西关系中的地位和作用(第四节),最后概括这一阶段基本定型并影响随后政治格局的基本特点:华洋杂处、民族交融(第五节)。

平心而论,这一章所涉的澳门史事,学界现有的研究可谓丰矣[①],如不开掘新史料或创建新方法,不可能真正取得新进展。作者有意绕开传统史学的考证,以历史社会学与比较文化史为径,进一步指出澳葡议事会机构作为另类“蕃坊”的历史存在,并极富挑战意味地提出“双重效忠”理论,借此阐释澳门葡人内部自治——这是真正具有本体意义的澳门自身内部政治的开端——及其“生存”何以成为历史的偶然与必然。或许由于篇幅所限,作者没有“小心求证”,结果便是这种“大胆假设”迅即引来学界的史学批评,以致作者不得不在其他场合撰文回应(详见下节)。

囿于种种原因(尤其是葡文资料的隔阂),中国学界对18世纪以来(以1783年《王室制诰》颁行为起点)的澳门政治史研究较少突破。《生存之道》一改澳门史研究“厚古薄近(今)”的积弊,借助中葡文献互证比勘,分别介绍议事会权力衰落时期(第三章)、葡萄牙殖民管治时期(第四章)和实现地区自治、进入过渡时期(第五章)的澳门政治制度发展史,轻重缓急之间经络毕现,澳门自身的独特性存在——亦即何以“生存”——的主题则贯穿始终。

其中尤值得提及的是,作者以浓墨重彩对葡萄牙殖民管治时期所作的考察。作者从葡萄牙宪制的变化入手,先谈殖民管治的实施(第二节),考察葡萄牙要求改变澳门现状、开始推行殖民政策的基本状况;再分析晚清关于澳门政治法律地位的中葡谈判(第三节),考察咸丰同治年间的中葡谈判及其分歧、清廷的收复澳门计划、《中葡和好通商条约》的签订及其影响;进而介绍民国建立前后的澳门(第四节),考察中葡澳门划界谈判与交涉、《中葡友好通商条约》的订立、葡萄牙对澳门的政策以及澳门与葡萄牙政治的关联;在考察澳门与近代中国革命(第五节)时,择要考察近代维新派与革命民主派在澳门的活动、“五·二九”工人运动与澳门政治、抗战时期的澳门局势,以及战后要求收回澳门的呼声等问题;最后概

---

① 仅以中国学者关于早期澳门史的研究为例,即有张天泽、周景濂、张维华、戴裔煊、黄鸿钊、金国平、汤开建、章文钦等学者成就斐然。

述五六十年代的澳门(第六节),回顾新中国对澳门的立场和著名的“一二·三”事件。

综观全篇,这样的考察并非面面俱到,但材料与观点的暗合可谓匠心独具。因为我们看到的这些史实,不仅是整个澳门政治发展史的真实描摹,还时刻涌动着作者对“澳门(主权)问题”所涉历史正义的深层思考。尤其是置诸近代中葡关系与国际关系中的澳门,其跌宕起伏的命运从来不是孤立和割裂的;在错综复杂的近代时局中,它如何继续谋求生存、进而得以发展,无疑是一个耐人寻味的问题。在我们需要穿越历史的迷宫时,作者对澳门“生存之道”的描述和阐释,不啻一份鸟瞰全局、明晰凝练的导引地图。

二、作为问题意识的“生存之道”

《生存之道》对澳门政治发展史的宏观描述极为成功,但关于“生存之道”的主题阐释,屡因“小节”或“大义”被人误解而起争鸣。

误解的根源首先在于,贯穿澳门政治发展史的“生存之道”,被某些评论者化约为澳门葡人谋求生存的策略。如前所述,作者把澳门政治制度发展史视为一个历史“存在”,对它如何、尤其是何以“存在”的问题——亦即“生存之道”主题所作的阐释,本质上是一种历史哲学性质的思考。由于“道”在中国语境中兼具方法论意味,一些批评者却望文生义并以偏概全,将其混同于作为本体论意味的“生存之道”主题。

例如,有论者在回溯澳门史时认为,历史上的澳葡殖民者处于远离葡国,在租居中国澳门之小部分地方之时面对明清政府的强有力的管治,随时有被消灭或驱逐的可能情况下,全靠对中国官方政府运用了政治上的伪装恭顺效忠,经济上的守法奉献交租以及非法行贿收买等策略手段,以时而是单面、时而是两面、时而是多面讨好的“生存之道”,维持了其在澳门租居的澳门城内近三百年的委曲生存,最后只是利用鸦片战争清朝惨败于英国之机,终于达到其长期追求而无法实现的阴谋目标,反客为主地把清朝管治澳门地区的政治、军事和海关等驻澳的机构与人员都驱逐出澳门地区,其后“霸占”澳门地区长达一百多年。[①]

这类批评意见把贯穿全书的主题“生存之道”简单化为居澳葡人处理对中国政府关系的策略。然在实质上,《生存之道》关于澳门政治发展的“生存之道”,不

① 谭世宝著:《澳门历史文化探真》,中华书局2006年版,第519~548页。

是形而下的策略或手段——澳门葡人在不同历史阶段谋求生存的策略、方法或路径,不过是澳门政治得以维系发展的一个面向——而是形而上的存在或生存,是一种年鉴史学意义上的“总体史”和“长时段”的历史阐释。[①]

从篇章结构看,这类批评又是断章取义的。因为《生存之道》是对四百余年澳门政治史的纵向梳理,上述批评者所论“时而是单面、时而是两面、时而是多面讨好的‘生存之道’”,仅仅是其间一章(“澳门葡人内部自治时期”)所涉的问题。实际上,该书作者在这一章把居澳葡人“伪装恭顺效忠”、“守法奉献交租”和“非法行贿收买”等策略归纳为“双重效忠原则”[②],并没有扩及整个澳门政治发展史。

正因罔顾《生存之道》的整体布局,把居澳葡人在特定阶段的谋求生存及其努力视为整部著作的主题,于是有批评者认为该书“大谬”,斥责其首先是把前朝居澳葡人在某一特殊的澳门历史上的政治经济环境下谋求“中葡共识”的所谓“双重效忠”的“生存之道”,说成是整个“澳门”的“生存之道”;并将此历史上的所谓“澳门”的“生存之道”作为即将回归祖国的澳门未来的“生存之道”的借鉴指南。该批评者随后由学术进路转向立场批判,一方面承认“历史上的居澳葡人这种独特的‘生存之道’,与回归祖国后的澳门及澳门人的生存和‘发展之道’有极大不同”,另一方面又断言该书作者“全盘肯定前朝葡人的那一套并要套用于今天的澳门特区”,指责作者“把前朝居澳葡人的小政府的‘生存之道’,与今天和将来的澳门历史研究的发展混为一谈”,从而视其为“极为荒唐可笑的严重谬误”,甚至由此臆断作者潜藏讨巧澳葡政府的“澳独”之心。[③] 其论延伸至此,则近乎断章取义。

由此可见,如此断章取义是“生存之道”及其衍生观点屡被误解的根源。从严格的学术批评规范看,如属无心,不过是一种学术性的误读,可冀望于学术争鸣加以澄清;如属有意,则是一种政治性的曲解,实际偏离了学术争鸣的宗旨。

继续回到批评者的问题上来。一些批评者之所以将全书标题“生存之道”限

① 欧洲年鉴学派的基本特色是高扬“以问题为导向的史学”、总体史、长时段、跨学科合作等理念,这是20世纪欧洲最著名的史学群体,因1929年创办《年鉴》杂志而得名,以其60年孜孜不倦的、社会科学史上绝无仅有的跨学科研究,颠覆了传统范畴,提供了新的范式,开拓了史学领域,使历史学这门学科全面改观,从而造成了欧洲大陆史学面貌的旋转。相关介绍参见[英]彼得·伯克著:《法国史学革命:年鉴学派,1929~1989》,刘永华译,北京大学出版社2006年版。

② 吴志良著:《生存之道——论澳门政治制度与政治发展》,澳门成人教育学会1998年版,第65页。

③ 谭世宝著:《澳门历史文化探真》,中华书局2006年版,第519~548页。

缩于早期澳葡议事会时期及其"双重效忠"之类表现上,很大原因还在于未及细看作者对现代澳门政治发展问题的梳理。如前所述,"生存之道"的副标题乃是"论澳门政治制度与政治发展",其涵摄对象当然远不止所谓"澳葡议事会时期",而自然延伸至现当代的新阶段。

"生存之道"作为一个描述性概念,是对回溯"过去"澳门政治发展经验的总结。但在第五章"实现地区自治,进入过渡时期"这里,它又渗透着环顾"当时"澳门回归所应思考的发展方向问题。其时的关切点,不再是对既往的描摹或提炼,而是对将来的思虑或预期。

在该书第五章第三节"澳门现代政制的形成",作者依次勾勒了1976年《澳门组织章程》颁行以来的总督与立法会之职权、设置及其内部关系,并对澳门行政制度现代化和司法自治进程予以梳理,使我们对澳门过渡期的政治发展有一个大致的印象。然后,作者对此时期的澳门政制之特征予以界定,并以一个参与者的视角,思考新时期澳门政治发展的问题与趋势。为免却一些批评者无谓的"政治正确",且先引述作者对现代澳门政制进行的定位:

"澳门既非附属于他国的殖民地,亦非一个独立的城市国家,而是葡管中国领土。主权与治权的完全分离,决定了澳门的特殊法律地位及其政制特色。"①

这种定位已使澳门政治发展的独特性"凸显"出来了,而任何转轨(尤其是政治转轨)都既是契机也有危机。在作者看来,1976年《澳门组织章程》和《葡萄牙共和国宪法》的颁行,为澳门过渡期的政制铸定了基本模式,而1979年中葡正式建交则使澳门作为"葡管中国领土"的政治地位得以明朗,两国也理所当然地调整对澳门的策略。然而问题随之产生,一方面是葡萄牙试图通过章程增强澳门自治能力,同时强化葡萄牙主权机构对该地的宏观调控能力,从而"与根深蒂固的本地葡人保守势力产生矛盾和摩擦";一方面则是葡萄牙当局自19世纪中后期全面控制澳门管治权后,对本澳华人社会采取若干特殊政策和措施以便管理,但"绝大多数华裔居民一直生活于建制之外"②。这就使澳门政治发展在此过渡期重新面

① 吴志良著:《生存之道——论澳门政治制度与政治发展》,澳门成人教育学会1998年版,第332页。

② 同上,第332~333页。

临内在问题,而其解决方案使“生存之道”的参照意义得以再次凸显。

因此,有耐心的读者不会再草率地断言作者的“生存之道”竟是澳葡如何应对中国政府的策略手腕,而真正意识到这四字统摄全书的用心所在。

三、作为策略性质的“双重效忠”

《生存之道》谈至澳门葡人内部自治时,指出澳葡议事会长期奉行“双重效忠原则”,是明清时期澳门政治赖以“生存”、进而发展的动因。

由于赖以支撑的史实论证相对较少,尤其是它背离我们对澳葡机构的通常想象,该观点在学界受到不少质疑。因为它牵涉澳门史的一系列“历史真实”问题:居澳葡人“双重效忠”是否真实、如何可能?是否属于纯粹的学理虚构而非历史概括?尤其是,“双重效忠”是否就是澳门政治发展的“生存之道”?诸如此类,仍须厘清作者原意方可作答。事实上,作者最先在导论部分就提及“双重效忠”:

“东来的葡人也逐渐形成正确的中国观,以柔制刚,向明朝臣服纳税而获准在澳栖息经商。但是他们又不能完全舍弃对葡萄牙的归属感,尤其是面临西班牙人的竞争和威胁时,维系与葡萄牙的传统联系便变得更加迫切和必要,故而依葡萄牙中世纪的市政传统成立议事会,进行自我管理,以双重效忠为生存方式。”①

在此,所谓“双重效忠”与居澳葡人的“生存方式”紧密相连,一方面必须向明政府纳税以示效忠,另一方面在政治情感与族群认同上维系着葡萄牙的传统。

作者随后在第二章专论澳葡议事会,一方面指出澳葡议事会依葡萄牙市政传统进行选举,获印度总督确认和国王颁布法令特许状承认其自治地位,从其成立与职能可见其必然的自我认同,即对葡萄牙政府的效忠;另一方面又强调澳门与葡萄牙其他封地和城市有本质的不同——“不是向葡萄牙国王纳税,而是向中国地方政府交租”②,澳门葡人向朝廷表示臣服以换取居澳权利,即对中国政府的效忠。显然,前者是就效忠的政治认同而言,后者则就效忠的具体实践而言。

在总结整个澳门政治史时,作者再度强调:明清政府一直视澳门葡人社群为

---

① 吴志良著:《生存之道——论澳门政治制度与政治发展》,澳门成人教育学会1998年版,第15页。

② 同上,第57页。

一个“特殊的蕃坊”,指出居澳葡人奉行双重效忠的因缘:

“一方面循葡萄牙中世纪的市政传统,组织议事会依葡萄牙法律和风俗习惯进行内部自治;另一方面,他们深明对天朝帝国的致命依赖性,遵守中国律例,对广东当局、特别是直辖他们的香山县政府恭顺臣服,并缴交地租,在澳门半岛上也基本上能够与华人和平共处。”①

作者据此认为,经济海防的互利性及葡人政治双重效忠的灵活变动原则,正是澳门长期生存发展的根本;而所谓葡萄牙人管理澳门的方式,便是“双重效忠的议事会形式”②。

综上观之,关于澳门葡人的“双重效忠”问题,作者虽未详考史实,但将其视为特定历史阶段的真实存在,可谓重新理解明清澳门政治发展状况的一把钥匙。

不无遗憾的是,一些批评者动辄以鸦片战争以来居澳葡人尤其是澳门总督的“桀骜不驯”、葡萄牙政府设法寻求所谓对澳门主权之根据,以及其他事关重大的华洋交涉事宜为例,认为澳门葡人从来没有形成“正确的中国观”,当然更不可能“效忠”中国,据此指斥作者罔顾历史真实,概括失之宽泛。更有批评者由此任意引申推论,批判作者在倡行和传播“谬论”并试图为所谓“澳独”鸣锣开道。③

事实上,这类指斥忽略了作者对澳门政治发展史的分期。不同于学界常见的划分,作者特别划出“澳门葡人自治时期”(即议事会时期)④,以1583年澳葡议事会成立为起点,以1783年《王室制诰》颁行导致议事会权力衰落为终点。在此期间,澳葡议事会奉行“双重效忠”原则,既是情势的必然,也是历史的真实。在议事会衰落时期(1783~1849年)和殖民管治时期(1849~1976年),则不再有所谓“双重效忠”的情况。因此,作者丝毫没有把“双重效忠”视为整个澳门政治史上的澳葡策略“成功史”,所谓“美化”纯属误读。

一些批评者进而认为,严格意义的“效忠”有且只能有一个效忠对象,故“双

---

① 吴志良著:《生存之道——论澳门政治制度与政治发展》,澳门成人教育学会1998年版,第342~343页。

② 同上,第345页。

③ 例如,前引谭世宝的相关批评,在笔者看来即属于一种随意引申的学术误读。

④ 吴志良著:《生存之道——论澳门政治制度与政治发展》,澳门成人教育学会1998年版,第12~15页。

重效忠原则”之说不能成立。作者对此先声明一点，不能以近代国家主权观看待一般意义上的“效忠”，澳葡“双重效忠”的特殊性取决于他们所受的中葡二元化领导，因而“双重效忠”乃是一种策略性的效忠，而非实体性的、唯一性的、排他性的效忠。至于“双重效忠”何以可能，正如一些学者所言：

“由于澳门市政议会的特殊独立性，葡萄牙政府的态度和政策在澳门问题上体现得极为薄弱。澳门市政议会在它实际上所受的中葡二元化领导下，更多地倾向于接受中国政府的领导。”①

该书作者也明确指出，“双重效忠”并不意味着对两个效忠对象的毫无偏倚，因为澳门葡人在这200多年“名义上接受葡萄牙王室和法律的管制，实质上则受到明清政府之严格约束”，澳葡议事会为维护相关的切身利益不得不长期奉行“双重效忠”的原则②，所以这种“双重”只能是动态均衡的双重，至于他们的效忠对象及其忠诚度，必须放置在历史语境中具体看待。关于此点，作者另行撰文详细分析了“双重效忠”的策略性质，可资参考。

四、作为研究视角的“共处分治”

《生存之道》开篇伊始，即提出另一值得关注的“长时段”概念——“共处分治”。这是对澳门不同历史阶段政治状况的界定，即华洋（首先是中葡）之间的共处分治。这个问题不仅归属于澳门政治史范畴，也值得社会文化史学界的共同参与。在作者看来，澳门奇特的发展演变过程，不单在中国历史上独一无二，在世界历史上也绝无仅有。这是我们基本公认的看法，他的疑惑（亦即我们共同的疑惑）则是：

“在没有任何协议的情形下，葡萄牙人如何神话般地在这‘溥天之下，莫非王土’的天朝土地上据居下来的？明清政府为何让他们‘筑室建城，雄踞海畔若一国’自治长达300多年直到1887年才签订《中葡和好通商条约》，初步确定澳门的

① 王昭明：“鸦片战争前后澳门地位的变化”，载《近代史研究》1986年第3期。

② 吴志良著：《生存之道——论澳门政治制度与政治发展》，澳门成人教育学会1998年版，第65页。

政治法律地位？中葡两国不同时期对澳门这个特殊地区的政治、经济、文化取向和政策有什么不同？澳门在中西交通史和中葡关系史上作用如何，对中国近代化进程扮演着什么角色？中葡民族怎样克服思想文化差异而和平共处分治？更令人深思的是，澳门又怎样面对外来压力和威胁，自强不息，屡度难关，在400多年的历史长河中摇摆漂流，避免搁浅触礁而到达今天，并发展成为一个生机勃勃的现代化城市？这些一直是史学界极感兴趣的题目。”①

综观《生存之道》对“共处分治”的界定，可见它虽是一个历史学的命题，但关于“分治”有赖于政治学的视角，关于“共处”则有赖于社会学的视角。

稍感遗憾的是，尽管作者将澳门历史上的华洋“共处分治”视为人类历史上不同文明谋求和平共存的“典范”②，但在介绍澳门政治制度发展史时，囿于主题、素材和篇幅，较少论及澳门华洋共处的社会形态，更未展开微观史学意义上的具体考证。事实上，所谓“共处分治”的定性，是需要微观考察才能验证的；作为历史经验的“典范”，更需要严格的逻辑论证。至于澳门历史上华洋共处分治的真实状况，其实是和谐与冲突、融洽与龃龉、连续与断裂、必然与偶然等一系列对立关系的纠缠与充斥。抹去这些对立关系，无论偏向哪一层面，都会使澳门“共处分治”的历史面貌残缺不全，甚至干脆就是作者开篇所感叹的“一个虚构的现实”。

这里且沿着作者原初的思路，继续回溯澳门历史上的华洋“共处分治”，并由此探究它是否真的可视为一个不同文明和谐并存的“典范”，以及这种“典范”究竟于今有何参照意义。

如前所述，在澳门葡人内部自治（议事会）时期，澳葡奉行“双重效忠”原则，这也是他们赖以继续存活于此的“生存之道”。但这类原则及其实践，并非澳门得以“生存”的全部原因。不可忽视的一点是，澳葡从最初乃至于相当长的时期，借助这种“双重效忠”而获得澳葡内部的小范围“分治”机会。

但这种曾经和谐、稳定、各安其分且各得其所的“分治”局面，自《王室制诰》以来开始急剧变化。居澳葡人在“效忠”的表象下，始终潜伏着将澳门“殖民化”的野心。这种潜意识最初较少受葡萄牙里斯本政府的牵制或干预，至此则由“潜

① 吴志良著：《生存之道——论澳门政治制度与政治发展》，澳门成人教育学会1998年版，第3页。

② 同上，第349页。

意识"的向往转化为"有意识"的争取,并悄然埋下日后生根发芽的殖民管治之种子。

随着鸦片战争的爆发,葡萄牙迅速调整对华政策,澳门葡人一改往日的"效忠"面目,屡屡"从大国的盾牌下爬出来"(马士语),借助近代以来中国积贫积弱以致逐步沦为半封建半殖民地的颓势,以"外交"或"军事"的两手灵活运用,不断侵蚀中国对澳门的主权,最终凭借1887年《中葡和好通商条约》的签订,事实上攫取并行使着对澳门的殖民管治权。这种审时度势、乘虚而入的变通能力,成为近代中国变局形势下澳门政治探求"生存之道"的基础。

由此可见,前述澳门葡人自治机构奉行的"双重效忠",必然只能是"策略性"而非"实体性"的生存法则。它搭配了澳门葡人历年来应对各种压力或危机所总结并有效施行的各种策略,使他们得以真正与中国政府对澳门的治理形成"共处分治"的局面。

面对历史变动中的"共处分治",作者一方面感叹澳门简直是个异数、是个奇迹,另一方面又在有意无意之间视澳门为"不同文明可以和平共处"的典范。但问题是,既然"典范"应是可以理解的,可以接受的,可以追随的,可以参照的,那么,读者自然有理由追问作者,澳门政治史的经验,尤其是华洋共处分治的历史经验,究竟能否成为典范?又在多大程度上、何种层面上,具有可资参照的典范意义?

如果设身处地,我们不难理解作者的用心:为挑战美国政治学家亨廷顿在《文明的冲突与世界秩序的重建》一书所提的"文明冲突论",在主张不同文明之间可以共存而不冲突时,只要想继续以澳门政治发展史为证,就不得不策略性地强调华洋之间的和谐共处,并将其与两种治理体制并存(即"分治")相联系。①

或许,在作者看来,唯有在这一层面,研究澳门历史上的"共处分治",才能成为具有积极意义的"典范"。但这种刻意打造的"典范",是容易失真的,进而容易失信。因为在严肃的史学研究者那里,该书至少在介绍"澳门葡人内部自治时期"时,有意忽略了华洋共处分治的冲突性。在居澳葡人策略性的"效忠"背后,是对抗明清政府的种种"忤逆"。但凡遇有中国政府对澳门的稍加管制,澳门葡

① 吴志良著:《生存之道——论澳门政治制度与政治发展》,澳门成人教育学会1998年版,第350页以下。

人必设法反抗。在华洋讼案司法交涉时,涉及司法管辖权之斗争尤多显证。[①] 其忤逆的实质或目标,则在谋求政治上的自主地位。

这种始终不言放弃的野心,在他们争取独立的政治体制、司法权和城市自治等方面可见一斑。他们力求化澳门为葡萄牙在远东的殖民地,葡萄牙政府自1783年以来也充分注意到它在远东殖民贸易体系中的战略地位。他们不断寻求澳门主权论据,尤其是寻求通过谈判缔订协议的过程,则是试图将这种暴力对抗性质的忤逆,转化为近代国际条约法性质的法权承认。

因此,作者为顺应最终结论的"文明共存论",不得已而淡化华洋共处中的对抗一面,从而使前述一些批评者得以操持把柄——即使在明清时期都能找出大量"对抗"的事例来否证"双重效忠"的问题。事实上,如果作者不过多拘泥于"不同文明可以共存"结论——这其实是作者奠定整部著作的思想基调,或许会在篇章结构上对"效忠"与"对抗"的布局稍作均衡。

当然,重新审视作者所谈的"典范"问题,涉及我们如何看待这段历史,尤其是这段历史对我们今天所致力的人类文明求同存异的参照意义。这不仅仅是希望通过回溯澳门政治史,证明华洋共处的澳门经验足以对抗亨廷顿的"文明冲突"论。

在笔者看来,更重要的"典范"意义是,面对现代澳门政治发展的困境和去路,作者如何将历史上的生存之道的经验进行总结,如何将其基本精神运用到未来的澳门生活,即根据过去华洋共处的经验(各种文化彼此宽容、不以武力争高下的求同存异),未来澳门理应继续实行文化多元的发展战略。

由此,我们才能真正体悟,作为澳门未来政治发展的"生存之道",不再是澳葡一方曾经如此谋求生存的伎俩,也不仅仅是澳门作为一个游离于中国政府之政治"子系统"的特殊生存手腕,而是在"一国两制"之下依托《澳门基本法》的精神自由运行。这才应当是全书回溯历史的用心所在,正如西哲克罗齐所言:一切历史都是当代史。我们也可作如斯理解:400余年的澳门政治发展史,正是一部通往未来的澳门政治启示录。

---

① 刘景莲著:《明清澳门涉外案件司法审判制度研究(1553~1848)》,广东人民出版社2007年版,第253页以下;何志辉著:《明清澳门的司法变迁》,澳门学者同盟2009年版;王巨新、王欣著:《明清澳门涉外法律研究》,社会科学文献出版社2010年版。

五、作为著述范式的《生存之道》

作为澳门学研究成果的典范,《生存之道》既向中国澳门学界昭示了西文(尤其是葡文)文献的重要性,也向西方(尤其是葡国)澳门学界展示了中文载籍的重要性。作者围绕同一研究对象,同时铺开不同语种文献,并形成错落有致、互为参照的论证结构,使之不仅具有知识增量意义上的参考价值,也具有拓展澳门史学研究进路的范式意义。

从研究范式看,以往的澳门史研究,无外乎两大思路的双轨并行:一是将其视为中国的地方志或区域史,这在迄今几乎所有的中文著述中一览无遗;二是将其视为葡国的海外殖民史,这在绝大多数外文(尤其是葡文)著述中可见端倪。

作为承袭前贤而不甘因循的新作,该书力求整合既往"双轨并行"的思路,不仅将澳门史(尤其是政治史)纳入明清以来的中国史,着力论证澳门在近代中国史上的独特角色与历史地位;也将其纳入葡萄牙自"地理大发现"以来的海外扩张与殖民史,并以大量篇幅试图再现明清以来的居澳葡人及其议事会的起伏跌宕。

如此一来,《生存之道》缓缓揭开的澳门史——尤其是政治制度发展史,便不再是单一色调的白描,而是多重色彩的油画,在层次分明的凝重笔触下凸显其强烈的质感;不再是中外史料之间支离破碎的片段裁剪,而是以独到的匠心和无比的耐心进行穿针引线,使澳门史繁复交织的脉络纤毫毕现。

当然,《生存之道》的贡献不止于双轨并行的思路整合。因为迄今所见的著述中,力求整合两条线索的探索者不乏其人;随着各类文献的不断挖掘、整理和刊布,以及追求达成共识的信念日益为人所重,这类探索的成果也日渐增多。如果单就"整合"这一评价尺度,《生存之道》充其量不过是极为突出的一个典型,但还不具有范式意义。

真正让《生存之道》具有范式意义的,是作者在有意整合两条思路的基础上,提出一种以澳门社会本身为"研究主体"的进路。这便是作者一再视之为背景、但却被许多研究者漠视或忽略的常识:作为学术研究对象的澳门史(包括政治史),应当是澳门自身的独特历史,而不是被随意纳入非此即彼、或此或彼的一方历史。关于此点,学者邓正来已在书评中作了相当透彻的学理分析①,此不赘言。

① 邓正来:"澳门政治发展与宏观政治研究",载《中国书评》1998年总第11期。

总之,从正本清源的学术研究而非蓄意歪曲的政治立场看,探求澳门史上的“澳门人”及其“澳门社会”,才是一种真正试图揭示澳门历史真相、契合澳门文化精神的积极作为。《生存之道》的杰出成就及其意义,正在于通过这种深入历史内部、开掘历史真相的孜孜努力,使我们看到:真正意义上的澳门史(而不仅仅是政治史),原来还可以这样进行阐释和描述。这是值得法学界(尤其是比较法与法制史学者)在从事澳门法研究时认真阅读和借鉴的。

参考文献

一、档案文献

1.（明）严从简:《殊域周咨录》（标点本），中华书局1993年版。

2.（明）颜俊彦:《盟水斋存牍》（点校本），中国政法大学出版社2002年版。

3.（明）陈子龙辑:《明经世文编》（影印本），中华书局1997年版。

4.（明）沈德符:《万历野获编》（标点本），中华书局1980年版。

5.（清）印光任、张汝霖:《澳门记略》（标点本），广东高等教育出版社1988年版。

6.（清）梁廷枏:《粤海关志》（标点本），广东人民出版社2002年版。

7.（清）屈大均:《广东新语》（标点本），中华书局1985年版。

8. 澳门基金会等编:《葡萄牙外交部藏葡国驻广州总领事馆档案》（清代部分·中文），广东教育出版社2009年版。

9. 广东省档案馆编:《广东澳门档案史料选编》，中国档案出版社1999年版。

10. 广西师范大学组织整理:《美国驻中国澳门领事馆领事报告，1849～1869》，广西师范大学出版社2012年版。

11. 胡滨编译:《英国档案有关鸦片战争资料选译》,中华书局 1993 年版。

12. 黄汉强、吴志良主编:《澳门总览》(第 2 版),澳门基金会 1996 年版。

13. 黄鸿钊编:《中葡澳门交涉史料》,澳门基金会 1998 年版。

14. 黄鸿钊编:《澳门史料拾遗——〈香山旬报〉资料选编》,澳门历史文化研究会 2003 年版。

15. 刘芳辑、章文钦校:《葡萄牙东波塔档案馆藏清代澳门中文档案汇编》,澳门基金会 1999 年版。

16. 汤开建、吴志良主编:《〈澳门宪报〉中文资料辑录(1850 ~ 1911)》,澳门基金会 2002 年版。

17. 汤开建、陈文源、叶农主编:《鸦片战争后澳门社会生活纪实——近代报刊澳门资料选粹》,花城出版社 2001 年版。

18. 吴志良、杨允中主编:《澳门百科全书》(修订版),澳门基金会 2005 年版。

19. 吴志良、金国平、汤开建主编:《澳门编年史》,广东人民出版社 2010 年版。

20. 萧蔚云主编:《澳门现行法律汇编》,北京大学出版社 1994 年版。

21. 张海鹏主编:《中葡关系史资料集》,四川人民出版社 1999 年版。

22. 赵尔巽:《清史稿 · 刑法志》(点校本),中华书局 1976 年版。

23. 中国第一历史档案馆、澳门基金会、暨南大学古籍研究所合编:《明清时期澳门问题档案文献汇编》,人民出版社 1999 年版。

二、中文著述

1. 蔡鸿生主编:《澳门史与中西交通研究》,广东高等教育出版社 1998 年版。

2. 陈奉林、魏楚雄主编:《东方外交史之发展》,澳门大学出版中心 2009 年版。

3. 陈乐民著:《十六世纪葡萄牙通华系年》,辽宁教育出版社 2000 年版。

4. 陈伟明著:《清代澳门社会生活消费研究(1644 ~ 1911)》,广东人民出版社 2009 年版。

5. 戴裔煊著:《〈明史 · 佛郎机传〉笺正》,中国社会科学出版社 1984 年版。

6. 戴裔煊、钟国豪著:《澳门历史纲要》,知识出版社 1999 年版。

7. 邓开颂、陆晓敏主编:《粤港澳近代关系史》,广东人民出版社 1996 年版。

8. 邓开颂、吴志良、陆晓敏主编:《粤澳关系史》,中国书店 1999 年版。

9. 法律翻译办公室编:《澳门的宪政制度及司法组织》,澳门法律翻译办公室 1995 年版。

10. 方豪著:《中西交通史》,岳麓书社 1987 年版。

11. 费成康著:《澳门四百年》,上海人民出版社 1988 年版。

12. 费成康著:《澳门:葡萄牙人逐步占领的历史回顾》,上海社会科学院出版社 2004 年版。

13. 高岱、郑家馨著:《殖民主义史》(总论卷),北京大学出版社 2003 年版。

14. 郭廷以著:《近代中国的变局》,台北联经出版公司 1987 年版。

15. 郭永亮著:《澳门香港之早期关系》,台北中研院近代史研究所 1990 年版。

16. 郝雨凡、吴志良、林广志主编:《澳门学引论——首届澳门学国际学术研讨会论文集》,社会科学文献出版社 2012 年版。

17. 何超明著:《澳门经济法的形成与发展》,广东人民出版社 2004 年版。

18. 何芳川著:《中外文明的交汇》,香港城市大学出版社 2003 年版。

19. 何兆武著:《中西文化交流史论》,中国青年出版社 2001 年版。

20. 何志辉著:《从殖民宪制到高度自治——澳门二百年来宪制演进述评》,澳门理工学院一国两制研究中心 2009 年版。

21. 何志辉著:《明清澳门的司法变迁》,澳门学者同盟 2009 年版。

22. 何志辉著:《近代澳门司法:制度与实践》,中国民主法制出版社 2012 年版。

23. 何志辉著:《治理与秩序:全球化进程中的澳门法(1553~1999)》,社会科学文献出版社 2013 年版。

24. 何志辉著:《外来法与近代中国诉讼法制转型》,中国法制出版社 2013 年版。

25. 何志辉著:《澳门法制史新编》,社会科学文献出版社 2014 年版。

26. 贺卫方著:《司法的理念与制度》,中国政法大学出版社 1998 年版。

27. 胡根著:《澳门近代博彩业史》,广东人民出版社 2009 年版。

28. 胡旭晟著:《解释性的法史学》,中国政法大学出版社 2005 年版。

29. 华荔著:《澳门法律本地化历程》,澳门基金会 2000 年版。

30. 黄鸿钊著:《澳门史》,福建人民出版社 1999 年版。

31. 黄鸿钊著:《澳门海洋文化的发展和影响》,广东人民出版社 2010 年版。

32. 黄启臣著:《澳门通史》,广东教育出版社 1999 年版。

33. 黄启臣、郑炜明著:《澳门经济四百年》,澳门基金会 1994 年版。

34. 黄庆华著:《中葡关系史》,黄山书社 2006 年版。

35. 黄仁宇著:《中国大历史》,三联书店 1997 年版。

36. 黄仁宇著:《十六世纪明代中国之财政与税收》,三联书店 2001 年版。

37. 黄文宽著:《澳门史钩沉》,澳门星光出版社 1987 年版。

38. 黄显辉著:《澳门政治体制与法渊源》,澳门东方葡萄牙学会 1992 年版。

39. 黄宗智著:《法典、习俗与司法实践:清代与民国的比较》,上海书店 2003 年版。

40. 金国平著:《中葡关系史地考证》,澳门基金会 2000 年版。

41. 金国平著:《西力东渐——中葡早期接触追昔》,澳门基金会 2000 年版。

42. 金国平编译:《西方澳门史料选萃(15~16 世纪)》,广东人民出版社 2005 年版。

43. 金国平、吴志良著:《镜海飘渺》,澳门成人教育学会 2001 年版。

44. 金国平、吴志良著:《东西望洋》,澳门成人教育学会 2002 年版。

45. 金国平、吴志良著:《过十字门》,澳门成人教育学会 2004 年版。

46. 金国平、吴志良著:《早期澳门史论》,广东人民出版社 2007 年版。

47. 赖存理著:《中国博彩文化史论》,台北文津出版社 2013 年版。

48. 蓝天主编:《"一国两制"法律问题研究》(澳门卷),法律出版社 1999 年版。

49. 黎晓平、何志辉著:《澳门法制史研究》,澳门 21 世纪科技研究中心 2008 年版。

50. 黎晓平、汪清阳著:《望洋法雨:全球化与澳门民商法的变迁》,社会科学文献出版社 2013 年版。

51. 李炳时著:《澳门总督与立法会》,澳门基金会 1994 年版。

52. 李长森著:《明清时期澳门土生族群的形成发展与变迁》,中华书局 2007 年版。

53. 李长森著:《近代澳门外报史稿》,广东人民出版社 2010 年版。

54. 李庆新著:《濒海之地——南海贸易与中外关系史研究》,中华书局 2009 年版。

55. 李鹏翥、杨允中主编:《澳门基本法文献集》,澳门日报出版社 1993 年版。

56. 李向玉著:《汉学家的摇篮——澳门圣保禄学院研究》,中华书局 2006 年版。

57. 李育民著:《中国废约史》,中华书局 2005 年版。

58. 李育民著:《近代中外关系与政治》,中华书局 2006 年版。

59. 廉希圣、程洁、王巧珑著:《澳门司法制度与基本法的实施》,澳门理工学院一国两制研究中心 2010 年版。

60. 梁治平编:《法律的文化解释》(增订本),三联书店 1998 年版。

61. 林发钦著:《澳门史稿》,澳门近代文学学会 2005 年版。

62. 林广志著:《卢九家族研究》,社会科学文献出版社 2013 年版。

63. 林子昇著:《十六至十八世纪澳门与中国之关系》,澳门基金会 1998 年版。

64. 刘高龙、赵国强主编:《澳门法律新编》,澳门基金会 2005 年版。

65. 刘禾著:《帝国的话语政治——从近代中西冲突看现代世界秩序的形成》,三联书店 2009 年版。

66. 刘海鸥著:《澳门法律史纲要——澳门法的过去、现在和未来》,吉林大学出版社 2009 年版。

67. 刘景莲著:《明清澳门涉外案件司法审判制度研究(1553—1848)》,广东人民出版社 2007 年版。

68. 刘然玲著:《文明的博弈——16 至 19 世纪澳门文化长波段的历史考察》,广东人民出版社 2008 年版。

69. 刘月莲著:《澳门历史语言文化论稿》,澳门文化研究会 2003 年版。

70. 娄胜华著:《转型时期澳门社团研究——多元社会中法团主义体制解析》,广东人民出版社 2004 年版。

71. 罗荣渠著:《现代化新论——世界与中国的现代化进程》,北京大学出版社 1993 年版。

72. 骆伟建著:《"一国两制"与澳门特别行政区基本法的实施》,广东人民出版社 2009 年版。

73. 米也天著:《澳门法制与大陆法系》,中国政法大学出版社 1996 年版。

74. 米健著:《澳门民商法》,中国政法大学出版社 1998 年版。

75. 米健等著:《澳门法律》,中国友谊出版公司 1996 年版。

76. 米健主编:《澳门法律改革与法制建设》,社会科学文献出版社 2011 年版。

77. 戚印平著:《东亚近世耶稣会史论集》,台湾大学出版中心 2004 年版。

78. 钱乘旦著:《世界现代化进程》,南京大学出版社 1996 年版。

79. 邱澎生著:《当法律遇上经济:明清中国的商业法律》,台北五南图书出版公司 2008 年版。

80. 瞿同祖著:《瞿同祖法学论著集》,中国政法大学出版社 1998 年版。

81. 苏亦工著:《中法西用:中国传统法律及习惯在香港》,社会科学文献出版社 2002 年版。

82. 谭世宝著:《澳门历史文化探真》,中华书局 2006 年版。

83. 谭世宝著:《金石碑刻的澳门史》,广东人民出版社 2006 年版。

84. 谭树林著:《英国东印度公司与澳门》,广东人民出版社 2010 年版。

85. 谭志强著:《澳门主权问题始末(1553 ~ 1993)》,台北永业出版社 1994 年版。

86. 汤开建著:《明清士大夫与澳门》,澳门基金会 1998 年版。

87. 汤开建著:《委黎多〈报效始末疏〉笺正》,广东人民出版社 2004 年版。

88. 汤开建著:《明代澳门史论稿》,黑龙江教育出版社 2012 年版。

89. 唐德刚著:《晚清七十年》,岳麓书社 1999 年版。

90. 唐晓晴著:《民法基础理论与澳门民法的研究》,中山大学出版社 2008 年版。

91. 田涛、李祝环著:《接触与碰撞——16 世纪以来西方人眼中的中国法律》,北京大学出版社 2007 年版。

92. 万明著:《中葡早期关系史》,社会科学文献出版社 2001 年版。

93. 王尔敏著:《晚清商约外交》,香港中文大学出版社 1998 年版。

94. 王尔敏著:《弱国的外交:面对列强环伺的晚清政局》,广西师范大学出版社 2008 年版。

95. 王巨新、王欣著:《明清澳门涉外法律研究》,社会科学文献出版社 2010 年版。

96. 王叔文著:《澳门特别行政区基本法导论》,中国人民公安大学出版社 1993 年版。

97. 王文达著:《澳门掌故》,澳门教育出版社 1997 年版。

98. 王振民著:《中央与特别行政区关系:一种法治结构的解析》,清华大学出版社 2002 年版。

99. 魏美昌著:《澳门纵谈》,澳门基金会 1994 年版。

100. 吴志良著:《澳门政制》,中国友谊出版公司 1996 年版。

101. 吴志良著:《东西交汇看澳门》,澳门基金会 1996 年版。

102. 吴志良著:《生存之道——论澳门政治制度与政治发展》,澳门成人教育学会 1998 年版。

103. 吴志良、陈欣欣著:《澳门政治社会研究》,澳门成人教育学会 2000 年版。

104. 吴志良、金国平、汤开建主编:《澳门史新编》,澳门基金会 2008 年版。

105. 吴志良、林发钦、何志辉主编:《澳门人文社会科学研究文选·历史卷》,社会科学文献出版社 2010 年版。

106. 吴志良、汤开建、金国平主编:《澳门编年史》,广东人民出版社 2009 年版。

107. 萧蔚云著:《论澳门基本法》,北京大学出版社 2003 年版。

108. 萧蔚云主编:《论澳门特别行政区行政长官制》,澳门科技大学出版中心 2005 年版。

109. 许昌著:《澳门过渡期重要法律问题研究》,北京大学出版社 1999 年版。

110. 严忠明著:《一个海风吹来的城市:早期澳门城市发展史研究》,广东人民出版社 2006 年版。

111. 杨静辉、李祥琴著:《港澳基本法比较研究》,北京大学出版社 1997 年版。

112. 杨开荆著:《澳门特色文献资源研究》,北京大学出版社 2003 年版。

113. 杨贤坤主编:《澳门法律概论》,中山大学出版社 1994 年版。

114. 杨允中著:《"一国两制":实践在澳门》,澳门基本法推广协会 2002 年版。

115. 杨允中等著:《澳门文化与文化澳门——关于文化优势的利用与文化产业的开拓》,澳门大学澳门研究中心 2005 年版。

116. 叶秋华、王云霞、夏新华主编:《借鉴与移植:外国法律文化对中国的影响》,中国人民大学出版社 2012 年版。

117. 余振编著:《澳门政治与公共政策初探》,澳门基金会 1994 年版。

118. 余振、刘伯龙、吴德荣著:《澳门华人政治文化》,澳门基金会 1993 年版。

119. 於兴中著:《法治与文明秩序》,中国政法大学出版社 2006 年版。

120. 查灿长著:《转型、变项与传播:澳门早期现代化研究》,广东人民出版社 2006 年版。

121. 张晋藩著:《中国法律的传统与近代转型》(第 2 版),法律出版社 2005 年版。

122. 张晋藩著:《中国法制史》,商务印书馆 2010 年版。

123. 张天泽著:《中葡早期通商史》,姚楠、钱江译,香港中华书局 1988 年版。

124. 张廷茂著:《明清时期澳门海上贸易史》,澳门澳亚周刊出版有限公司 2004 年版。

125. 张廷茂著:《晚清澳门番摊赌博专营研究》,暨南大学出版社 2011 年版。

126. 张维华著:《明史欧洲四国传注释》,上海古籍出版社 1982 年版。

127. 张维华著:《明清之际中西关系简史》,齐鲁书社 1987 年版。

128. 张小也著:《官、民与法:明清国家与基层社会》,中华书局 2007 年版。

129. 张中秋著:《中西法律文化比较研究》,中国政法大学出版社 2006 年版。

130. 章文钦著:《澳门历史文化》,中华书局 1999 年版。

131. 赵秉志、高德志主编:《澳门法律问题》,中国人民公安大学出版社 1997 年版。

132. 赵国强著:《澳门刑法总论》,澳门基金会 1998 年版。

133. 赵利峰著:《尴尬图存:澳门博彩业的建立、兴起与发展(1847 ~ 1911)》,广东人民出版社 2010 年版。

134. 赵占全主编:《澳门市民的权利、自由及保障》,澳门法律翻译办公室 1998 年版。

135. 郑妙冰著:《澳门:殖民沧桑中的文化双面神》,中央文献出版社 2003 年版。

136. 郑言实编:《澳门过渡期重要文件汇编》,澳门基金会 2000 年版。

137. 郑言实编:《澳门回归大事记:1972 ~ 1999》,澳门基金会 2000 年版。

138. 周景濂著:《中葡外交史》,上海商务印书馆 1936 年版。

139. 周文彦等编:《澳门老照片》,广州出版社 1998 年版。

140. 朱勇著:《中国法律的艰辛历程》,黑龙江人民出版社 2002 年版。

三、外文著述

1. Almerindo Lessa, *A História e os Homens da Primeira República Democrática do Oriente*, Macau, Imprensa Nacional, 1974.

2. António Vasconcelos de Saldanha, *A Memória Sobre o Estabelecimento dos Portugueses em Macau do Visconde de Santarém* (1845), Macau, Instituto Português do Oriente (IPOR), 1995.

3. António Vasconcelos de Saldanha (organização), *Colecção de Fontes Documentais para a História das Relações entre Portugal e a China*, Vol. Ⅱ,

Fundação Macau, Universidade de Macau, 1996.

4. A. V. de Saldanha (organização), *Colecção de Fontes Documentais para a História das Relações entre Portugal e a China*, Vol. Ⅲ, Fundação Macau, Universidade de Macau, 1997.

5. Austin Coates, *A Macao Narrative*, Hong Kong, Oxford University Press, 1999.

6. Anders Ljungstedt, *An Historical Sketch of the Portuguese Settlements in China and of the Roman Catholic Church and Mission in China & Description of the City of Canton*, Viking, Hong Kong Publications, 1992.

7. C. R. Boxer, *Dares-e-Tomares nas Relações Luso-chinesas durante os Séculos* XⅦ *e* XⅧ *através de Macau*, Macau, Imprensa Nacional, 1981.

8. C. R. Boxer, *The Great Ship from Amacon*, Instituto Cultural de Macau, Centro de Estudos Marítimos de Macau, 1988.

9. C. R. Boxer, *Estudos para a História de Macau*, Lisboa, Fundação Oriente, 1991.

10. Eudore de Colomban, *Resumo da História de Macau*, 3rd ed, Macau, Tipografia Mandarin, 1980.

11. JordãoA. de Freitas, *Macau: Materiais para a Sua História no Século* XⅥ, Macau, Instituto Cultural de Macau, 1988.

12. Jaime de Inso, *Macau, A Mais Antiga Colónia Europeia no Extremo Oriente*, Macau, 1930.

13. J. M. Braga, *The Western Pioneers and Their Discovery of Macau*, Macau, Imprensa Nacional, 1949.

14. Jorge Miranda, *Manual de Direito Constitucional*, Coimbra Editora, 1990.

15. Jorge Morbey, *Macau 1999: O Desafio da Transição*, Lisboa, Edição do Autor, 1990.

16. Lourenço Maria de Conceição, *Macau entre Dois Tratados com a China*, Macau, Instituto Cultural de Macau, 1988.

17. Manuel Teixeira, *Macau no Séc.* XⅧ, Macau, Imprensa Nacional, 1984.

18. Manuel Teixeira, *Primórdios de Macau*, Macau, Instituto Cultural de Macau, 1990.

19. Montalto de Jesus, *Historic Macao*, Hong Kong, Kelly & Walsh, 1902.

20. Maria Helena Garcia da Fonseca, *A Unidade Económica entre a Metropole e o Ultramar no Direito Português*, Lisboa, 1961.

21. Mário Soares, *Democratização e Descolonização: Dez Meses no Governo Provisório*, Lisboa, Publicações Dom Quixote, 1975.

22. Oliveira Salazar, *Discursos e Notas Políticas*, Vol. Ⅵ, Coimbra, Coimbra Editora, 1967.

23. Roderich Ptak, *Portugal in China*, Bad Boll, Klemmerberg Verlag, 1980.

24. Vitalino Canas, *Relações entre o Ordenamento Constitucional Português e o Ordenamento Jurídico do Território de Macau*, Lisboa, 1987.

25. John King Fairbank (with E. O. ReischaueF and A. Craig), *East Asia: The Modern Transformation*, HUP, 1965.

26. John King Fairbank (with Reischauer), *China: Tradition and Transformation*, Houghton Mifflin Company, Boston, 1978.

27. John King Fairbank (ed. and contrib.), *The Chinese World Order: Traditional China's Foreign Relations*, HUP, 1968.

28. John King Fairbank, *The Great Chinese Revolution*, 1800 – 1985, Harper and Row, New York, 1986.

29. Jerome Alan Cohen, R. Randle Edwards, and Fu-mei Chang, *Essays on China's Legal Tradition*, Princeton, Princeton University Press, 1980.

30. John E. Wills, Jr., *Embassies and Illusions, Dutch and Portuguese Envoys to K'ang-hsi*, 1666 – 1687, Harvard University Press, Cambridge and London, 1984.

31. [日]岡本良知:《16 世紀日欧交通史の研究》,東京原書房 1942 年版。

32. [日]仁井田陞:《中国法制史:法と惯习・法と道德》,东京大学出版会 1964 年版。

33. [日]松浦章:《近世東アジア海域の文化交渉》,思文阁 2010 年版。

34. [日]中岛乐章:《明代乡村の纷争と秩序》,汲古书院 2002 年版。

四、外文译著

1. 李明训著:《澳门刑事诉讼法制度》,赖建雄、沈振耀译,澳门法律翻译办公室 1997 年版。

2. [葡]Viriato Manuel Pinheiro de Lima:《民事诉讼法教程》(第2版),叶迅生、卢映霞译,澳门法律及司法培训中心2008年版。

3. [葡]Manuel Leal Henriques:《澳门刑事诉讼法教程》(上),卢映霞、梁凤明译,澳门法律及司法培训中心2010年版。

4. [葡]Mário Júlio de Almeida Costa:《葡萄牙法律史》,唐晓晴译,澳门大学法学院2004年版。

5. [葡]戴维·亚诺尔德著:《大发现时代》,范维信译,澳门东方文萃1994年版。

6. [葡]费尔南·门德斯·平托等著:《葡萄牙人在华见闻录——十六世纪手稿》,王锁英译,澳门文化司署等联合出版1998年版。

7. [葡]卡蒙斯著:《卢济塔尼亚人之歌》,张维民译,中国文联出版公司1998年版。

8. [葡]廉辉南著:《澳门:她的两个过渡》,曾永秀译,澳门基金会1999年版。

9. [葡]罗理路著:《澳门寻根(文献汇编):导言、解读与注释》,陈用仪译,澳门海事博物馆1997年版。

10. [葡]澳门《文化杂志》编:《16和17世纪伊比利亚文学视野里的中国景观》,大象出版社2003年版。

11. [葡]洛理路著:《澳门历史指南(1500~1900)》,陈用仪译,纪念葡萄牙发现事业澳门地区委员会1999年版。

12. [葡]马尔格斯著:《葡萄牙历史》,李均报译,中国文联出版公司1995年版。

13. [葡]马丁斯著:《葡萄牙的机构及实事》,黄徽现译,中国文联出版公司1995年版。

14. [葡]马里奥·苏亚雷斯著:《轭下的葡萄牙》,李小冰等译,中国文联出版公司1992年版。

15. [葡]马楂度著:《勘界大臣马楂度:葡中香港澳门勘界谈判日记(1909~1910)》,舒建平等译,澳门基金会1999年版。

16. [葡]莫嘉度著:《从广州透视战争:葡萄牙驻广州总领事莫嘉度关于中日战争的报告》,舒建平等译,上海社会科学院出版社2000年版。

17. [葡]潘日明著:《殊途同归——澳门的文化交融》,苏勤译,澳门文化司署1992年版。

18. [葡]徐萨斯著:《历史上的澳门》,黄鸿钊、李保平译,澳门基金会 2000 年版。

19. [葡]萨安东著:《葡萄牙在华外交政策:1841~1854》,金国平译,葡中关系研究中心、澳门基金会 1997 年版。

20. [葡]萨拉依瓦著:《葡萄牙简史》,李均极、王全礼译,中国展望出版社 1988 年版。

21. [葡]施白蒂著:《澳门编年史》,小雨译,澳门基金会 1995 年版。

22. [葡]施白蒂著:《澳门编年史:十九世纪》,姚京明译,澳门基金会 1998 年版。

23. [葡]施白蒂著:《澳门编年史:二十世纪(1900~1949)》,金国平译,澳门基金会 1999 年版。

24. [葡]施白蒂著:《澳门编年史:二十世纪(1950~1988)》,思磊译,澳门基金会 1999 年版。

25. [葡]萧伟华著:《澳门宪法历史研究资料(1820~1974)》,沈振耀、黄显辉译,法律翻译办公室、澳门法律公共行政翻译学会 1997 年版。

26. [葡]叶士朋著:《澳门法制史概论》,周艳平、张永春译,澳门基金会 1996 年版。

27. [葡]叶士朋著:《欧洲法学史导论》,吕平义、苏健译,中国政法大学出版社 1998 年版。

28. [葡]曾德昭著:《大中国志》,何高济译,上海古籍出版社 1998 年版。

29. [美]D. 布迪、C. 莫里斯著:《中华帝国的法律》,朱勇译,江苏人民出版社 1995 年版。

30. [美]费正清、刘广京编:《剑桥中国晚清史》,中国社会科学出版社 1993 年版。

31. [美]纳扬·昌达著:《绑在一起——商人、传教士、冒险家、武夫是如何促成全球化的》,刘波译,中信出版社 2008 年版。

32. [美]亨特著:《旧中国杂记》,沈正邦译,广东人民出版社 1992 年版。

33. [美]吉尔伯特·罗兹曼等编:《中国的现代化》,比较现代化课题组译,江苏人民出版社 1995 年版。

34. [美]杰里·本特利、赫伯特·齐格勒著:《新全球史:文明的传承与交流》,魏凤莲译,北京大学出版社 2007 年版。

35. [美]柯娇燕著:《什么是全球史》,刘文明译,北京大学出版社 2009 年版。

36. [美]劳伦·本顿著:《法律与殖民文化——世界历史的法律体系(1400~1900)》,吕亚萍、周威译,清华大学出版社 2005 年版。

37. [美]梁伯华著:《近代中国外交的巨变——外交制度与中外关系变化的研究》,香港商务印书馆 1990 年版。

38. [美]马士著:《中华帝国对外关系史》,张汇文等译,上海书店 2000 年版。

39. [美]马士、宓亨利著:《远东国际关系史》,姚曾廙等译,上海书店 1998 年版。

40. [美]孟德卫著:《1500~1800:中西方的伟大相遇》,江文君等译,新星出版社 2007 年版。

41. [美]牟复礼、[英]崔瑞德编:《剑桥中国明代史:1368~1644 年》(上卷),张书生等译,中国社会科学出版社 1992 年版。

42. [美]斯塔夫里阿诺斯著:《全球通史:从史前史到 21 世纪》,吴象婴等译,北京大学出版社 2006 年版。

43. [美]沃勒斯坦著:《现代世界体系》,罗荣渠等译,高等教育出版社 1998 年版。

44. [美]约翰·R. 麦克尼尔、威廉·H. 麦克尼尔著:《人类之网——鸟瞰世界历史》,王晋新等译,北京大学出版社 2011 年版。

45. [英]阿诺德·汤因比著:《历史研究》,刘北城译,上海人民出版社 2005 年版。

46. [英]艾兹赫德著:《世界历史中的中国》,姜智芹译,上海人民出版社 2009 年版。

47. [英]博克塞编著:《十六世纪中国南部纪行》,何高济译,中华书局 1990 年版。

48. [英]崔瑞德、[美]牟复礼编:《剑桥中国明代史:1368~1644 年》(下卷),杨品泉等译,中国社会科学出版社 2006 年版。

49. [英]赫德逊著:《欧洲与中国》,王遵仲译,中华书局 1995 年版。

50. [英]詹姆士·奥朗奇编:《中国通商图——17~19 世纪西方人眼中的中国》,何高济译,北京理工大学出版社 2008 年版。

51. [法] 佩雷菲特著:《停滞的帝国——两个世界的撞击》,王国卿等译,三联书店 1993 年版。

52. [德]萨维尼:《论立法与法学的当代使命》,许章润译,中国法制出版社2001年版。

53. [德]贡德·弗兰克著:《白银资本:重视经济全球化中的东方》,刘北城译,中央编译出版社2008年版。

54. [澳大利亚]杰弗里·C. 冈恩著:《澳门史:1557～1999》,秦传安译,中央编译出版社2009年版。

55. [瑞典]龙思泰著:《早期澳门史》,吴义雄等译,东方出版社1997年版。

56. [印度]桑贾伊·苏拉马尼亚姆著:《葡萄牙帝国在亚洲:1500～1700政治和经济史》,何吉贤译,澳门纪念葡萄牙发现事业澳门地区委员会1997年版。

57. [荷兰]邦特库著:《东印度航海记》,姚楠译,中华书局1982年版。

58. [日]滨下武志著:《近代中国的国际契机——朝贡贸易体系与近代亚洲经济圈》,朱荫贵等译,中国社会科学出版社2004年版。

59. [日]松浦章著:《明清时代东亚海域的文化交流》,郑洁西等译,江苏人民出版社2009年版。

60. [日]滋贺秀三等著:《明清时期的民事审判与民间契约》,王亚新等译,法律出版社1998年版。

后　记

本书汇集了笔者近十年投身"澳门学"的若干篇章，关涉澳门法文化与制度变迁诸领域：澳门法文化的概念与渊源；早期澳门律例体系与欧陆法统的并存；清朝前期澳门治理格局的嬗变；近代殖民管治下的文化对抗与法典编纂；《澳门基本法》与"一国两制"构想的宪制性保障；行政主导体制下的立法会与政府关系；从法区法院到终审法院的司法变迁；从殖民化到本地化的法律教育。附录部分涉及法政人物与澳门的关系、相关成果对澳门法制史研究的启迪。

毋庸置疑，"澳门学"别有洞天，澳门法制史虽不过是其中一隅，亦如水帘洞后的花果山。但截至此时，相关研究成果在比较法与法制史两方面都欠缺规模。近年虽陆续有人涉足此地，但待开垦的领域仍比比皆是，已拓荒的地方又重复劳动，这种状况暴露的或许正是信息不对称——在澳门作出的成果往往局限于斯，在中国内地作出的研究却难以抵达至此。笔者近十年蜗居一隅，既不知今夕何夕，亦不知"老之将至"。如今有机会多处奔走，方知"澳门学"与中国内地及港台学界隔阂甚深；对其消极影响感触愈多，愈觉内地、香港、台湾、澳门之间亟待增进学术交流，尤应及时推出各自的研究成果（哪怕仅仅是阶段性成果），以更好地带动这一领域及相关领域的发展。

在编订文集之前，笔者也曾有过游移和犹豫：这些篇章原是应约稿、会议、讲座或其他机缘而陆续草成的，不曾往系统化的著作方向上靠。在学界朋友建议下结集并趁便修订了若干舛误，但只能尝试以文化视角贯于诸篇；所幸它们从不同侧面印证的，是华洋共处的社会结构与法律多元的秩序状态。这正是书名寄寓之所在，窃以为也契合“比较法”之研究旨趣，承蒙何勤华教授悉心关照，遂不揣浅陋而结集出版，以期增进学术交流，带动学科发展。

鉴于近十年间所获学界师长、同人、亲友帮助甚多，借此机会略表谢忱。首先需要致谢的，是吴志良博士（澳门基金会行政委员会主席）、金国平教授（葡萄牙中国学院）与杨允中教授（澳门理工学院），他们是我初涉澳门法制史的指路者和提携者；以及我的硕士导师胡旭晟教授和博士研究生导师黎晓平教授，他们在法制史和法理学方面给予过我悉心的指导。

随后应当感谢的师长，在中国大陆学界有陈刚教授（华东政法大学）、程燎原教授（重庆大学）、范忠信教授（杭州师范大学）、顾卫民教授（上海师范大学）、何勤华教授（华东政法大学）、贺卫方教授（北京大学）、胡平仁教授（中南大学）、黄鸿钊（南京大学）、季卫东教授（上海交通大学）、李贵连教授（北京大学）、李育民教授（湖南师范大学）、刘利民教授（湖南师范大学）、齐海滨教授（华中师范大学）、钱乘旦教授（北京大学）、邱兴隆教授（湖南大学）、饶戈平教授（北京大学）、苏亦工教授（清华大学）、王振民教授（清华大学）、夏新华教授（湖南师范大学）、徐忠明教授（中山大学）、许平教授（北京大学）、杨一凡教授（中国社会科学院）、俞荣根教授（西南政法大学）、张晋藩教授（中国政法大学）、张千帆教授（北京大学）、张生教授（北方交通大学）、张廷茂教授（暨南大学）、张雄教授（北京大学）、章文钦教授（中山大学）、赵利峰教授（暨南大学）、赵明教授（北京航空航天大学）、赵晓耕教授（中国人民大学），朱勇教授（中国政法大学），等等。在港澳台地区有陈惠馨教授（台湾“国立”政治大学）、顾敏康教授（香港城市大学）、郝雨凡教授（澳门大学）、黄源盛教授（台湾辅仁大学）、林广志教授（澳门大学）、娄胜华教授（澳门理工学院）、骆伟建教授（澳门大学）、米健教授（澳门特区政府政策研究室）、汤开建教授（澳门大学）、汤熙勇教授（台北“中央研究院”）、唐晓晴教授（澳门大学）、魏楚雄教授（澳门大学）、张曙光教授（澳门科技大学）、赵国强教授（澳门大学）、郑德华教授（澳门大学）、朱国斌教授（香港城市大学），等等。在海外有：黄宗智教授（美国加州大学洛杉矶分校）、李捷理教授（美国俄亥俄大学）、李晟文教授（加拿大拉瓦尔大学）、梁伯华教授（美国西东大学）、卢汉超教授（美国乔治亚理工学院）、普塔克教授（德国慕尼黑大学）、萨安东教授（葡萄牙里斯本技术大学)、松浦章教授(日本关西大学)、於兴中教授(美国康奈尔大学)、张嘉中教授(英国牛津大学),等等。拙稿在不同程度上曾经受益于上述诸位学者的著述、建言或襄助。

此外,我还想特别感谢王津京编辑与陈妮编辑,以及这些年有学术往来的学界朋友,包括陈新宇(清华大学)、邓建鹏(中央民族大学)、高仰光(中国人民大学)、葛四友(华东师范大学)、韩涛(复旦大学)、江照信(康奈尔大学)、孔颖(浙江工商大学)、李栋(中南财经政法大学)、林国荣(西南政法大学)、罗鑫(中南财经政法大学)、宁全红(四川省社会科学院)、邱少晖(北京师范大学珠海分校)、施鹏鹏(西南政法大学)、史大晓(复旦大学)、孙家红(中国社会科学院)、魏磊杰(厦门大学)、吴泽勇(河南大学)、肖洪泳(湖南大学)、徐昕(北京理工大学)、徐阳光(中国人民大学)、杨昂(华中科技大学)、杨红(中国政法大学)、杨静(中国政法大学)、阳永恒(中南林业科技大学)、尤陈俊(中国人民大学)、张海斌(上海外国语大学)、张鸿浩(中国人民大学)等青年才俊。跟他/她们的交流让我不断有灵感可汲取、有动力可驱使;文集中的部分篇章,也正是其中几位朋友勉力敦促、评阅或交流的产物。

囿于学识及能力有限,书稿必然存在疏漏、偏颇甚或错误,祈请读者朋友批评指教。若有缘抛砖引玉,则可谓幸甚至哉。谨此为记。

2014 年 6 月 18 日
于澳门

图书在版编目(CIP)数据

华洋共处与法律多元:文化视角下的澳门法变迁 / 何志辉著. --北京:法律出版社,2014.9(2018.1 重印)
(比较法文丛)
ISBN 978-7-5118-5997-6

Ⅰ.①华… Ⅱ.①何… Ⅲ.①法制史-澳门 Ⅳ.①D929

中国版本图书馆 CIP 数据核字(2014)第 022584 号

华洋共处与法律多元
——文化视角下的澳门法变迁
HUAYANG GONGCHU YU FALÜ DUOYUAN
—WENHUA SHIJIAOXIA DE AOMENFA BIANQIAN

何志辉 著

策划编辑 沈小英
责任编辑 王津京 陈 妮
装帧设计 李 瞻

出版 法律出版社
总发行 中国法律图书有限公司
经销 新华书店
印刷 北京京华虎彩印刷有限公司
责任印制 吕亚莉

编辑统筹 财经出版分社
开本 720 毫米×960 毫米 1/16
印张 14.25
字数 232 千
版本 2014 年 9 月第 1 版
印次 2018 年 1 月第 2 次印刷

法律出版社/北京市丰台区莲花池西里 7 号(100073)
网址/www.lawpress.com.cn
投稿邮箱/info@lawpress.com.cn
举报维权邮箱/jbwq@lawpress.com.cn
销售热线/010-63939792
咨询电话/010-63939796

中国法律图书有限公司/北京市丰台区莲花池西里 7 号(100073)
全国各地中法图分、子公司销售电话:
统一销售客服/400-660-6393
第一法律书店/010-63939781/9782
西安分公司/029-85330678
重庆分公司/023-67453036
上海分公司/021-62071639/1636
深圳分公司/0755-83072995

书号:ISBN 978-7-5118-5997-6
定价:48.00 元
(如有缺页或倒装,中国法律图书有限公司负责退换)